REINFRIED POHL

Der Doktor, der Kämpfer, der Sieger

Eine Biografie von Hugo Müller-Vogg

Hoffmann und Campe

2. überarbeitete Auflage 2015

www.hoca.de

Herausgeber: Deutsche Vermögensberatung Aktiengesellschaft, Frankfurt

Autor: Hugo Müller-Vogg

Reproduktion: EINSATZ Creative Production GmbH & Co. KG, Hamburg

Druck und Bindung: GGP Media GmbH, Pößneck
Printed in Germany

ISBN 978-3-455-50378-4

Dieses Buch erscheint anlässlich des 40jährigen Firmenjubiläums der
Deutsche Vermögensberatung Aktiengesellschaft

Dies ist ein HOFFMANN UND CAMPE Corporate Publishing Buch
im Vertrieb des HOFFMANN UND CAMPE VERLAGS.

HOFFMANN
UND CAMPE
CORPORATE PUBLISHING

Ein Unternehmen der
GANSKE VERLAGSGRUPPE

Inhalt

Prolog

Als Reinfried Pohl, Gründer und Vorstandsvorsitzender der Deutschen Vermögensberatung AG (DVAG), am 12. Juni 2014 starb, verlor die Bundesrepublik eine große Unternehmerpersönlichkeit. Er war der Erfinder der Allfinanz-Konzeption und des Berufs des Vermögensberaters, der Kopf des mit Abstand größten und erfolgreichsten Finanzvertriebs, ein unternehmerischer Visionär, ein begnadeter Verkäufer und Motivator, ein überaus großzügiger Mäzen – und der letzte Patriarch unter Deutschlands Firmenchefs.

Professor Dr. Reinfried Pohl, 1928 in Zwickau im Sudetenland geboren, wurde 86 Jahre alt. Was er war, war er aus eigener Kraft geworden. Er hatte nichts geerbt. Und er war zu jung gewesen, um nach dem Zweiten Weltkrieg und dem Zusammenbruch vom bald einsetzenden Wirtschaftswunder profitieren zu können. Seine unternehmerische „Stunde Null" schlug 1975. Da hatte er mit der „Bonnfinanz" den ersten Finanzvertrieb gegründet und glaubte, er habe es geschafft. Es war ein Irrtum: Seinen Chefs wurde er zu mächtig, Zusagen von Partnern wurden nicht eingehalten, Pläne zerschlugen sich. So stand der 47 Jahre alte Familienvater 30 Jahre nach der Vertreibung aus dem Sudetenland und 27 Jahre nach der Flucht aus der sowjetischen Besatzungszone zum dritten Mal in seinem Leben vor dem Nichts. Und tat, was er zeit seines Lebens immer tat: Er kämpfte, machte sich selbständig und gründete seine eigene Vermögensberatungsgesellschaft.

Im Grunde genommen sei unser ganzes Leben ein einziger Kampf, ein Kampf gegen die Umstände, die man selber nicht verursacht hat, stellte Reinfried Pohl im Rückblick auf sein Leben fest, nicht wehklagend, sondern ganz nüchtern. Er wusste, wovon er sprach. Schon die Kindheit im nordböhmischen Zwickau wurde früh überschattet von zunehmenden Spannungen zwischen der deutschen Mehrheit und der tschechischen Minderheit. In dieser politisch gespannten Atmosphäre lernte Reinfried Pohl schon als Kind zu kämpfen: Wenn er seinem in der Sudetendeutschen Partei aktiven Vater half, Flugblätter zu verteilen. Oder wenn er ganz bewusst mit weißen Kniestrümpfen zur Schule ging, weil nur deutsche Jungs weiße Kniestrümpfe trugen.

Seine kämpferische Natur half dem 17-Jährigen, die letzten vier Monate des Krieges als Flakhelfer und Panzergrenadier durchzustehen und zu überleben. Kaum war er mit Geschick und viel Glück dem Krieg und der drohenden russischen Gefangenschaft entkommen, ging der Überlebenskampf weiter. Der Vater wurde von Tschechen verschleppt, der Sohn zusammen mit der Mutter vertrieben. Sie kamen in Halle an der Saale unter. Dort schlugen sie sich wie Millionen Flüchtlinge und Vertriebene mehr schlecht als recht durch. Reinfried Pohl engagierte sich schon als Schüler politisch, gehörte zu den Mitbegründern der Liberal-Demokratischen Partei Deutschlands in Halle, saß als Vertreter der Parteijugend sogar im höchsten Parteigremium dieser auf die sowjetische Besatzungszone beschränkten Partei.

Der junge Mann hatte es in der „Zone" gleich doppelt schwer: Als Sohn eines politisch belasteten Vaters durfte er nicht studieren. Als Funktionär einer liberalen, demokratischen Partei war er der kommunistischen Besatzungsmacht und ihren Handlangern von der SED in höchstem Maße suspekt. Doch Reinfried Pohl hatte Glück: Kurz vor seiner geplanten

Verhaftung wurde er gewarnt und konnte 1948 über Berlin in den Westen fliehen.

In Marburg fand er ein neues Zuhause. Dort erwartete ihn zum ersten Mal nach seiner Kindheit so etwas wie Normalität. Er studierte und promovierte, lernte beim Gerling-Konzern das Versicherungsgeschäft von der Pike auf, heiratete Anneliese Klingelhöfer, die Tochter einer alteingesessenen Marburger Familie, wurde Vater, engagierte sich kommunalpolitisch in der FDP. Man lebte nicht im Überfluss, aber hatte auch keinen Mangel. Das Leben der Pohls unterschied sich nicht allzu sehr von dem vieler anderer fleißiger Männer und Frauen zu Zeiten des Wirtschaftswunders: Sie genossen Frieden und Freiheit, wollten es zu etwas bringen, und die Kinder sollten es noch besser haben.

Reinfried Pohl war das nicht genug. Er war ehrgeizig, hatte Ideen, wollte sie durchsetzen, ja durchkämpfen. Im Außendienst bei Gerling hielt es ihn nicht lange, er wechselte zur Versicherungsgesellschaft Deutscher Herold, brachte es dort zum Generalbevollmächtigten. Kurze Zeit war er für die deutsche Tochtergesellschaft des amerikanischen „Investors Overseas Services" (IOS) tätig, der auch kleinen Leuten den Weg zu den Kapitalmärkten ebnete. Für den Deutschen Herold baute er die Bonnfinanz AG auf.

Aber nirgendwo konnte er seine Idee von der Vermögensberatung so umsetzen, wie er sich das aufgrund seiner praktischen Erfahrungen ausgedacht hatte. Er wollte Schluss machen mit der damals gängigen Praxis, dass Privatleute bei einem Sachversicherer eine Haftpflichtversicherung abschließen, bei einem Lebensversicherer eine Lebensversicherung und bei einer Bank einen Ratensparvertrag. Er wollte ihnen ersparen, parallel mit mehreren Vertretern zu tun zu haben und in der Bank von Schalter zu Schalter laufen zu müssen.

Es waren zwei Erfindungen, mit denen Reinfried Pohl den Markt für Vorsorge und Vermögensbildung revolutionierte und bis heute prägt: die Allfinanz-Konzeption und das Berufsbild des Vermögensberaters. Beim Deutschen Herold und der Bonnfinanz konnte sich Reinfried Pohl mit seinen Vorstellungen nur bedingt durchsetzen. Die Vereinbarung mit der AachenMünchener-Versicherungsgruppe, unter ihrem Dach eine solche Vermögensberatungsgesellschaft aufzubauen, wurde von der AachenMünchener in letzter Minute einseitig aufgekündigt. So musste er nach seinem Ausscheiden bei der Bonnfinanz wieder einmal ganz neu anfangen. Er startete sein eigenes Unternehmen, mit geliehenem Geld und auf eigenes Risiko. Der Erfolg bestätigte ihn: Die Deutsche Vermögensberatung AG veränderte die bisherigen Marktstrukturen, wuchs schneller, als Freunde wie Gegner ihr zugetraut hätten. Der Begriff Allfinanz machte weltweit Karriere, der Vermögensberater setzte sich als neuer Beruf durch.

Reinfried Pohl, der Kämpfer, hatte recht behalten, aber noch lange nicht recht bekommen. Denn der unaufhaltsame Aufstieg der Deutschen Vermögensberatung zum wichtigsten „Player“ in dieser Branche rief die Wettbewerber auf den Plan, ebenso die Neider und Verleumder. Dieser Wettbewerb wurde von denen, die um ihre Marktstellung fürchteten, nicht nur mit fairen Mitteln geführt. Sie erhielten kräftige Schützenhilfe von dem Teil der Medien, die in der staatlichen Vollkasko-Versicherung das alleinige Heil sahen und den Gedanken der privaten Vorsorge und Vermögensbildung als „Kapitalismus pur“ ablehnten.

Der Gründer Reinfried Pohl und sein Unternehmen mussten viele Verleumdungen und Schläge hinnehmen, auch solche unter die Gürtellinie. Reinfried Pohl hat das alles sehr getroffen. Doch ließ er sich nicht vom eingeschlagenen Weg abbringen. Er war immer von seiner Allfinanz-Idee überzeugt, ebenso davon, dass das beste Konzept, das beste Produkt kein Ersatz sein kann für harte Arbeit. Reinfried Pohl lebte für seinen Beruf, weil er ihn liebte. Bei Rückschlägen beherzigte er seinen Grundsatz: „In jeder Krise steckt eine Chance". Zugleich lebte er vor, was er seinen Mitarbeitern immer wieder geraten hat: „Wer aufhört, besser zu werden, hört auf, gut zu sein."

Nie aufzugeben und sich nie auf dem Erreichten auszuruhen, das hat Reinfried Pohl schon in jungen Jahren lernen müssen. Aber er war kein Einzelgänger, der alles mit sich allein ausmachte. Zeit seines Lebens hatte die Familie für ihn einen besonderen Stellenwert. Als Heranwachsender hatte er seiner Mutter beigestanden, als der Vater verhaftet wurde und die älteren Brüder in Kriegsgefangenschaft waren. Später war seine Frau Anneliese sein wichtigster Halt, die emotionale Tankstelle, bei der er auch in schwierigen Situationen Kraft tanken konnte. Umso schmerzlicher war es für Reinfried Pohl, dass seine geliebte Frau im Sommer 2008 ihrem Krebsleiden erlag.

Der Familienmensch Reinfried Pohl hat seine DVAG immer als eine Art Familie gesehen, als „berufliche Familiengemeinschaft" oder „familiäre Berufsgemeinschaft". Das waren für den Patriarchen nicht nur Floskeln; er hat dieses Verständnis vom Unternehmen als große Familie vorgelebt. „Der Doktor", wie er im eigenen Haus ebenso liebevoll wie respektvoll genannt wurde, war nicht nur Vorbild in Bezug auf Fleiß und Können. Er war auch ein mustergültiger „pater familias“: für seine Vermögensberater immer erreichbar, mit einem offenen Ohr für ihre beruflichen Sorgen wie für ihre persönlichen Nöte, mit einem großen Herzen, wenn es zu helfen galt – still und ohne jedes Aufsehen. Das Unternehmen, das Reinfried Pohl hinterlässt, war und ist nicht nur größer, leistungsfähiger und erfolgreicher als alle Wettbewerber. Die Deutsche Vermögensberatung AG zeichnet sich vor allem durch ihren besonderen familiären, menschlichen Charakter aus.

Reinfried Pohl war der Kopf, aber auch die Seele der Deutschen Vermögensberatung. Natürlich hat er sein Unternehmen nicht nur mit Samthandschuhen geführt. Er war ein fördernder und zugleich ein fordernder Chef, ein überzeugter Anhänger des Leistungsprinzips. Weil er sich selbst bis zum letzten Tag forderte, war er ein glaubwürdiges Vorbild. So gelang es ihm, innerhalb des Unternehmens einen wohl einzigartigen Korpsgeist zu schaffen. In der DVAG wusste und weiß jeder, dass Leistung sich lohnt. Doch der Lohn besteht nicht nur in Euro und Cent. Den besonders Erfolgreichen verschaffte „der Doktor“ auch unvergessliche Gemeinschaftserlebnisse auf großen Reisen und bei Aufenthalten in den Begegnungsstätten des Unternehmens.

Reinfried Pohl unterschied sich von anderen Eigentümer-Unternehmern und angestellten Managern nicht nur durch seinen Führungsstil. Er, der sich vom mittellosen Flüchtling unter die 100 vermögendsten Deutschen hochgearbeitet hatte, war persönlich bescheiden. Er trug seine Erfolge nicht zur Schau, er mied das sogenannte gesellschaftliche Parkett, die Partys der „Reichen und Schönen“, auf dem sich weniger Erfolgreiche so gerne tummeln. Er ließ grundsätzlich keine

Unternehmensberater ins Haus, weil ihm im eigenen Unternehmen ohnehin niemand etwas vormachen konnte. Ebenso wenig brauchte er Image-Berater und PR-Profis: „Der Doktor“ war ein begnadeter Kommunikator und kreativer als mancher, der sich Kreativer nennt.

Der Lebensweg Reinfried Pohls war geprägt von der europäischen Geschichte des 20. Jahrhunderts, der schrecklichen Zeit des Zweiten Weltkriegs, von Vertreibung und Flucht. Er war auch geprägt von der Wirtschaftsgeschichte der Bundesrepublik, von einer Wirtschaftsordnung, die trotz zahlreicher staatlicher Eingriffe jedem Unternehmer eine Chance gibt, der etwas unternimmt, der Chancen erkennt und Risiken nicht scheut. Das Leben Reinfried Pohls war aber vor allem geprägt von seinen unternehmerischen Visionen, seinem Mut, seiner Zielstrebigkeit, seinem Optimismus, seiner Kämpfernatur.

In gewisser Weise hatte der verstorbene Gründer und Vorstandsvorsitzende der Deutschen Vermögensberatung AG drei Leben: In den 1940er Jahren ging es ums nackte Überleben. In den nächsten drei Jahrzehnten schaffte er sein ganz persönliches Wirtschaftswunder, das 1975 ein jähes Ende fand. Auf den Trümmern seiner beruflichen Existenz begann er dann mit der ihm eigenen Energie sein drittes Leben. Er machte seine Deutsche Vermögensberatung AG zum Marktführer und Maßstab einer ganzen Branche, er schrieb Finanzgeschichte. Aus dem ewigen Kämpfer wurde ein strahlender Sieger.

Als Reinfried Pohl starb, stand seine DVAG bestens da: Knapp 1,2 Milliarden Euro Umsatz, 185 Millionen Euro Gewinn, 14 000 hauptberufliche Vermögensberater, 6 Millionen Kunden, mit großem Abstand Marktführer unter den Finanzvertrieben. Der Patriarch hatte 2014 noch nicht an Ruhestand gedacht. Er wollte seinen bis 2016 laufenden Vorstandsvertrag erfüllen und für sein Unternehmen „noch einiges bewirken“, wie er in einem Interview zu seinem 86. Geburtstag in der „Frankfurter Allgemeinen“ sagte. Doch es kam anders.

Der Tod des Gründers hat die große DVAG-Familie tief bewegt, darüber hinaus die gesamte Branche und nicht zuletzt die Menschen in vielen Einrichtungen und Institutionen, die von der Großzügigkeit des Mäzens Pohl profitiert hatten. Den bewegendsten Nachruf schrieb Altbundeskanzler Helmut Kohl, der seinen Freund mit einer großen Traueranzeige ehrte: „Der Erfolg der DVAG hatte immer einen Namen: Reinfried Pohl. Er war ein wagemutiger, visionärer und durchsetzungsstarker Unternehmer, er war für seine Mitarbeiter ein Vorbild, und er ist bei allem Kampf und Erfolg immer Mensch geblieben. Reinfried Pohl war eine deutsche Unternehmerpersönlichkeit, auf die unser Land allen Grund hat, stolz zu sein. Wir haben nicht mehr viele davon. Er hat die Zukunft begriffen und gehandelt. Und er hat vielen Menschen, oft im Stillen, viel Gutes getan.“

Kindheit in Zwickau:
Dunkle Wolken über einer Idylle

Reinfried Pohl wird am 26. April 1928 im nordböhmischen Zwickau geboren. Weniger als 5000 Menschen leben hier am Südrand des Lausitzer Gebirges, davon mehr als 90 Prozent Deutsche. Das seit vielen Jahrhunderten von den Habsburgern regierte Böhmen gehört seit 1919 zur neugegründeten Tschechoslowakei.

Zwickau, das heute Cvikov heißt, liegt nur zehn Kilometer von der deutschen Grenze entfernt. Das Städtchen ist genau genommen ein klassisches, längs eines Durchgangswegs sich hinziehendes Straßendorf. Es diente als Durchgangsstation auf einer Handelsstraße, der sogenannten Alten Leipaer Straße, die von Mittelböhmen nach Zittau führte. Aufgrund dieser Bedeutung erlangte der Ort schon früh, im Jahr 1391, die Stadtrechte. Zittau, das im Nordosten jenseits der deutsch-tschechischen Grenze in Deutschland liegt, ist die größte nahegelegene Stadt.

Pohls Geburtsort liegt auf 357 Meter über dem Meeresspiegel, sehr schön eingebettet in eine hügelige Umgebung. Im Norden zeichnen sich die Lausitzer Berge ab, die heute auch die Grenzregion markieren. Durchzogen ist Zwickau vom Boberbach. Er war auch der Grund für die Ansiedlung einiger Textilbetriebe zu Beginn des 20. Jahrhunderts. Auf alten Ansichten ist zu sehen, wie einige hohe Schlote das Stadtbild prägen. Wegen der Textilindustrie entstanden auch Färbereien, außerdem gab es hier einige Glasbläsereien. Im Zwei-

Zwickau, der Geburtsort Reinfried Pohls, liegt in Nordböhmen, nur 10 Kilometer von der deutschen Grenze entfernt. Auf etwa 4800 deutschstämmige Einwohner kommen rund 120 Tschechen. Das heutige Cvikov ist 1928 eine „deutsche Stadt".

ten Weltkrieg wurde die Textilindustrie umfunktioniert – Zwickau wurde einer der wichtigen Orte für die Herstellung von Fallschirmen.

Charakteristisch für die Stadt ist der große, fast quadratische Marktplatz, an dessen hinterer Ecke die gotische St.-Elisabeth-Kirche hervorragt. Hier bereitet die sudetendeutsche Bevölkerung Adolf Hitler 1938 einen triumphalen Empfang. Hier müssen sich die Sudetendeutschen 1945 versammeln, ehe sie vertrieben werden. Heute heißt der Marktplatz „Platz der Befreiung".

Die Pohls zählen zu den alteingesessenen Bewohnern dieser Kleinstadt; sie leben nachweislich schon seit 1770 hier. Der 1895 geborene Vater Gerhard ist der Sohn eines Schneidermeisters, seine fünf Jahre jüngere Frau Maria entstammt einer Schuhmacherfamilie. Die beiden heiraten 1920 und

Von seinen Eltern hatte Reinfried Pohl nur diese eine erhaltene Aufnahme aus den dreißiger Jahren: Gerhard Pohl, Jahrgang 1895, und Maria Pohl, geboren 1900. Ihre Vorfahren lebten seit 1770 in Zwickau.

bekommen drei Söhne: Gerhard (1921–1998), Helmut (1924–1979) und Reinfried (1928–2014).

Reinfried Pohls Vater ist Beamter in der Finanzverwaltung. Er wird aber schon vor der Geburt seines Jüngsten entlassen, weil die Tschechen in wichtige Verwaltungspositionen drängen. So verdient Gerhard Pohl sein Geld als Buchhalter einer großen Weberei. Später wird er dann kommissarischer Leiter einer Zwickauer Fabrik. Reinfried Pohl kommt am 26. April 1928 zur Welt und wird am 6. Mai in der katholischen Pfarrkirche St. Elisabeth getauft. Der Geburts- und Taufschein ist ausgestellt vom „Pfarramt Zwickau, Sudetenland". Der katholische Glaube ist in der Familie eine feste Größe, ebenso die Überzeugung, die Sudetendeutschen hätten das Recht, in ihrer Heimat ihre deutsche Sprache und Kultur zu pflegen.

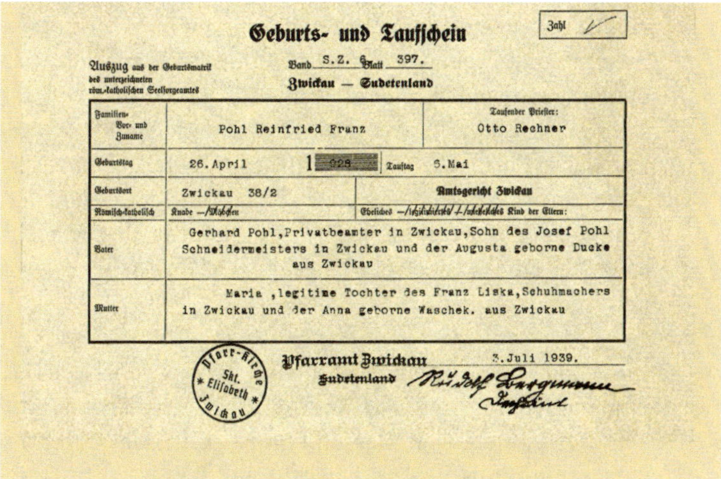

Zahl ✓

Geburts- und Taufschein

Auszug aus der Geburtsmatrik des unterzeichneten röm.-katholischen Seelsorgeamtes

Band S.Z. 6 Blatt 397.

Zwickau — Sudetenland

Familien- Vor- und Zuname	Pohl Reinfried Franz		Taufender Priester: Otto Rechner
Geburtstag	26. April 1928		Tauftag 6. Mai
Geburtsort	Zwickau 38/2		Amtsgericht Zwickau
Römisch-katholisch	Knabe — Mädchen		Eheliches — legitimiertes — uneheliches Kind der Eltern:
Vater	Gerhard Pohl, Privatbeamter in Zwickau, Sohn des Josef Pohl Schneidermeisters in Zwickau und der Augusta geborne Ducke aus Zwickau		
Mutter	Maria, legitime Tochter des Franz Liska, Schuhmachers in Zwickau und der Anna geborne Waschek. aus Zwickau		

Pfarr-Kirche Skt. Elisabeth Zwickau

Pfarramt Zwickau 3. Juli 1939.

Sudetenland

Bei Reinfried Pohls Geburt am 26. April 1928 gehört Zwickau zur 1918 entstandenen Tschechoslowakischen Republik. Nach dem „Anschluss" des Sudetengebiets 1938 wird sein Taufschein neu ausgestellt – auf Deutsch und mit der Länderangabe „Sudetenland".

Während sich weltpolitische Umwälzungen bereits andeuten, geht es im Elternhaus fröhlich und harmonisch zu. Als Jüngster wird Reinfried von der Mutter etwas mehr umsorgt als die sieben und vier Jahre älteren Brüder. Vater und Mutter erziehen ihre drei Buben mit liebevoller Strenge, geschlagen wird nicht, was für die damalige Zeit bemerkenswert ist; allenfalls gibt es mal einen Klaps auf den Po. Zwischen den Brüdern gibt es keine ernsthaften Rivalitäten, auch keine ständigen Streitereien. Im Gegenteil: Die drei Brüder verbindet ein ausgesprochen herzliches Verhältnis. Nach der Flucht aus der damaligen sowjetischen Besatzungszone zieht es Reinfried deshalb auch dorthin, wo sein Bruder Gerhard lebt – nach Gießen.

Das Elternhaus liegt mitten in der kleinen Stadt, aber doch idyllisch am Boberbach. Später erzählte Reinfried Pohl seinen Enkeln begeistert, wie er damals zusammen mit seinen Brüdern und Freunden die Forellen im Bach mit den Händen fing. Zu einem Abenteuerspielplatz besonderer Art werden nach dem „Anschluss" des Sudetenlandes an das Deutsche Reich die Bunkeranlagen an der ehemaligen deutsch-tschechischen Grenze. Skifahren lernt Reinfried am nahen Kleisberg, immerhin 760 Meter hoch und recht steil. Auf alten Postkarten lautet die Ortsbezeichnung deshalb auch „Zwickau am Kleis".

Die Volksschule bereitet Reinfried keine Probleme. Das Abgangszeugnis nach der fünften Klasse enthält nur Einsen und Zweien. Der Klassenlehrer bescheinigt unter anderem: „heiteres Wesen", „begabt und fleißig", „guter Kamerad", „sportlich gut". Geärgert hat sich der kleine Junge nur, dass er bis zum „Anschluss" des Sudetenlandes an das Deutsche Reich im Unterricht Tschechisch lernen muss.

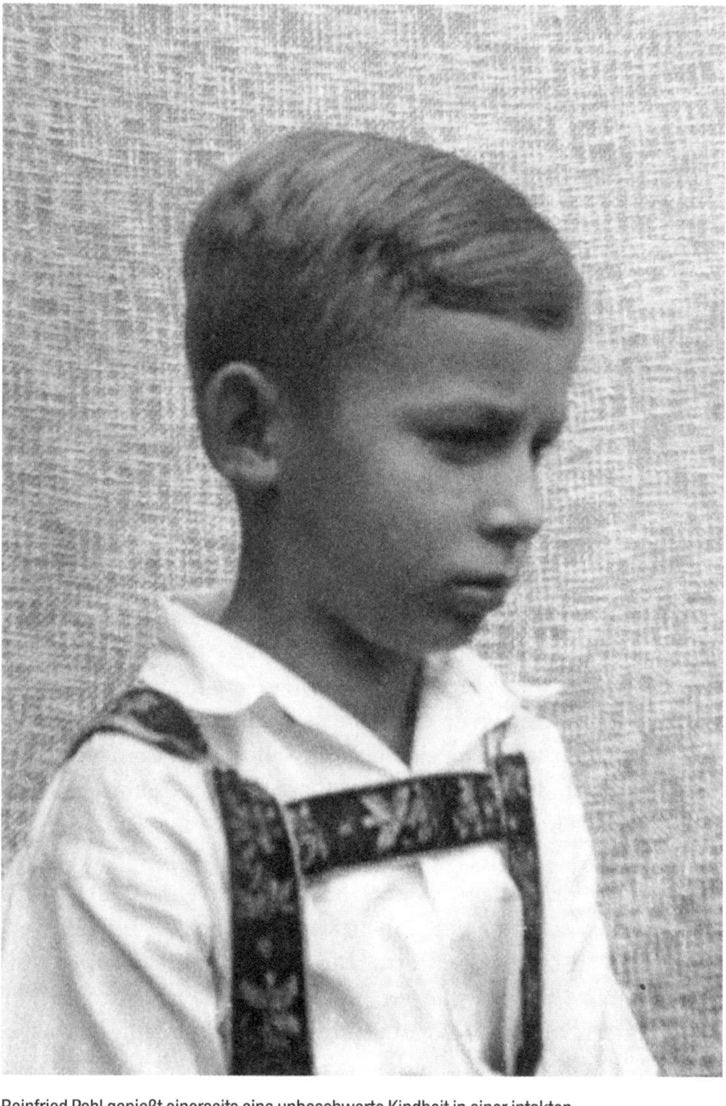

Reinfried Pohl genießt einerseits eine unbeschwerte Kindheit in einer intakten Familie. Aber schon als Erstklässler bekommt er die drohenden politischen Umwälzungen zu spüren: Er muss Tschechisch lernen, der Vater verliert seine Position als Finanzbeamter, weil er ein Deutscher ist.

Was ihn schon deshalb irritiert, weil er bis zu seinem sechsten Lebensjahr nie einem tschechisch sprechenden Menschen begegnet ist.

1939 wechselt Reinfried Pohl auf die Oberschule in der Bezirksstadt Böhmisch Leipa. Er ist kein schlechter Schüler, hat aber Schwierigkeiten mit Latein. Doch hat der Lateinlehrer ein Hobby, die Stenografie, und ist beseelt von dem Gedanken, seinen Schülern auf freiwilliger Basis die Kurzschrift beizubringen. Da sieht Reinfried Pohl seine Chance. Er meldet sich zum Steno-Kurs an – in der Hoffnung, sich den Lateinlehrer gewogen zu machen. Diese Rechnung geht voll auf: Er wird in Steno der Beste und genießt von Stund an das Wohlwollen dieses Lehrers. Das Ergebnis: Aus der Fünf in Latein wird eine Drei, obwohl Reinfrieds Lateinkenntnisse nicht wesentlich besser werden. Offenbar hat der junge Mann schon damals ein Gefühl dafür entwickelt, dass das Leben aus Leistung und Gegenleistung besteht, dass man dem anderen etwas geben muss, wenn man selber etwas bekommen will. Da zeichnet sich schon ein besonderes Verkaufs- und Verhandlungsgeschick ab, das für Reinfried Pohls spätere Karriere ausschlaggebend wird.

Die Oberschule in Böhmisch Leipa hat nicht nur den Nachteil, dass Latein dort Pflichtfach ist. Sie ist auch 15 Kilometer von Zwickau entfernt. Die muss der „Fahrschüler" täglich im Zug zurücklegen, im Winter fährt er manchmal auf Skiern zur Schule. Viel Freizeit bleibt ihm da nicht. Diese trotz der Kriegsereignisse relativ unbeschwerte Zeit endet abrupt im Februar 1944: Auf Befehl des „Führers" wird der knapp 16-jährige Reinfried Pohl mit Zehntausenden Gleichaltrigen in den Krieg geschickt – als Luftwaffenhelfer nach Prag.

Sudetendeutscher:
Weiße Kniestrümpfe als politisches Bekenntnis

Reinfried Pohl hat das Glück, in einer intakten Familie aufzuwachsen, in einer liebevollen Atmosphäre. Aber Zwickau liegt im Sudetenland und damit in einem politisch umkämpften Gebiet. Das wird das Familienleben nachhaltig beeinflussen.

Das Sudetenland ist kein zusammenhängendes Gebiet. Sudetenland ist vielmehr eine seit 1918 verwendete Bezeichnung für diejenigen Gebiete Böhmens, Mährens und Schlesiens, in denen Einwohner deutscher Nationalität, Abstammung oder Muttersprache eine Mehrheit bilden. Böhmen, Mähren und Schlesien waren seit 1804 Teil des Habsburger Reichs. Nach dem Ersten Weltkrieg kamen sie zu der 1919 gegründeten ersten Tschechoslowakischen Republik (ČSR), einem künstlichen Produkt des Versailler Vertrags. Die 3,3 Millionen Sudetendeutschen machen 24 Prozent der Gesamtbevölkerung aus und bilden die zweitgrößte Bevölkerungsgruppe, nach den Tschechen und noch vor den Slowaken.

Das Minderheitenschutzgesetz gesteht ihnen das Recht auf eigene Schulen, Kultureinrichtungen, Zeitungen, Vereine und zweisprachige Behörden zu. Diese Versprechen werden aber nur teilweise eingelöst. So schreibt das Sprachengesetz von 1920 vor, dass alle Staatsbediensteten Tschechisch sprechen müssen. Deutsche Beamte werden einer Sprachprüfung unterzogen. Wer sie nicht besteht, wird entlassen. Zudem werden kinderreiche tschechische Beamte in Gebiete mit mehrheitlich deutscher Bevölkerung umgesiedelt, etwa 400 000 Menschen. Bis 1922 werden zahlreiche deutsche Zeitungen beschlagnahmt. Die Ungleichbehandlung ist also mit Händen zu greifen, nicht zuletzt bei Beförderungen im Staatsdienst.

Die daraus resultierenden Spannungen zwischen Deutschen und Tschechen verschärfen sich in der Zeit der Weltwirtschaftskrise nach 1929. Weil die deutschen Gebiete viel stärker industrialisiert sind, trifft die ökonomische Krise die deutsche Bevölkerung viel härter. In der Textil-, Glas- und Porzellanindustrie, zu 90 Prozent auf deutschem Gebiet, kommt es zu Betriebsschließungen und Massenentlassungen. 1933 sind 62 Prozent der Arbeitslosen Deutsche. Die tschechische Regierung schaut mehr oder weniger tatenlos zu.

Streben die Sudetendeutschen in der jungen Republik ČSR ursprünglich „nur" nach sprachlicher und kultureller Autonomie, so führt der wirtschaftliche Niedergang zu radikaleren Forderungen. Von 1933 an wollen sie „heim ins Reich", das unter Adolf Hitler wirtschaftlich sichtbar aufblüht. Der politische Anführer der Sudetendeutschen ist Konrad Henlein. Der hat schon 1928 einen „Kameradschaftsbund" ins Leben gerufen, mit dem Ziel, den Interessen der deutschen Minderheit bei der Regierung in Prag Gehör zu verschaffen. 1933 gründet Konrad Henlein die Sudetendeutsche Heimatfront, die 1935 ihren Namen in Sudetendeutsche Partei (SdP) ändert. Die sogenannte Henlein-Partei gewinnt bei den tschechoslowakischen Parlamentswahlen im selben Jahr 44 der 66 Sitze im deutschsprachigen Teil der ČSR und wird so zur stärksten Fraktion im Parlament. Dieser Wahlerfolg zeigt, wie unzufrieden die Deutschen mit ihrer Lage

Trotz aller Altersunterschiede verstehen sich die drei Pohl-Brüder gut: in der Mitte Reinfried (Jahrgang 1928), rechts Gerhard (sieben Jahre älter), links Helmut (vier Jahre älter). Das Trio findet nach Krieg und Vertreibung wieder in Gießen und Marburg zusammen – und bleibt eng verbunden.

sind. Henlein und seine Partei werden von den Historikern unterschiedlich eingeschätzt. Die einen sehen in der SdP eine „fünfte Kolonne“ im Dienste Adolf Hitlers. Andere sind der Ansicht, Henlein hätte sich sehr wohl mit einem Autonomiestatus des Sudetenlandes innerhalb der Tschechoslowakei zufriedengegeben. Auch zeigen seine ständigen Kontakte zu den Briten, dass er eine völlige Ein- und Unterordnung in die „Heim-ins-Reich“-Strategie der Nazis gern vermieden hätte.

Tatsächlich sind es wohl die politischen Kräfteverhältnisse, die Henlein in die Arme des „Führers“ treiben. Auch trägt er der Tatsache Rechnung, dass die Machtergreifung Hitlers und dessen aggressive Expansionspolitik gegenüber den Nachbarländern bei den Sudetendeutschen auf große Zustimmung stoßen. Sein grandioser Wahlerfolg von 1935 ist jedenfalls ohne die massive Unterstützung Berlins nicht denkbar. Winston Churchill sieht in der SdP, wie er in seinen Memoiren schreibt, „eine aggressive deutsche nationalistische Partei", die nur darauf warte, „im Falle von Unruhen als fünfte Kolonne aufzutreten".

Pohls Vater ist in Zwickau Vorsitzender der SdP-Ortsgruppe. Man darf annehmen, dass seine Entlassung aus dem Staatsdienst durch die Tschechen sein politisches Engagement befördert hat. Die Tatsache, dass die Regierung in Prag die Gebiete mit hohem deutschem Bevölkerungsanteil wirtschaftlich benachteiligt, dürfte ihn in seiner Entscheidung, sich politisch zu betätigen, bestärkt haben. Ohnehin sind die Pohls eine sehr politische Familie: Rudolf Pohl, der jüngere Bruder von Reinfrieds Vater, ist einer der stellvertretenden Vorsitzenden der Henlein-Partei.

Die zunehmenden Spannungen zwischen der deutschen Mehrheit und den Tschechen, die von ihrer Regierung im Sudetenland gezielt angesiedelt wurden, bekommt der Schüler Reinfried Pohl schon im Alltag zu spüren. Das Kind muss nicht nur Tschechisch lernen. Es ist auch den Anfeindungen der tschechischen Minderheit ausgesetzt. Reinfried erfährt, dass man sich bisweilen seiner Haut wehren muss, auch wenn man selber gar keinen Streit will.

Die Jungen der Sudetendeutschen tragen gern weiße Kniestrümpfe; diese weisen sie als Deutsche aus. Das wird von den Tschechen auf „ihrem" Territorium als Provokation aufgefasst. Natürlich hat der Junge auch Angst, wenn er so angezogen auf die Straße geht. Aber er denkt nicht daran, klein beizugeben. Fast acht Jahrzehnte später sagt er in einem Fernsehinterview, er habe schon sehr früh lernen müssen, dass das ganze Leben ein Kampf sei, „ein Kampf gegen Umstände, die man selber nicht verursacht hat".

Hätte die Familie damals nicht im Sudetenland gewohnt, wäre Reinfried Pohl vielleicht nicht so früh mit Politik in Verbindung gekommen. So aber wächst der Junge in einer Familie auf, die – wie fast alle seit Generationen in dieser Region lebenden Deutschen – gewissermaßen „zwangspolitisiert" wurde. Dass sie nach Gründung der Tschechoslowakei ihre österreichisch-ungarische Staatsbürgerschaft abgeben und die tschechische annehmen mussten, hat die Eltern wie die meisten Sudetendeutschen sehr geschmerzt. Da sie in der Tschechoslowakei keine Bürger zweiter Klasse sein wollen, kämpfen sie für einen Anschluss ans Deutsche Reich. Das

Der katholische Glaube prägt das Familienleben der Pohls. 1938 feiert der zehnjährige Reinfried seine Erstkommunion (vordere Reihe, Vierter von links).

starke politische Engagement des Vaters hat für die Familie zwei Konsequenzen: Reinfried und seine Brüder sehen den Vater nur noch selten. Und Reinfried macht schon als Erstklässler begeistert mit bei den Wahlkämpfen dieser Zeit, hilft dem Vater Flugblätter zu verteilen und Plakate zu kleben.

Nach dem „Anschluss" Österreichs am 12./13. März 1938 und mit dem Münchner Abkommen vom 30. September ändert sich schlagartig die Lage der Sudetendeutschen. In München gestehen der britische Premierminister Neville Chamberlain und der französische Ministerpräsident Édouard Daladier dem deutschen Reichskanzler Adolf

Wie fast alle deutschen Jungen tragen Reinfried Pohl (Zweiter von rechts) und sein Bruder Helmut (Zweiter von links) weiße Kniestrümpfe. Das Bild zeigt sie zusammen mit Freunden vor ihrem Elternhaus.

Hitler die Eingliederung des Sudetenlandes ins Deutsche Reich zu. Hitler feiert seinen außenpolitischen Erfolg mit einem Triumphzug durch die „angeschlossenen“ Gebiete, wo er sich von den begeisterten Sudetendeutschen feiern lässt. Am 6. Oktober 1938 macht er in Zwickau Station. Ein zehnjähriges Mädchen und ein gleichaltriger „HJ-Pimpf“ begrüßen den „Führer“ mit einem Blumenstrauß. Der „Jungvolkjunge“ ist Reinfried Pohl.

Fortan nimmt das große gerahmte Foto Hitlers mit Reinfried Pohl einen Ehrenplatz in der Pohl'schen Wohnung ein. Nachbarn, die zu Besuch kommen, bestaunen es. Der zehnjährige „HJ-Pimpf“ ist sich nicht bewusst, dass dieser von den Sudetendeutschen so bewunderte „Führer“ die Welt bald darauf in eine unvorstellbare Katastrophe stürzen wird. Für die Sudetendeutschen ist Hitler der „Befreier“. Folglich ist der junge Reinfried ebenfalls vom „Führer“ begeistert, auch wenn seine Eltern keine Nazis waren, die an die Überlegenheit der arischen Rasse glaubten. Es waren Deutschstämmige, die eigentlich nur dieselben Rechte haben wollten, wie sie sie bis 1918 genossen hatten, als Böhmen noch zum Habsburger Reich gehörte. Reinfried Pohl hatte das so in Erinnerung: „Es ging nicht um rechts oder links, es ging für alle nur um die Erhaltung der jahrhundertealten deutschen Kultur in unserer Heimat.“

Krieg:
Mit dem Fahrrad gegen russische Panzer

Die Freude über die scheinbare Lösung der Sudetenfrage währt nur kurz. Der „Führer“ hat die Sudetendeutschen zwar „heim ins Reich“ geholt, zugleich stürzt er das Land und die Welt in einen schrecklichen Krieg. Mit dem deutschen Überfall auf Polen beginnt am 1. September 1939 der Zweite Weltkrieg. Die beiden älteren Brüder werden zur Wehrmacht eingezogen, während Reinfried Pohl zunächst noch die Oberschule besucht. Für ihn und seine Klassenkameraden ist der Krieg weit weg und zugleich eine spannende Sache. Begeistert verfolgen sie die Meldungen über den Siegeszug der Wehrmacht, interessieren sich für Flugzeuge und Raketen, sind vom „Endsieg“ überzeugt.

Das Sudetenland bleibt vom Krieg verschont; seine männlichen Bewohner bleiben es nicht. Die Männer der entsprechenden Altersklassen werden eingezogen. Nach der vernichtenden Niederlage bei Stalingrad erlässt Hitler am 26. Januar 1943 die „Anordnung über den Kriegshilfseinsatz der deutschen Jugend in der Luftwaffe“ und mobilisiert die letzten Reserven. Die Oberschüler des Jahrgangs 1928 trifft es Anfang 1944: Im Februar muss Reinfried mit seiner Klasse zur Ausbildung als Luftwaffenhelfer nach Prag-Letňany. Formal sind diese Flakhelfer keine Soldaten, praktisch aber schon.

In Prag gibt es am Vormittag Unterricht, am Nachmittag werden die Jungen an der 2-cm-Flak 28 „Oerlikon“, einem

Schweizer Fabrikat, ausgebildet. Schon wenige Wochen später müssen sie die Stadt und den Flugplatz Prag-Letňany schützen. Er ist von besonderer militärischer Bedeutung, weil die Luftwaffe hier zeitweilig die Messerschmitt Me 262A, den ersten Düsenjäger der Welt, stationiert. Die Flakhelfer freuen sich, „Hitlers Sturmvögel" aus der Nähe bestaunen zu können. Auch Reinfried Pohl glaubt der NS-Propaganda und an die Wirksamkeit dieser und anderer „Wunderwaffen".

Wie so viele aus seiner Generation wird Reinfried Pohl noch als halbes Kind – er wird in Prag 16 – aus der Geborgenheit des Elternhauses herausgerissen. Seine Kindheit endet von

Reinfried Pohl (hintere Reihe, Dritter von links) gehörte zur Generation der Flakhelfer. Für ihn und seine Klassenkameraden enden Schulzeit und Kindheit abrupt: Im Frühjahr 1944 werden sie eingezogen.

heute auf morgen. Dass die Schulkameraden dabei sind, macht das Leben etwas erträglicher. Auch finden es die jungen Leute aus der Kleinstadt Zwickau aufregend, gelegentlich im großstädtischen Prag ins Kino zu gehen.

Das Leben der Luftwaffenhelfer ist hart und gefährlich. Der Schulunterricht wird immer nebensächlicher, im Herbst 1944 dann ganz eingestellt. Die Flakhelfer leben in überdachten Erdbunkern. Reinfried Pohl hilft als Richtkanonier die Stadt und den Flugplatz zu verteidigen. Wenn er über diese Zeit sprach, fehlt jede Kriegsromantik: „Es war gefährlich, die vielen Bomben, die herabstürzenden Granatsplitter der großen Flakgeschütze. Ich habe zum ersten Mal ein Gefühl für Lebensgefahr empfunden." Wenn er später seinen Söhnen vom Krieg erzählt, stilisiert er sich nicht zum Helden, sondern schildert sich eher als jemanden, der auf jeden Fall überleben wollte: Da er gewusst habe, er werde die britischen und amerikanischen Bomber ohnehin nicht treffen, habe er die Flak-Kanone so in Stellung gebracht, dass die herunterfallenden Splitter ihn und seine Kameraden nicht treffen konnten.

Wie viele junge Männer seiner Generation wird Reinfried Pohl von den äußeren Umständen gezwungen, ganz schnell erwachsen zu werden. Wie schon bei der „Bekämpfung" seiner Latein-Schwäche durch gute Stenografie-Kenntnisse, handelt er auch in Prag ganz pragmatisch. Weil der Hunger groß und das Essen knapp ist, beschließt er, mit dem Rauchen erst gar nicht anzufangen. So kann er seine Zigarettenration gegen einen Extrateller Suppe oder Brei tauschen.

Der junge Soldat leidet darunter, seine Eltern nicht besuchen zu dürfen. Nicht einmal für die Hochzeit seines ältesten Bru-

Noch als halbes Kind – mit 15 Jahren – muss Reinfried Pohl Uniform tragen. Zusammen mit seinen Klassenkameraden soll er Prag und den Flugplatz Prag-Letňany verteidigen. Er spürt zum ersten Mal, was Lebensgefahr bedeutet.

ders Gerhard im September 1944 bekommt er Heimaturlaub. Der hat während seines Fronturlaubs in Zwickau geheiratet und fährt am Tag nach der Hochzeit mit seiner Frau nach Prag, um den „Kleinen“ zu besuchen und ihm ein großes Stück vom Hochzeitskuchen mitzubringen. Nach elf Monaten bekommt der 16-Jährige Ende Januar 1945 zwei Tage Urlaub. Anschließend muss er nach Löbau in Sachsen. Offiziell soll er dort seinen Arbeitsdienst ableisten. Tatsächlich bekommt er eine vierwöchige militärische Ausbildung.

Anfang März, das „Tausendjährige Reich“ steht bereits vor dem Zusammenbruch, kommt Reinfried Pohl als Soldat zur Heeresgruppe Mitte unter dem Kommando von Generalfeldmarschall Ferdinand Schörner. In dem verzweifelten Versuch, den russischen Vormarsch zu stoppen oder zumindest aufzuhalten, werden sogenannte Panzerjagdkommandos auf Fahrrädern aufgestellt: jeweils ein Offizier, ein Unteroffizier und acht Soldaten.

Reinfried Pohl wird an der Ostfront bei Breslau eingesetzt. Vom Fahrrad aus sollen er und seine Kameraden die vorrückenden russischen Panzer mit Panzerfäusten bekämpfen – ein wahnwitziges Unterfangen. Hier lernt der junge Mann den Krieg in seiner ganzen Unerbittlichkeit kennen. Reinfried Pohl über diese Wochen an der Ostfront: „Das war eine besonders prägende Zeit: die Angst beim Vorrücken der Russen. Wer eine Fahrradpanne hatte, war verloren. Da habe ich den Tod Tag für Tag kennengelernt.“

Von sich selber sagte Reinfried Pohl, dass er sich nie unnötig in Gefahr begeben habe, auch nicht als Soldat. Aber an der Front erlebt er Kameraden, die ihr Leben riskieren, weil für den Abschuss eines Panzers das Eiserne Kreuz winkt. Pohl hat keinen Ehrgeiz, sich eine militärische Auszeichnung zu erkämpfen. Doch lernt er eine Lektion in Menschenkenntnis, die ihm später im Berufsleben sehr helfen wird: Dass für manche Menschen ein Orden oder eine Auszeichnung mehr wert ist als mehr Geld. Das ausgeklügelte System, mit dessen Hilfe überdurchschnittlich erfolgreiche Vermögensberater bei der Deutschen Vermögensberatung mit „mehr als Geld und Provisionen" ausgezeichnet werden, hat in diesen Kriegserlebnissen seinen Ursprung.

Was den Soldaten der Heeresgruppe Mitte besonders zu schaffen macht, ist ein Befehl Schörners, Soldaten, die sich zu weit von der Truppe entfernt haben, sofort zu erschie-

Das Leben der Luftwaffenhelfer ist hart und gefährlich. Reinfried Pohl (sitzend) will kein Held sein, er will überleben. Deshalb bringt er die Flak-Kanone so in Stellung, dass die herunterfallenden Splitter ihn und seine Kameraden nicht treffen können.

ßen. So kommt zu der Angst, den Russen in die Hände zu fallen, die nicht weniger große Gefahr, von einem fanatischen Vorgesetzten als „Drückeberger" erschossen zu werden. Anfang Mai ordnet Schörner den geordneten Rückzug an, um in den Bereich der Westalliierten zu gelangen. Denn nichts fürchten die deutschen Soldaten mehr als die russische Gefangenschaft. Die Nachricht von der Kapitulation des Oberkommandos der Wehrmacht am 8. Mai 1945 dringt zu der Heeresgruppe nicht sofort durch. Noch immer werden Deserteure erschossen.

Dennoch riskieren es Reinfried Pohl und ein Kamerad, sich in Richtung Zwickau auf den Weg zu machen. Es gelingt ihnen, die Elbe zu überqueren. Am 9. Mai sind sie bis auf 20 Kilometer an Zwickau herangekommen. Einen Tag nach der bedingungslosen Kapitulation tragen sie noch ihre Uniform und ihre Waffen, legen sich völlig erschöpft in einer Scheune zum Schlafen nieder. Als Reinfried Pohl zwischendurch aufwacht, ist er zu Tode erschrocken: In derselben Scheune liegen auch russische und polnische Soldaten. Aber sie sind so erschöpft, dass sie die beiden jungen Deutschen nicht als solche erkennen.

Trotz panischer Angst behalten die beiden einen kühlen Kopf, lassen ihre Waffen im Stroh liegen und schleichen aus der Scheune. Auf Umwegen und durch Wälder schaffen sie es bis zum Morgengrauen nach Zwickau. Dort kommt Reinfried Pohl mit blutenden Füßen, aber erleichtert an, wenige Tage nach seinem 17. Geburtstag. Auf ihn wartet – zumindest äußerlich – eine heile Welt. In Zwickau erinnert nichts an den mörderischen Krieg, keine ausgebrannten Häuser, keine Einschusslöcher. Überglücklich schließen die Eltern ihren Jüngsten in die Arme. Wenigstens einen ihrer drei

Söhne wähnen sie in Sicherheit. Es ist eine trügerische Sicherheit, die nicht einmal für 48 Stunden Bestand hat.

Für den Heimkehrer hat sein Vater eine Überraschung. Die „Oberschule in Böhmisch Leipa (Großdeutsches Reich)“ hat ihm unter dem Datum 31. Januar 1945 ein „Abgangszeugnis für Luftwaffenhelfer“ ausgestellt. Das ist am 8. Mai bei seinen Eltern angekommen, dem Tag der Kapitulation. Es betrifft die 7. Klasse, also den behelfsmäßigen Unterricht, der dem Luftwaffenhelfer in Prag erteilt worden ist. In der „Allgemeinen Beurteilung“ heißt es über den Schüler Pohl: „Körperlich gewandt; heiteres, offenes Wesen; bemüht sich, seine Leistungen zu steigern“. Seine Leistungen in den drei Fächern, in denen in Prag überhaupt noch unterrichtet wurde – Deutsch, Geschichte, Erdkunde –, sind „befriedigend“. Der gerade glücklich dem Krieg entronnene 17-Jährige hält dieses Stück Papier im Augenblick für nicht so wichtig. Aber er hebt es sorgfältig auf. Es wird ihm später den Weg zum Abitur ebnen.

Vertreibung:
„Entgermanisierung" des Sudetenlandes

Der Krieg ist vorbei, aber für Reinfried Pohl und Millionen andere Deutsche geht der Kampf ums Überleben, ja ums nackte Leben weiter. Die Sudetendeutschen trifft es besonders hart. Denn die Tschechen rächen sich für das Unrecht, das ihnen von den Deutschen angetan wurde, nachdem auf Befehl Hitlers deutsche Truppen im März 1939 die sogenannte Rest-Tschechei besetzt und sie als „Protektorat Böhmen und Mähren" unter deutsche Verwaltung gestellt hatten.

Bereits am 8. Mai waren russische Soldaten durch Zwickau gezogen, hatten geraubt, geplündert und vergewaltigt. Dann kommen die Tschechen. Sie gehen noch brutaler vor, richten „Volksgerichtshöfe" ein und ermorden zahllose Deutsche. Ihr besonderer Hass richtet sich gegen die ehemaligen Anführer und Mitglieder der Henlein-Partei. Familie Pohl bekommt das bitter zu spüren. Am 11. Mai, einen Tag nach der Heimkehr Reinfrieds, wird sein Vater von Tschechen zum „Verhör" abgeholt. Diese Milizen übergeben ihn den sowjetischen Besatzern. Seine Frau und seine Söhne werden nie wieder etwas von ihm hören, geschweige denn ihn jemals wiedersehen.

Erst 60 Jahre später entdeckt ein von Reinfried Pohl beauftragter Mitarbeiter im ehemaligen Zuchthaus Bautzen die Akte, die das Schicksal seines Vaters dokumentiert. Gerhard Pohl war von Zwickau aus nach Bautzen verbracht worden, erkrankte dort schwer, starb bereits am 11. März 1946 und wurde in einem Massengrab verscharrt. Man muss wohl davon ausgehen, dass Gerhard Pohl als ehemaliger Ortsgruppenvorsitzender der Sudetendeutschen Partei nach seiner Verhaftung in Zwickau und auch während der Haft misshandelt worden ist. Seine Familie hatte lange um ihn gebangt und auf seine Rückkehr gehofft – vergebens.

Die Verhaftung des Vaters am 11. Mai 1945 hätte auch für seinen Sohn Reinfried übel enden können. Denn die tschechischen „Ordnungskräfte" entdecken in der elterlichen Wohnung das großformatige Foto, das den „HJ-Pimpf" mit dem „Führer" zeigt. Die Mutter hat vergessen, es abzunehmen und zu verstecken. Immerhin kann sie die Tschechen glauben machen, der Junge auf dem Bild wäre nicht ihr Sohn. Reinfried Pohl hat an diesen schicksalhaften Tagen noch ein zweites Mal Glück im Unglück: Keiner der Tschechen in Zwickau weiß, dass er nicht nur Luftwaffenhelfer, sondern sogar Frontsoldat war. So bleibt ihm das Schicksal von russischer Gefangenschaft und Sibirien erspart.

Für die Sudetendeutschen wird das Leben eine einzige Tortur. Wie die Juden bei den Nazis müssen sie eine weiße oder gelbe Armbinde tragen oder sich durch ein großes N (Němec = Deutscher) auf ihrer Kleidung zu erkennen geben. Die so Gebrandmarkten dürfen nicht auf den Bürgersteigen gehen, keine öffentlichen Verkehrsmittel benutzen, weder Kinos noch Restaurants betreten. Selbst die Benutzung von Fahrrädern ist ihnen untersagt. Wenn sie sich auf die Straße wagen, kann es passieren, dass sie beschimpft, angespuckt oder geschlagen werden.

Überraschen kann das eigentlich niemanden. Der tschechoslowakische Staatspräsident Edvard Beneš hat schon in einer Rundfunkansprache vom Londoner Exil aus den Deutschen am 27. Oktober 1943 Rache angedroht: „Den Deutschen wird mitleidlos und vielfach all das heimgezahlt werden, was sie in unseren Ländern seit 1938 begangen haben.“ Seinen hasserfüllten Worten folgen ebensolche Taten. Der spätere Bundeskanzler Willy Brandt berichtet als Reporter der „Norwegischen Arbeiterpresse“ 1945 voller Entsetzen über die „sudetendeutsche Tragödie“.

Reinfried Pohl und seine Mutter überstehen diesen Hass und diese Hetzjagd zunächst einigermaßen glimpflich. Der junge Mann muss allerdings auf Anordnung der neuen tschechischen Herren täglich den Marktplatz seiner Heimatstadt kehren. Doch die Tage der Pohls und der anderen Deutschen im Sudetenland sind gezählt, seit Beneš nach seiner Rückkehr aus dem Exil unmissverständlich gedroht hat, „kompromisslos die Deutschen in den tschechischen Ländern und die Ungarn in der Slowakei völlig zu liquidieren. [...] Unsere Lösung muss es sein, unser Land kulturell, wirtschaftlich und politisch endgültig zu entgermanisieren.“ Zwei Wochen nach dieser Rede beginnen die Tschechen, die hier seit Jahrhunderten lebenden Deutschen zu vertreiben. Zwickau ist der erste Ort im Sudetenland, den die Tschechen von den Deutschen „säubern“. Somit gehören die Pohls zu den Ersten der rund 800 000 Sudetendeutschen, die schon mit der ersten Welle, der sogenannten wilden Vertreibung, ihre Heimat verlassen müssen. Am Ende sind es etwa drei Millionen.

Am 17. Juni 1945 fährt ein Lautsprecherwagen durch die Stadt und fordert alle deutschen Einwohner auf, sich am nächsten Morgen um 6 Uhr mit maximal 30 Kilogramm Gepäck am Marktplatz einzufinden. Mutter und Sohn sind bestürzt, überlegen verzweifelt, was sie mitnehmen sollen. Reinfried Pohl denkt ganz praktisch: Als Erinnerungsstücke nimmt er ein

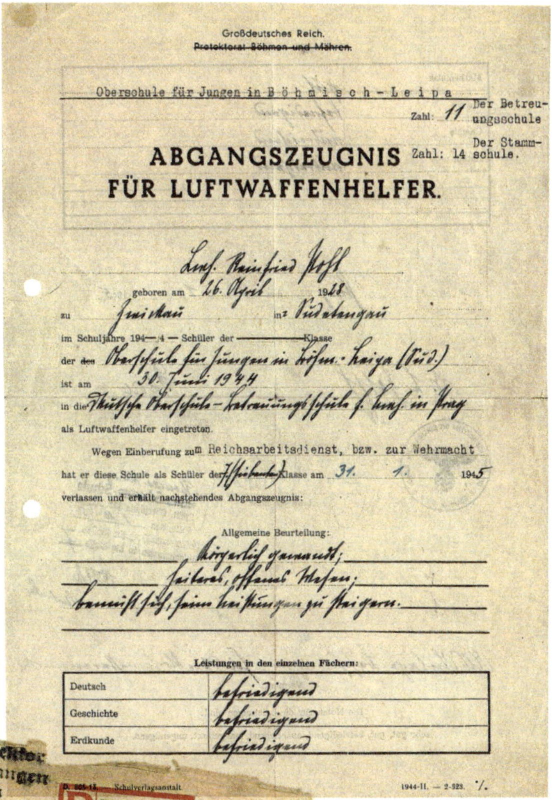

Großdeutsches Reich.
~~Protektorat Böhmen und Mähren.~~

Oberschule für Jungen in B ö h m i s c h - L e i p a

Zahl: 11 Der Betreuungsschule

Zahl: 14 Der Stammschule.

ABGANGSZEUGNIS
FÜR LUFTWAFFENHELFER.

Lwh. Reinfried Pohl

geboren am 26. April 1928

zu Zwickau im Sudetengau

im Schuljahre 194—/4— Schüler der ——— Klasse

der ~~des~~ Oberschule für Jungen in Böhm.-Leipa (Sud.)

ist am 30. Juni 1944

in die Deutsche Oberschule-Betreuungsschule f. Lwh. in Prag

als Luftwaffenhelfer eingetreten.

Wegen Einberufung zum Reichsarbeitsdienst, bzw. zur Wehrmacht

hat er diese Schule als Schüler der 7. (siebente) Klasse am 31. 1. 1945

verlassen und erhält nachstehendes Abgangszeugnis:

Allgemeine Beurteilung:

körperlich gewandt;
heiteres, offenes Wesen;
bemüht sich, seine Leistungen zu steigern.

Leistungen in den einzelnen Fächern:

Deutsch	befriedigend
Geschichte	befriedigend
Erdkunde	befriedigend

D. 805-11. Schulverlagsanstalt 1944-II. — 2-323. ./.

Der Oberstudiendirektor
der Oberschule für Jungen
Böhmisch-Leipa

R Böhmisch-Leipa
11a 917

Frei durch Ablösung Reich

11a

Herrn
Gerhard Pohl
Buchhalter

Z w i c k a u

Dammstrasse 201/II.

Einschreiben

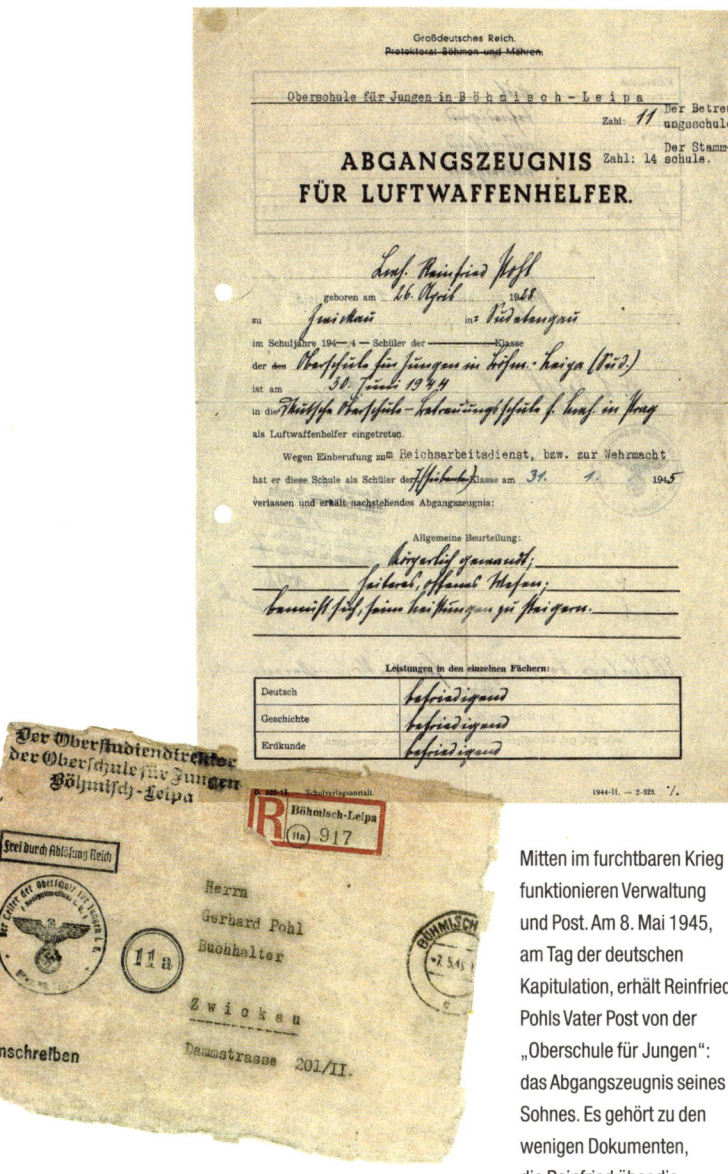

Mitten im furchtbaren Krieg funktionieren Verwaltung und Post. Am 8. Mai 1945, am Tag der deutschen Kapitulation, erhält Reinfried Pohls Vater Post von der „Oberschule für Jungen“: das Abgangszeugnis seines Sohnes. Es gehört zu den wenigen Dokumenten, die Reinfried über die Vertreibung hinweg rettet.

paar Fotos aus der Zeit als Luftwaffenhelfer mit. Ansonsten nutzt er den begrenzten Platz für das Wichtigste: seine Zeugnisse, Kleidung, Lebensmittel. Und dann versteckt der 17-Jährige noch ein paar Silbermünzen in Zahnpastatuben. Den DVAG-Slogan „Früher an später denken“ hat er da noch nicht kreiert, aber er praktiziert ihn bereits.

Am Sammelplatz werden den Deutschen die Hausschlüssel, sämtliches Geld und ihre Wertsachen weggenommen. Dann werden sie von Soldaten hoch zu Pferd in Richtung Grenze in Marsch gesetzt. Unterwegs werden sie von Tschechen nach Belieben ausgeraubt. Reinfrieds Pohls „Schätze“ aber bleiben unentdeckt. Zum Glück für die Vertriebenen ist der Berg Lausche, über dessen Gipfel die Grenze verläuft, nur zwei Marschstunden entfernt. Dort überlassen die Tschechen die deutschen Vertriebenen ihrem Schicksal in der sowjetischen Besatzungszone. Noch sind die sächsischen Dörfer in der Nähe der Grenze nicht mit Flüchtlingen und Vertriebenen überfüllt. So finden die beiden Pohls eine Unterkunft. Nach wenigen Tagen müssen sie Platz machen für die nachfolgenden Vertriebenen. Auf Befehl russischer Soldaten besteigen sie Viehwaggons in Richtung Westen. Nach einigen Tagen erreichen sie Halle an der Saale.

So hart das Schicksal Reinfried Pohls und seiner Mutter auch ist: Millionen anderer Deutscher ergeht es nicht anders. Sie müssen ihre Heimat verlassen und alles zurücklassen, was ihre Familien über Generationen hinweg aufgebaut haben. Zu dem Schmerz über die materiellen und immateriellen Verluste kommt noch die Ungewissheit über das Schicksal des verhafteten Vaters und der älteren Brüder. Mutter und Sohn wissen, dass die Brüder in Gefangenschaft geraten sind, nicht aber, wo sie sind und wie es ihnen geht. Erst nach der Öffnung des „Eisernen Vorhangs“, im Sommer 1997, besucht Reinfried Pohl zusammen mit seiner Frau, seinen beiden Söhnen und dem damals noch lebenden ältesten Bruder Gerhard die alte Heimat. Es ist ein trauriges Wiedersehen. Die einst blühende mittelständische Industrie existiert nicht mehr, überall ist der Verfall mit Händen zu greifen. Vom Elternhaus ist nichts mehr zu sehen, es ist dem Erdboden gleichgemacht worden. Viele Gebäude aus den Kindheitstagen der Brüder Pohl stehen noch, befinden sich aber in einem beklagenswerten Zustand. Neu hinzugekommen sind einige hässliche Plattenbauten am Markt, was den Stadtkern noch trostloser erscheinen lässt. Einzig die Elisabethkirche hat die Zeitläufte unbeschadet überstanden. Reinfried Pohl wird nach diesem enttäuschenden Erlebnis nie wieder an seinen Geburtsort zurückkehren.

Zwischenstation Halle:
Erneuter Kampf ums Überleben

Die Vertreibung der Sudetendeutschen zählt zu den Prioritäten der neuen tschechischen Regierung und erfolgt flächendeckend. So kommen die Pohls zusammen mit Tausenden Schicksalsgenossen nach Halle. Dass die Stadt an der Saale für viele zum Fluchtpunkt wird, ist kein Zufall. Halle ist die größte deutsche Stadt, die den Krieg weitgehend unzerstört überstanden hat. Der Grund: Als die 104. amerikanische Infanteriedivision „Timberwolves" sich an die Außenbezirke der Stadt herankämpft, werden über der Stadt Flugblätter mit der Botschaft „Übergabe oder Vernichtung" abgeworfen. Hallenser Nazi-Gegner werben dafür, weiße Flaggen zu hissen. Selbst der noch amtierende NSDAP-Bürgermeister setzt sich in letzter Minute dafür ein, dass die Wehrmacht und der „Volkssturm" den ohnehin aussichtslosen Kampf einstellen. So bleibt Halle die Zerstörung erspart.

Als Mutter und Sohn in Halle ankommen, sind sie glücklich, vor den Tschechen und den Russen in Sicherheit zu sein. Doch der Traum von einem neuen Leben in der amerikanisch besetzten Zone zerplatzt schnell. Auf der Jalta-Konferenz im Februar 1945 ist der ehemalige Freistaat Anhalt samt Halle der östlichen, sowjetischen Besatzungszone zugeschlagen worden. So ziehen die Amerikaner am 1. Juli 1945, wenige Tage nach der Ankunft der Pohls, ab und übergeben auch Halle der Sowjetischen Militäradministration.

Reinfried Pohl und seine Mutter zählen zu den rund 35 000 Flüchtlingen unter den damals etwa 260 000 Einwohnern Halles. Sie werden zunächst in eine der Massenunterkünfte eingewiesen, durch die die Flüchtlinge und Vertriebenen aus dem Osten durchgeschleust werden. Dort trifft Reinfried Pohl auch ein paar Schulkameraden aus Zwickau. Nach einiger Zeit finden sie bei einem älteren Ehepaar in Halle-Diemitz ein neues Zuhause. Genau genommen ist es nur ein Zimmer, das Mutter und Sohn sich teilen müssen. Das bedeutet eine deutliche Verbesserung gegenüber dem Sammellager. Aber die Wohnungsinhaber lassen die neuen Mitbewohner durchaus spüren, dass sie über diese Zwangseinweisung keineswegs erfreut sind.

Im Sommer 1945 müssen die beiden nicht mehr um ihr Leben fürchten. Aber der Kampf ums Überleben bleibt hart. Die Notverpflegung, die ihnen von den örtlichen Behörden zugestanden wird, reicht nicht zum Leben und nicht zum Sterben. Ihr Glück ist, dass Maria Pohl eine ausgebildete Schneidermeisterin ist – und eine sehr geschickte obendrein. Sie bietet in der Nachbarschaft ihre Dienste an, ändert Bekleidung, bessert aus und näht auch neue Sachen.

Der Bedarf ist in jenen Nachkriegstagen groß, denn zu kaufen gibt es praktisch nichts. Die Einzimmerwohnung wird nunmehr zu einer Schneiderwerkstatt; der Sohn hilft der Mutter beim Zuschneiden. So halten sich die beiden mühsam über Wasser. Reinfried Pohl spricht im Rückblick von einem „Hungerleben“. Trotz aller Widrigkeiten will der 17-Jährige unbedingt sein Abitur machen. Auch seine Mutter bestärkt ihn darin. Was ihm hilft, ist sein Zeugnis von der Oberschule in Böhmisch Leipa, das ihn zur Ablegung des Abiturs berechtigt. Das hat

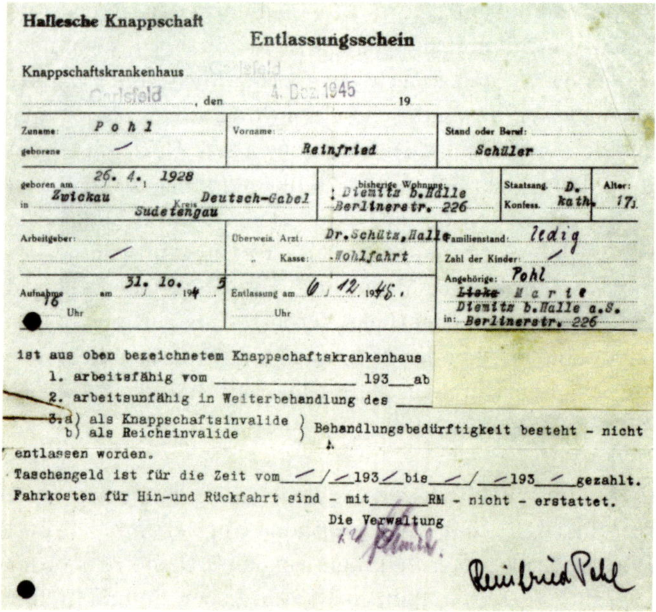

Hallesche Knappschaft

Entlassungsschein

Knappschaftskrankenhaus Carlsfeld

Carlsfeld, den 4. Dez. 1945 19

Zuname: Pohl geborene: —	Vorname: Reinfried	Stand oder Beruf: Schüler
geboren am 26. 4. 1928 in Zwickau Kreis Deutsch-Gabel Sudetengau	bisherige Wohnung: Dieskau b. Halle Berlinerstr. 226	Staatsang. D. Konfess. kath. Alter: 17 J.
Arbeitgeber: —	Überweis. Arzt: Dr. Schütz, Halle „ Kasse: Wohlfahrt	Familienstand: ledig Zahl der Kinder: —
Aufnahme 16 Uhr am 31. 10. 1945	Entlassung am 6. 12. 1945. Uhr	Angehörige: Pohl Marie in: Dieskau b. Halle a. S. Berlinerstr. 226

ist aus oben bezeichnetem Knappschaftskrankenhaus
1. arbeitsfähig vom ______ 193__ab
2. arbeitsunfähig in Weiterbehandlung des ____
3. a) als Knappschaftsinvalide b) als Reichsinvalide } Behandlungsbedürftigkeit besteht - nicht
entlassen worden.
Taschengeld ist für die Zeit vom _/_/193_ bis _/_/193_ gezahlt.
Fahrkosten für Hin-und Rückfahrt sind - mit ____ RM - nicht - erstattet.

Die Verwaltung

Reinfried Pohl

Reinfried Pohl übersteht 1945 gleich drei lebensgefährliche Situationen: den Einsatz an der Ostfront, die Vertreibung aus Zwickau und die Typhusepidemie am neuen Wohnort Halle. Im Hallenser Knappschaftskrankenhaus überleben nur fünf Prozent der Patienten. Reinfried Pohl ist einer dieser Glücklichen.

er während der Flucht wie einen Schatz gehütet. Es ist seine „Eintrittskarte“ für die „Franckeschen Stiftungen“, eine Oberschule in Halle.

Kaum hat der Unterricht im Herbst 1945 begonnen, kommt der nächste Schicksalsschlag: In Halle bricht eine Typhusepidemie aus, hervorgerufen durch verunreinigtes Wasser und verdorbene Lebensmittel. Zuerst trifft es die Mutter, dann den Sohn. Ende Oktober wird Maria Pohl in ein Behelfskrankenhaus in einem früheren Gymnasium eingewiesen, Reinfried in das Knappschaftskrankenhaus. Im Knappschaftskrankenhaus herrschen katastrophale Zustände. Das Haus ist völlig überbelegt, die hygienischen Zustände spotten jeder Beschreibung, es fehlt an allem. Wie andere neu eingelieferte Patienten auch muss der Junge zuerst einen Tag im Flur liegen, bis ein Bett frei wird, weil jemand gestorben ist. Als er endlich ein Bett bekommt, ist es noch warm vom verstorbenen Vorgänger.

Es sind ganz schlimme Wochen für Reinfried Pohl. Während er um sein Leben kämpft, belastet ihn die Ungewissheit über das Schicksal der Mutter. Auch Maria Pohl weiß nicht, wie es ihrem Sohn geht, ob er überhaupt noch lebt. Da sie schneller gesund wird als ihr Sohn, macht sie sich auf die Suche nach ihm, findet ihn schließlich nach einigen Wochen im Krankenhaus. Da befindet er sich glücklicherweise bereits auf dem Weg der Besserung.

Die Typhus-Epidemie fordert viele Tote; im Hallenser Knappschaftskrankenhaus überleben nur fünf Prozent der Erkrankten. Reinfried Pohl ist einer der wenigen Glücklichen. Am 6. Dezember wird er als geheilt entlassen. Er hat wieder einmal überlebt – gegen jede Wahrscheinlichkeit. Mancher hätte in einer solchen Situation vielleicht gesagt, jetzt erhole ich mich erst einmal von der gerade überstandenen lebensgefährlichen Erkrankung. Nicht so diese Kämpfernatur. Reinfried Pohl geht sofort wieder in die Schule. Er hält sich eben nicht mit Klagen und Jammern auf; er schaut stets nach vorn. Ein Charakterzug, ohne den seine späteren beruflichen Erfolge nicht denkbar sind.

Es ist ein harter Alltag, der auf den gerade Genesenen wartet. Täglich muss er einen einstündigen Schulweg hin und zurück auf sich nehmen. Die Hausaufgaben fallen in den beengten Wohnverhältnissen auch nicht immer leicht. Zudem versucht Reinfried, seiner Mutter bei der Bewältigung des Alltags zu helfen, wo er kann. Am 8. März 1947, sechs Wochen vor seinem 19. Geburtstag, hält Reinfried Pohl das erstrebte „Zeugnis der Reife" in Händen. Es ist eine besondere Leistung, dies trotz all der widrigen Umstände geschafft zu haben. Dass es kein Einser-Abitur wurde, versteht sich von selbst. Doch die „Allgemeine Beurteilung" kann sich sehen lassen: „P. hat ein freundliches und aufgeschlossenes Wesen. Er war gleichbleibend fleißig und interessiert. Der erzielte Gesamterfolg befriedigt." Über die Zukunftspläne des Abiturienten ist dort zu lesen, er wolle sich „der höheren Forstlaufbahn zuwenden".

Woher kam der Wunsch, Förster zu werden? Reinfried Pohl konnte später darüber noch lachen. Das habe er aus Jux und Tollerei damals angegeben, weil man halt einen Berufswunsch nennen musste: „Dabei kann ich keinem Tier was zuleide tun." Tatsächlich weiß der junge Mann nur, dass er studieren will, aber nicht so genau, was. Schließlich beantragt er die Zulassung zum Jurastudium an der Martin-Luther-Universität in Halle. Doch die Immatrikulation wird ihm aus politischen Gründen verwehrt – wegen der früheren Tätigkeit seines Vaters für die Sudetendeutsche Partei.

Was für eine geradezu groteske Situation: Seit zwei Jahren wissen Mutter und Sohn nicht, ob Gerhard Pohl noch lebt. Jeden Tag hoffen sie aufs Neue, er könnte plötzlich vor der Tür stehen oder wenigstens ein Lebenszeichen geben. Aber jetzt steht der vermisste Vater dem Studium seines Sohnes im Wege.

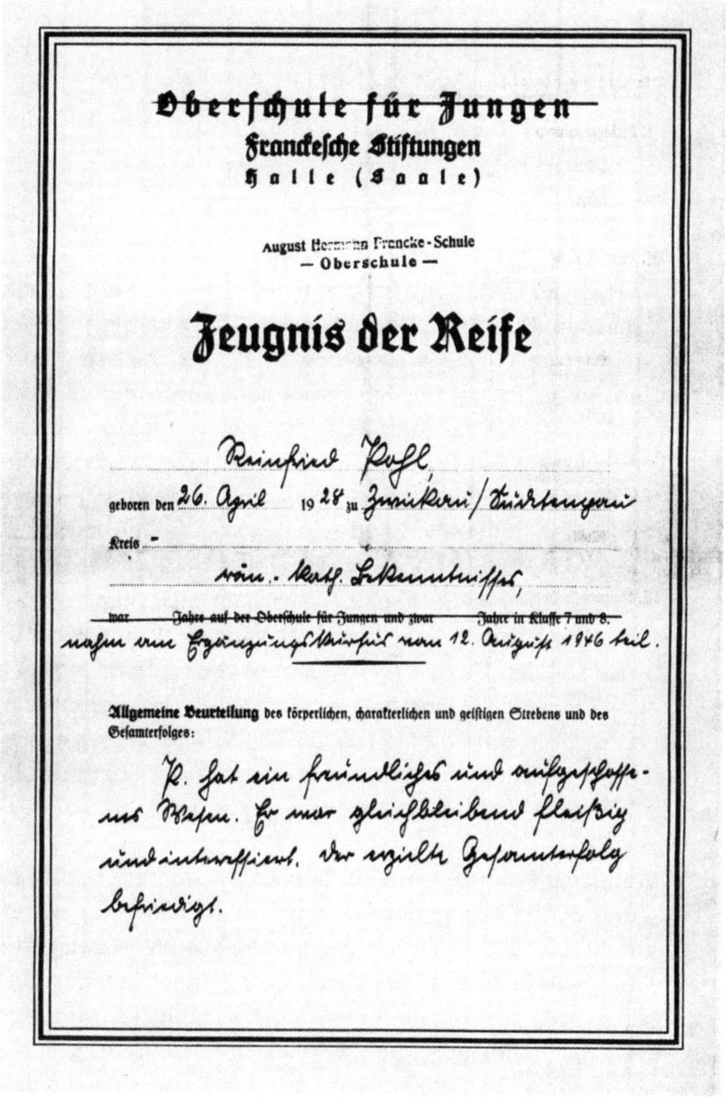

~~Oberschule für Jungen~~
Franckesche Stiftungen
Halle (Saale)

August Hermann Francke-Schule
— Oberschule —

Zeugnis der Reife

Reinfried Pohl,

geboren den 26. April 1928 zu Zwickau/Sudetengau

Kreis -

röm.-kath. Bekenntnisses,

~~war Jahre auf der Oberschule für Jungen und zwar Jahre in Klasse 7 und 8.~~
nahm am Ergänzungskursus vom 12. August 1946 teil.

Allgemeine Beurteilung des körperlichen, charakterlichen und geistigen Strebens und des Gesamterfolges:

P. hat ein freundliches und aufgeschlossenes Wesen. Er war gleichbleibend fleißig und interessiert. Der erzielte Gesamterfolg befriedigt.

In Halle macht Reinfried Pohl 1947 das Abitur. Doch es eröffnet ihm nicht den Weg an die Universität. Wegen seiner „bürgerlichen Abstammung“ lassen ihn die Kommunisten in der sowjetischen Besatzungszone nicht studieren.

Politik in der SBZ: An einem Tisch mit Honecker

Wie so viele Deutsche hat Reinfried nach 1945 mit Politik nichts im Sinn. Der Überlebenskampf ist hart genug. Da spielt jedoch sein Lateinlehrer an den Franckeschen Stiftungen Schicksal. Der hat eine liberale Einstellung, sympathisiert mit der im Juli 1945 gegründeten Liberal-Demokratischen Partei Deutschlands (LDP), wie sich die Liberalen in Ostdeutschland nennen. In Halle will dieser Lehrer einen LDP-Verband gründen und sucht Mitstreiter. Schon am ersten Tag des Schuljahres 1945/46 hat dieser Lehrer sich bei seinen Schülern nach ihrer Herkunft erkundigt. Der Schüler Pohl berichtet von Zwickau, dass sein Vater von den Russen verschleppt worden sei und er nicht wisse, ob er überhaupt noch am Leben sei. Das beeindruckt den Lehrer. Kurz darauf fragt er den Schüler Reinfried, ob er nicht bei der Gründung einer liberalen, antikommunistischen Partei mitmachen wolle.

Reinfried Pohl zögert nicht lange. So wird der 17-Jährige einer der frühen Mitstreiter der LDP in Halle. Aus seiner im Archiv der Friedrich-Naumann-Stiftung verwahrten Mitgliedskarte geht hervor, dass der Schüler Pohl als Mitgliedsbeitrag anfänglich eine Mark gezahlt hat, von Mai 1947 an dann monatlich 1,50 Mark. Den Beitrag zahlt er offenbar im Voraus. Denn auf der Karte sind für das Jahr 1948 bis einschließlich Dezember Beitragseingänge verzeichnet, obwohl er bereits im August 1948 in den Westen flieht.

Zu seinem Beitritt zur LDP bewegt Reinfried nicht nur eine gute Portion Bauernschläue, dem Lehrer einen Gefallen zu tun – und damit auch sich. Reinfried Pohl ist ebenso von dem Adjektiv „antikommunistisch“ angetan. Hatten nicht die Kommunisten seinen Vater verschleppt? Fingen die Kommunisten in der Zone nicht gerade an, mit ähnlichen Methoden wie einst die Nazis Menschen zu bevormunden, Andersdenkende zu drangsalieren und in den Tod zu schicken? Sich gegen die Kommunisten zu engagieren, dieser Gedanke gefällt dem jungen Pohl. Schnell kann er sich für die Politik richtig begeistern.

Die Liberal-Demokraten in der sowjetischen Besatzungszone sind eine bürgerliche, antikommunistische Partei. Ihnen schließt sich Reinfried Pohl noch als Schüler mit 17 Jahren an, gehört so zu den Mitbegründern der Liberalen in Halle.

Reinfried Pohl wird noch als Schüler Vorsitzender der Jungen Liberalen in Sachsen-Anhalt. Als er aus politischen Gründen nicht zum Studium zugelassen wird, bietet die Partei ihm die Stelle des Landesjugendsekretärs für Sachsen-Anhalt an. Pohl zögert nicht lange und unterschreibt. Er hat kein Büro, arbeitet von zu Hause aus. Die monatlich 225 Mark, die die Partei ihm zahlt, sind für ihn und seine Mutter eine große Hilfe.

Die LDP versteht sich als Sammelbecken für alle Nicht-Marxisten auf der Basis eines individuellen Freiheitsverständnisses. Sie tritt – wie die Liberalen in den westlichen Besatzungszonen – viel stärker für Marktwirtschaft und Privateigentum ein als die CDU, in der damals Teile der Führungskräfte und Mitglieder von der Idee eines „christlichen Sozialismus“ angetan sind. Als Reinfried Pohl seine hauptamtliche Tätigkeit aufnimmt, sind die Liberalen trotz aller Auflagen und Schikanen der Besatzungsmacht ausgesprochen erfolgreich. Bei den Gemeinde- und Landtagswahlen 1946 erreichen sie zwischen 20 und 25 Prozent der Stimmen. Die LDP ist nach der aus der Zwangsvereinigung von Kommunisten und Sozialdemokraten hervorgegangenen Sozialistischen Einheitspartei Deutschlands (SED) die zweitstärkste politische Kraft in der SBZ, zählt bald mehr als 100 000 Mitglieder. Bis Ende 1948 steigt die Mitgliederzahl auf mehr als 200 000 Mitglieder, von denen 23 Prozent jünger als 25 Jahre sind.

Die guten Wahlergebnisse und ihre Erfolge bei der Mitgliederwerbung beruhen darauf, dass es dieser Partei gelingt, die bürgerlichen Kreise für sich zu gewinnen: Beamte, mittelständische Unternehmer, Handwerker, Selbständige. Ihr Erfolg an den Wahlurnen ist der von der sowjetischen Besatzungsmacht in jeder Weise unterstützten und bevorzugten SED nicht geheuer. Doch hoffen die Besatzer und ihre deutschen Statthalter, die von der LDP angesprochenen Wählerschichten könnten auf dem Umweg über diese liberale Partei für den Aufbau des Sozialismus gewonnen werden. Denn selbstverständlich ist die LDP ebenso wie die Ost-CDU in den von der SED beherrschten „Block der antifaschistisch-demokratischen Parteien" eingebunden.

Reinfried Pohl macht die politische Arbeit Spaß. Seine wichtigste Aufgabe ist die Werbung von Mitgliedern, vor allem von jungen Leuten. Aus Protokollen über die Sitzungen des „geschäftsführenden Ausschusses Jungdemokraten" in Sachsen-Anhalt vom Januar 1948 geht hervor, dass Reinfried Pohl sich unter anderem um die personelle Ausstattung der kommunalen Jugendämter sorgt, da dort fast alle Stellen mit SED-Funktionären besetzt sind. Auch in den Wahlkämpfen mischt er kräftig mit. Der politische Neuling entpuppt sich als mitreißender Redner, besitzt Organisationstalent und erweist sich bei der Mitgliederwerbung durch sein freundliches, gleichwohl beharrliches Auftreten als ein echter „Menschenfänger".

Den Parteioberen in Sachsen-Anhalt wie in Berlin fällt der junge Mann aus Halle bald auf. Er kommt in den Vorstand der Partei, ist zuständig für die Jugendarbeit der LDP in der gesamten SBZ, gründet und betreut die Liberale Hochschulgruppe in Halle, obwohl er selber nicht studieren darf. Hätte Pohl nicht in Sachsen-Anhalt, sondern in Niedersachsen oder Baden-Württemberg gelebt, er hätte beste Voraussetzungen für eine steile politische Karriere gehabt. In der sowjetisch besetzten Zone ist jedoch alles anders. Das bekommt der Jungfunktionär zu spüren, wenn sich die Vertreter der Jugend-

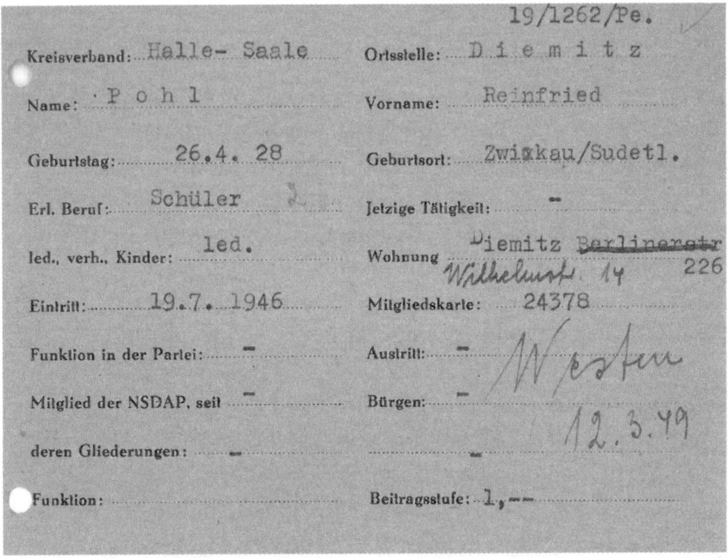

19/1262/Pe.

Kreisverband: Halle- Saale
Ortsstelle: D i e m i t z

Name: P o h l
Vorname: Reinfried

Geburtstag: 26.4. 28
Geburtsort: Zwickau/Sudetl.

Erl. Beruf: Schüler
Jetzige Tätigkeit: -

led., verh., Kinder: led.
Wohnung: Diemitz ~~Berlinerstr~~ 226 Wilhelmstr. 14

Eintritt: 19.7. 1946
Mitgliedskarte: 24378

Funktion in der Partei: -
Austritt: - Westen 12.3.49

Mitglied der NSDAP, seit -
Bürgen: -

deren Gliederungen: -
-

Funktion:
Beitragsstufe: 1,--

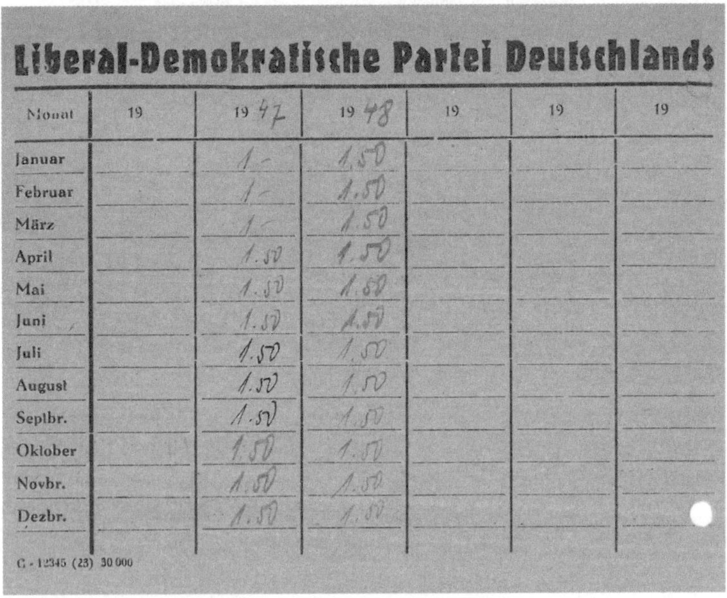

Liberal-Demokratische Partei Deutschlands

Monat	19	1947	1948	19	19	19
Januar		1,-	1.50			
Februar		1,-	1.50			
März		1,-	1.50			
April		1.50	1.50			
Mai		1.50	1.50			
Juni		1.50	1.50			
Juli		1.50	1.50			
August		1.50	1.50			
Septbr.		1.50	1.50			
Oktober		1.50	1.50			
Novbr.		1.50	1.50			
Dezbr.		1.50	1.50			

G - 12345 (23) 30 000

Mitgliedsausweis und Beitragsnachweis des LDP-Mitglieds Reinfried Pohl.

organisationen der Blockparteien alle Vierteljahre treffen. Dort begegnet Reinfried Pohl auch Erich Honecker, mit 35 Jahren nicht mehr ganz junger Anführer der Freien Deutschen Jugend (FDJ). Auf diesen Sitzungen soll eigentlich über politische Jugendarbeit im Allgemeinen gesprochen werden. Tatsächlich führt Honecker das große Wort, wie Reinfried Pohl sich später erinnert: „Wir mussten sozusagen Bericht erstatten über unsere Arbeit. Eine Diskussion fand nie statt."

Der LDP-Jugendvertreter ahnt noch nicht, dass ihm hier der spätere Generalsekretär des Zentralkomitees der SED und Staatsratsvorsitzende der DDR gegenübersitzt. Aber er ist sich sicher, dass der FDJ-Führer nach Höherem strebt. Honecker tritt ausgesprochen autoritär auf, stellt bohrende Fragen. Pohl und die anderen Nichtsozialisten lässt er spüren, dass er sie für bedeutungslos hält. Was Reinfried Pohl damals auffällt: Gelacht habe Honecker nie. Dafür seien „die ersten Anzeichen von Fanatismus" nicht zu übersehen gewesen. Unter diesem Fanatismus werden 16 Millionen Deutsche noch zu leiden haben.

Die LDP arbeitet in den ersten Nachkriegsjahren eng mit den Liberalen in den westlichen Besatzungszonen zusammen. Die nennen sich regional unterschiedlich mal Demokratische Volkspartei (DVP), mal Deutsche Demokratische Partei (DDP) oder ebenfalls LDP. Am 17. März 1948 gründen Liberale aus ganz Deutschland die Demokratische Partei Deutschlands (DPD) und wählen den LDP-Vorsitzenden Wilhelm Külz zusammen mit dem späteren Bundespräsidenten Theodor Heuss (DVP) zu gleichberechtigten Vorsitzenden. Doch zwischen der LDP im Osten und den Liberalen im Westen gibt es erhebliche Differenzen. Zwar verfolgt die LDP einen dezidiert auf die deutsche Einheit ausgerichteten Kurs. Zum Missfallen der West-Liberalen arbeitet Külz, von den Nazis 1933 abgesetzter Oberbürgermeister von Dresden, jedoch pragmatisch mit der sowjetischen Besatzungsmacht zusammen. Auch nimmt er mit der LDP 1948 am vermeintlich überparteilichen „1. Deutschen Volkskongress für Einheit und gerechten Frieden“ teil. Kongresse wie dieser sind Teil der SED-Strategie, durch angeblich „überparteiliche, antifaschistische“ Aktivitäten den Weg zum Einparteienstaat vorzubereiten. Selbstverständlich wird auch der „Volkskongress“ von der SED dominiert. Külz weiß das sehr wohl, will aber dort den Kommunisten nicht allein das Feld überlassen. Das führt Anfang 1948 zum Bruch mit Heuss und den westdeutschen Liberalen. Gleichwohl gibt es im Westen ein Gefühl der „Verbundenheit mit [den] Gesinnungsfreunden in der sowjetischen Besatzungszone“, wie Theodor Heuss es formuliert. Auf diese Verbundenheit kann Reinfried Pohl bald darauf zählen.

Flucht in den Westen:
Auf der Fahndungsliste der Sowjets

Als Reinfried Pohl in die Politik geht, ist die DDR noch nicht gegründet. Alle Macht liegt bei der Sowjetischen Militäradministration in Deutschland (SMAD). Sie ist bis 1949 die oberste Besatzungsbehörde und faktisch die Regierung der SBZ. Die SMAD beobachtet aufmerksam alle politischen Aktivitäten. Der Hauptzweck dieser Überwachung: die demokratischen Konkurrenten der Sozialistischen Einheitspartei kleinzuhalten.

Zur Gründung der SED durch eine „Vereinigung" von SPD und KPD war es 1946 nur deshalb gekommen, weil die Besatzungsmacht die Sozialdemokraten letztlich durch erheblichen Druck dazu zwang. Folglich wird die SED von der Bevölkerung bald als das angesehen, was sie tatsächlich ist: eine marxistisch-leninistische Kaderpartei. Ihr Ziel ist die Einparteienherrschaft, das sie mit sowjetischer Hilfe bald erreichen wird.

Der Vorstand der LDP versucht zwar mit der SMAD pragmatisch zusammenzuarbeiten. Dennoch werden die LDP-Aktivisten auf örtlicher Ebene genauestens beobachtet, gerade in der LDP-Hochburg Sachsen-Anhalt. Denn Sachsen-Anhalt ist das einzige Land in der SBZ, in dem LDP und CDU zusammen eine Mehrheit haben. Mit Erhard Hübener stellen die Liberalen von Dezember 1946 bis Oktober 1949 sogar den Ministerpräsidenten von Sachsen-Anhalt. Er ist der einzige nichtkommunistische Regierungschef in der sowjetischen Besatzungszone.

Ein- bis zweimal pro Woche wird Reinfried Pohl von der SMA in Sachsen-Anhalt einbestellt, um über seine Arbeit zu berichten. Diese „Gespräche" sind freilich Verhöre. Die Militärs versuchen – nicht zuletzt im Interesse ihrer SED-Genossen – möglichst viel zu erfahren über das Personal, die Pläne und die Geldquellen der LDP. Pohl soll eingeschüchtert werden. Dazu zählen auch Bemerkungen wie die, seine Hochschulgruppe wäre eine „subversive Gruppe", die gegenüber der Sowjetunion ebenso feindselig eingestellt sei wie gegenüber der SED. Subversiv tätig zu sein gehört zu den schlimmsten Anschuldigungen im Unterdrückungs-Repertoire der sowjetischen Besatzer.

Reinfried Pohl spürt, wie gefährlich es für ihn wird, aber er gibt nicht auf. Und hat wieder einmal unbeschreiblich großes Glück. Als die sowjetischen Besatzer Ende August 1948 alle Mitglieder der LDP-Hochschulgruppe Halle verhaften, befindet er sich zufällig in Berlin bei einer Sitzung der Zentralen Parteileitung der LDP. Ein Freund warnt ihn telefonisch, auf keinen Fall nach Halle zurückzukehren. Reinfried Pohl weiß jetzt, dass nach ihm gefahndet wird, dass ihm Gefängnis oder gar Sibirien drohen. Er hat keine andere Wahl: Er flieht nach West-Berlin. Bald darauf zeigt sich, wie richtig sein Entschluss ist. Alle Mitglieder seiner Gruppe werden unter fadenscheinigen Gründen verurteilt, einige müssen ihre Freiheitsstrafen in Sibirien abbüßen, was meistens einem Todesurteil gleichkommt.

Am 5. November 1948 berichtet die Hallenser Zeitung „Kurier", die „LDP-Betriebsgruppe" an der Universität sei auf Befehl der SMA „aufgelöst worden". Weiter heißt es: „Als Begründung wird angegeben, die Gruppe habe ‚keine rechtzeitigen Maßnahmen zur Säuberung ihrer Leitung von den

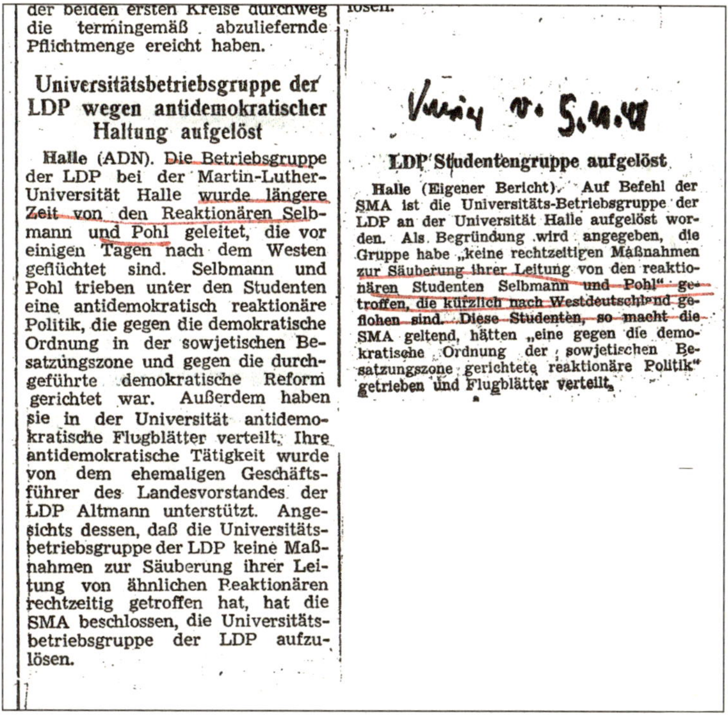

der beiden ersten Kreise durchweg die termingemäß abzuliefernde Pflichtmenge erreicht haben.

Universitätsbetriebsgruppe der LDP wegen antidemokratischer Haltung aufgelöst

Halle (ADN). Die Betriebsgruppe der LDP bei der Martin-Luther-Universität Halle wurde längere Zeit von den Reaktionären Selbmann und Pohl geleitet, die vor einigen Tagen nach dem Westen geflüchtet sind. Selbmann und Pohl trieben unter den Studenten eine antidemokratisch reaktionäre Politik, die gegen die demokratische Ordnung in der sowjetischen Besatzungszone und gegen die durchgeführte demokratische Reform gerichtet war. Außerdem haben sie in der Universität antidemokratische Flugblätter verteilt. Ihre antidemokratische Tätigkeit wurde von dem ehemaligen Geschäftsführer des Landesvorstandes der LDP Altmann unterstützt. Angesichts dessen, daß die Universitätsbetriebsgruppe der LDP keine Maßnahmen zur Säuberung ihrer Leitung von ähnlichen Reaktionären rechtzeitig getroffen hat, hat die SMA beschlossen, die Universitätsbetriebsgruppe der LDP aufzulösen.

lösen.

LDP Studentengruppe aufgelöst

Halle (Eigener Bericht). Auf Befehl der SMA ist die Universitäts-Betriebsgruppe der LDP an der Universität Halle aufgelöst worden. Als Begründung wird angegeben, die Gruppe habe „keine rechtzeitigen Maßnahmen zur Säuberung ihrer Leitung von den reaktionären Studenten Selbmann und Pohl" getroffen, die kürzlich nach Westdeutschland geflohen sind. Diese Studenten, so macht die SMA geltend, hätten „eine gegen die demokratische Ordnung der sowjetischen Besatzungszone gerichtete reaktionäre Politik" getrieben und Flugblätter verteilt.

SED-hörige Zeitungen berichten im November 1948 über die Flucht des „reaktionären" Studenten Pohl.

reaktionären Studenten Selbmann und Pohl‘ getroffen, die kürzlich nach Westdeutschland geflohen sind. Diese Studenten, so macht die SMA geltend, hätten ‚eine gegen die demokratische Ordnung der sowjetischen Besatzungszone gerichtete reaktionäre Politik‘ getrieben und Flugblätter verteilt." Nur ein einziger junger Liberaler aus dieser Gruppe bleibt unbehelligt, darf sogar sein Studium fortsetzen: der spätere FDP-Vorsitzende und Bundesaußenminister Hans-Dietrich Genscher.

Der Zonen-Flüchtling Pohl wird unterdessen von der West-Berliner FDP betreut. Da in der SBZ die Fahndung nach ihm läuft, muss er ausgeflogen werden. Es ist die Zeit der Berlin-Blockade. Und in den sogenannten Rosinenbombern, mit denen die Amerikaner das eingeschlossene West-Berlin mit dem Lebensnotwendigen versorgen, ist auf dem Rückflug Raum für Passagiere. Auch für den Flüchtling Pohl findet sich ein Platz. Er sitzt mit anderen auf dem Boden einer Maschine, die sonst Kohle transportiert. Doch das spielt keine Rolle: Er ist zum ersten Mal seit dem Beginn seiner Zeit als Flakhelfer vor mehr als vier Jahren in Sicherheit.

Der Rosinenbomber landet auf dem Flughafen Hannover-Celle. Der liegt in der britischen Besatzungszone. Reinfried Pohl will aber nach Gießen. Dort lebt bereits sein ältester Bruder Gerhard, der die russische Gefangenschaft überstanden hat, mit seiner Frau in einer eigenen Wohnung, damals keine Selbstverständlichkeit. Gießen wiederum liegt in der amerikanischen Zone. Also wendet sich der Flüchtling hilfesuchend an die Amerikaner. Die setzen ihn in einen Zug in Richtung Frankfurt. Bei einer Kontrolle in Kassel fällt auf, dass Reinfried Pohl keinen Passierschein für die amerikanische Zone hat. Er wird verhaftet, muss die Nacht am Bahnhof Kassel verbringen. Am nächsten Morgen kann er dann die notwendigen Formalitäten klären und endlich nach Gießen weiterfahren. Doch Kassel zählte seitdem nicht zu den Lieblingsstädten Pohls.

Der Zonenflüchtling ist 20 Jahre alt, als er in Gießen ankommt. Er hat das Abitur in der Tasche, aber kein Studium und keine Berufsausbildung. Und er hat auch für damalige Verhältnisse bereits mehr erlebt und überlebt, als es selbst für Angehörige der Flakhelfer-Generation üblich war: den

Einsatz als Luftwaffenhelfer wie als Fahrrad-Soldat an der Ostfront, die Vertreibung aus der sudetendeutschen Heimat, die lebensgefährliche Typhuserkrankung und nicht zuletzt die Schikanierung durch die sowjetischen Besatzer. Diesen 20-Jährigen kann 1948 nichts mehr schrecken. Er hat gelernt: Es lohnt sich zu kämpfen.

Nach seiner Flucht aus der sowjetischen Besatzungszone kommt Reinfried Pohl bei seinem ältesten Bruder Gerhard in Gießen unter. Sie bleiben einander eng zugetan, bis zu Gerhards Tod im Jahr 1998.

Neue Heimat Marburg:
Endlich Frieden und Freiheit

Die ersten zwei Jahrzehnte seines Lebens hat Reinfried Pohl gleich an drei Orten verbracht: Zwickau, Prag und Halle. Jetzt ist er in Gießen angekommen. Er meldet sich dort im Notaufnahmelager, bekommt eine Zuzugsgenehmigung für die mittelhessische Stadt. Bei seinem Bruder Gerhard, der im Mai 1948 aus der Kriegsgefangenschaft heimgekehrt ist, und seiner Frau kommt der Flüchtling aus der Zone unter. Er wird von den Behörden als politischer Flüchtling anerkannt. Materielle Vorteile sind mit diesem Status nicht verbunden.

Der Neuankömmling hat nach seiner überstürzten Flucht von Ost- nach West-Berlin vom LDP-Vorsitzenden Wilhelm Külz zwei Empfehlungsschreiben bekommen, je eines für die liberalen Oberbürgermeister von Gießen und Marburg. Die Herren – es sind die beiden einzigen liberalen Stadtoberhäupter in der amerikanischen Zone – mögen den jungen Parteifreund bei seinem Neustart im Westen doch unterstützen. Den Gießener OB besucht Pohl noch vom Notaufnahmelager aus. Der bietet ihm auch seine Hilfe an. Der junge Mann hat aber gehört, dass das nur 30 Kilometer entfernte Marburg die viel schönere Stadt sei. Also erkundigt er sich nach dem Preis einer Fahrkarte von Gießen nach Marburg und zurück und entscheidet sich für das Ziel Marburger Südbahnhof, weil diese Strecke kürzer und ein paar Groschen billiger ist. Der schon vor Pohl aus der SBZ geflohene sächsische LDP-Politiker Wolfgang Mischnick ist in-

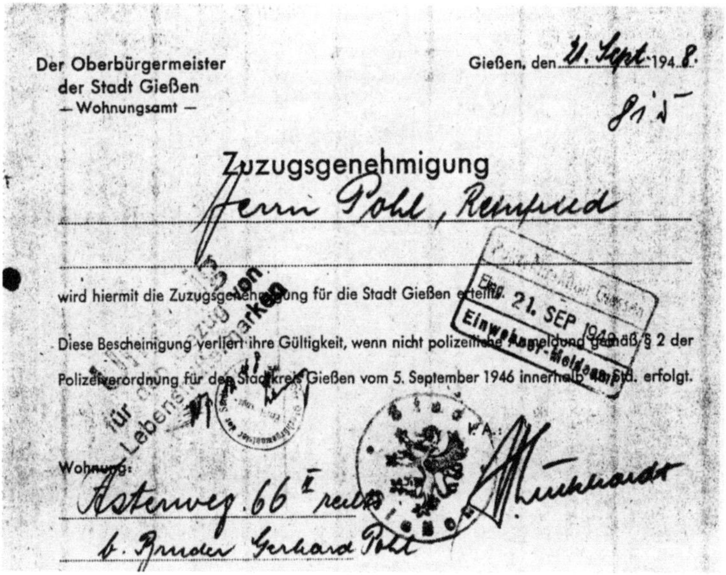

Der Oberbürgermeister
der Stadt Gießen
– Wohnungsamt –

Gießen, den 11. Sept. 1948.

Zuzugsgenehmigung

Herrn Pohl, Reinfried

wird hiermit die Zuzugsgenehmigung für die Stadt Gießen erteilt.

Diese Bescheinigung verliert ihre Gültigkeit, wenn nicht polizeiliche Anmeldung gemäß § 2 der Polizeiverordnung für den Stadtkreis Gießen vom 5. September 1946 innerhalb 48 Std. erfolgt.

Wohnung:
Asterweg 66 I rechts
b. Bruder Gerhard Pohl

Beinahe wäre Reinfried Pohl ein Gießener geworden, weil er zunächst eine Zuzugsgenehmigung für diese Stadt erhält. Aber Marburg gefällt ihm besser.

zwischen für die Frankfurter FDP tätig und stellt für den Parteifreund einen Kontakt zum Marburger FDP-Oberbürgermeister Karl Theodor Bleek her.

In Marburg angekommen, macht Pohl sich auf den recht langen und beschwerlichen Fußmarsch zu dem in der Oberstadt gelegenen Rathaus. Dem 20-Jährigen bietet sich ein fast friedliches Bild: Der Bombenkrieg hat die Stadt – anders als Gießen – weitgehend verschont. Zwar gab es alliierte Angriffe. Da aber in Marburg so gut wie keine kriegswichtigen Güter produziert wurden, richteten sich die Schläge vor allem gegen die Infrastruktur. Der Bahnhof war bombardiert worden, auch einige Gebäude des Klinikums. Die

Marburg nach dem Krieg: Blick über die Lahn zum Hauptgebäude der Universität.

wesentlichen historischen Gebäude, die malerische Oberstadt mit ihren engen, winkligen Gassen und den vielen Fachwerkhäusern, Hofstatt und Pilgrimstein, haben den Krieg nahezu unbeschadet überstanden. Reinfried Pohl gefällt Marburg auf den ersten Blick: Hier will er endlich Rechtswissenschaften studieren. So wird nicht Gießen zur neuen Heimat, sondern Marburg.

Die Universitätsstadt ist Reinfried Pohl zudem aus politischen Gründen sympathisch: Sie ist eine Hochburg der Liberalen. Als er bei Oberbürgermeister Bleek im Rathaus vorspricht, ahnt er noch nicht, dass er hier bald häufiger sein wird. 58 Jahre später wird er im selben Rathaus mit der Ehrenbürgerwürde geehrt werden. Der mittellose Flüchtling von einst ist da längst der größte Mäzen dieser mittelhessischen Stadt.

Im Vergleich zu Halle ist Marburg 1948 mit seinen 40 000 Einwohnern eine kleine Stadt. Spötter bezeichnen es als großes Dorf, umgeben von vielen, damals noch nicht eingemeindeten Dörfern. „Wenn das hier nur eine Stadt wäre!“, diesen Seufzer hatte einst der in Marburg studierende Boris Pasternak notiert, „aber es ist ja ein mittelalterliches Märchen.“ Den jungen Mann aus Halle stört das Fehlen jeglichen großstädtischen Flairs nicht. Er fühlt sich hier bald so heimisch, dass er zeit seines Lebens hier bleiben wird. Die Möglichkeit, seinen Wohnsitz näher am Unternehmenssitz im Frankfurter Bankenviertel zu nehmen, wird er nie ernsthaft erwägen.

Zu den Einheimischen kommen 1948 etwa 2500 Studenten dazu, die sich drei Jahre nach Kriegsende an der juristischen, medizinischen, philosophischen oder theologischen Fakultät eingeschrieben haben. Darunter sind viele, die wie Pohl noch als 16- oder 17-Jährige in den Krieg geschickt worden waren, aber auch ältere ehemalige Frontsoldaten. An ihre Studenten sind die Marburger seit Jahrhunderten gewohnt. Sie beleben die Oberstadt, zu der man eher hinaufkraxeln muss als hinaufspazieren kann. In vielen Familien ist die Miete ihres „möblierten Herrn“ fester Bestandteil des eigenen Budgets. Und mancher Schankbetrieb lebt von den gern feiernden Studierenden.

In den ersten Nachkriegsjahren haben die Marburger noch mit anderen „Eindringlingen“ zu tun: Die Flüchtlingswelle aus dem Osten macht auch um das etwas abgelegene Universitätsstädtchen keinen Bogen. Zu den Einheimischen und den Studenten kommen in Marburg 1948 rund 11 000 Flüchtlinge hinzu, die alle Arbeit und Unterkunft suchen. Das geht nicht ohne Schwierigkeiten, aber alles in allem ge-

Als Student im ersten Semester kann Reinfried Pohl noch nicht ahnen, dass er später das Stadtbild der Universitätsstadt Marburg prägen wird. Unser Bild zeigt das Fünf-Sterne-Hotel „Rosenpark“ (unten) sowie das „Zentrum für Vermögensberatung“ und die DVAG-Holding (oberes Bilddrittel) im Nordviertel.

lingt auch hier – wie im gesamten Westen Deutschlands – die Integration der Flüchtlinge und Vertriebenen. Der sudetendeutsche Zonen-Flüchtling Reinfried Pohl personifiziert im Laufe der Jahre diese große Integrationsleistung.

Von den alteingesessenen Marburgern unterscheidet sich der Neubürger nicht nur durch den Geburtsort Zwickau; als Katholik ist er hier ebenfalls ein Außenseiter. Denn Marburg ist eine durch und durch protestantische Stadt. Im landgräflichen Schloss, das Stadt und Tal überstrahlt, hatten sich im Oktober 1529 auf Einladung des Landgrafen Philipp von Hessen Martin Luther und Huldrych Zwingli zum Religionsgespräch getroffen, was für die Einheit des Protestantismus und dessen weitere Verbreitung ein entscheidendes Datum war. Die Marburger sind stolz darauf, in der Reformationsgeschichte einen festen Platz zu haben, ebenso auf ihre nach dem Landgrafen benannte Universität. Anders als etwa die großen Universitäten in Köln oder Münster, die auf den Gründergeist ihrer Erzbischöfe zurückgingen, war Marburgs Universität eine reformatorische Gründung. Marburg als Bollwerk gegen den Katholizismus sollte geistig untermauert werden.

Studium: Ein Dreikampf aus Lernen, Geldverdienen und Politik

An der Marburger Universität kreuzen sich viele Traditionen, Denkschulen und geistige Einflüsse. Die juristische Fakultät ist in den Nachkriegsjahren im Bereich des Staatsrechts geradezu ein Hort einerseits liberaler, andererseits auch stark nationaler Auffassungen. Man ist stolz auf den Rechtsgelehrten Friedrich Carl von Savigny, der 1800 in Marburg promoviert wurde. Ernst Wolf hat hier seit dem Februar 1948 wieder eine außerordentliche Professur inne. Dekan der Fakultät wird bald schon der spätere Rektor Erich Schwinge. Dessen umstrittene Jurisdiktion während der NS-Zeit wird allerdings erst sehr viel später thematisiert.

Ende Oktober 1948 will Reinfried Pohl sich an dieser juristischen Fakultät immatrikulieren. Zuerst sucht er das Stadtoberhaupt im Marburger Rathaus auf, erzählt ihm von seiner politischen Betätigung in Halle und Berlin, aber auch von seinem Wunsch, hier zu studieren. Oberbürgermeister Bleek stellt dem jungen Mann sofort ein Empfehlungsschreiben für die traditionsreiche Universität aus. Der wiederum begibt sich vom Rathaus aus direkt zum Dekanat der rechts- und staatswissenschaftlichen Fakultät, um sein Reifezeugnis aus Halle vorzulegen und sich zu immatrikulieren.

Das geht aber nicht so einfach. Denn erstens hat das Wintersemester 1948/49 bereits angefangen. Und zweitens sind alle Studienplätze vergeben. Doch das Empfehlungsschreiben des Oberbürgermeisters verfehlt nicht seine Wirkung: Der Dekan bietet dem Studienbewerber an, sich einer mehrstündigen Aufnahmeprüfung zu unterziehen. Wie der Zufall so will, ist der dafür zuständige Professor sogar im Haus. Reinfried Pohl zögert nicht, steht schon wenige Minuten später vor seinem Prüfer und meistert die mündliche Prüfung mit Bravour. Reinfried Pohl hat erreicht, was ihm in der sowjetisch besetzten Zone aus politischen Gründen verwehrt worden war: Er darf endlich studieren.

Schon damals zeichnete sich Reinfried Pohl durch eine anscheinend unbegrenzte Energie aus. Kaum hat er die völlig überraschend angesetzte Prüfung überstanden, sucht er den Studentenpfarrer auf, um sich bei ihm über das Studium im Allgemeinen zu erkundigen. Dieser Pater Dr. Koch ist ein praktisch denkender und handelnder Mann. Er gibt dem Jung-Studenten viele Tipps, sagt ihm auch, wo und wie er eine erschwingliche Bleibe als Untermieter finden kann. Obendrein schenkt er ihm zum Abschied fünf Mark. Reinfried Pohl hat nie vergessen, was der Studentenpfarrer ihm damals sagte: „Diese fünf Mark, junger Mann, sind zehn Mittagessen wert. Gehen Sie in die Mensa in der Reitgasse. Dort gibt es jeden Tag ein Stammessen für fünfzig Pfennig. Aber ohne Suppe und Nachtisch, denn das kostet leider nochmals zehn Pfennig mehr." Dieser Tag der Zulassung zum Studium ist für Reinfried Pohl ein besonders glücklicher Tag. Der aus dem Sudetenland vertriebene und aus Halle geflohene Studienanfänger ist der Erste seiner Familie, der eine Universität von innen sieht. Dafür hat er gekämpft – und sich durchgesetzt.

Im November 1948 beginnt für Reinfried Pohl endlich das Studentenleben; ein richtig lustiges wird es nicht. Er und seine beiden Brüder haben Krieg und Gefangenschaft überlebt.

Aber sie treibt natürlich die Sorge um die Mutter um. Die lebt noch in Halle und muss wegen der Flucht ihres Jüngsten mit Repressalien rechnen. Vom im Mai 1945 verschleppten Vater fehlt weiterhin jedes Lebenszeichen. Auch materiell wird das Studium kein Spaziergang. Damals gibt es noch keine staatliche Ausbildungsförderung. Wer keine Eltern hat, die ihn unterstützen, muss sehen, wo er bleibt. Schon wegen der Kosten lebt Reinfried Pohl zunächst weiter bei seinem Bruder in Gießen, muss also täglich pendeln. Aber der große Bruder kann ihm nicht das Studium finanzieren. Der „Kleine“ hätte das auch nicht gewollt.

Reinfried Pohl findet einen Weg, seinen Weg: Er strengt sich noch mehr an, arbeitet parallel zum Studium als Buchhalter für den Marburger Farbengroßhändler Farben-Schmitz. Auch hier sind die politischen Verbindungen von Nutzen: Inhaber Franz Schmitz ist bei den Liberalen aktiv, wird später Marburger FDP-Vorsitzender. Dem Werkstudenten Pohl hilft, dass das genaue Rechnen, das exakte Arbeiten zu seinen Stärken zählen. Doppelte Buchführung ist für ihn deshalb kein Problem; das lernt er nebenbei. Der Buchhalter Reinfried Pohl verdient 250 Mark im Monat, wie aus den Nachweisen zur Rentenversicherung hervorgeht. Das reicht damals zum Leben.

Auch in seiner neuen Heimat Marburg wird Pohl bald politisch aktiv. Bei seiner politischen Vergangenheit überrascht das nicht. Zudem ist das Marburger Juridicum damals in gewisser Weise eine Brutstätte für spätere Politiker. Zeitgleich mit Reinfried Pohl studieren hier viele, die ebenfalls schon während des Studiums politisch aktiv werden. Insbesondere viele der jungen Kriegsheimkehrer wollen daran mitarbeiten, dass der jungen deutschen Demokratie das

Schicksal der Weimarer Republik erspart bleibt. Chef des Sozialistischen Deutschen Studentenbunds SDS, des damals noch parteifrommen Studentenverbands der SPD, ist in Marburg der spätere Justizminister Gerhard Jahn, der das rechtswissenschaftliche Studium 1950 abschließt. Alfred Dregger, der spätere Vorsitzende der CDU/CSU-Bundestagsfraktion, und Hans-Jochen Vogel, der es vom Münchener Oberbürgermeister zum Bundesvorsitzenden der SPD und 1983 sogar zu ihrem Kanzlerkandidaten bringen wird, studieren hier schon seit 1946. Jahrzehnte später beruft Pohl den Ex-Kommilitonen und Ex-Minister Jahn in den Beirat seines Unternehmens.

Reinfried Pohl engagiert sich in der LDP, wie die mittelhessischen Liberalen sich damals nennen, wird – wie schon in Halle – Chef der Liberalen Hochschulgruppe. Mit einem entscheidenden Unterschied: Er ist jetzt richtiger Student, nicht mehr Student im Wartestand. Viel wirkungsvoller als seine hochschulpolitische Tätigkeit ist jedoch seine Mitgliedschaft im Wohnungsausschuss der Stadt. Oberbürgermeister Bleek hat den jungen Parteifreund als Vertreter der Studentenschaft in dieses wichtige Gremium berufen. Wohnungen sind 1948 in Marburg äußerst knapp; entsprechend einflussreich ist das für ihre Vergabe zuständige Gremium. An dieser Schlüsselstelle entfaltet Pohl sein organisatorisches Geschick. Davon profitiert auch der spätere langjährige Rechtspolitiker der FDP, Burkhard Hirsch.

In seinen Erinnerungen erzählt Hirsch, dass er nach seiner Flucht aus Halle am 10. Mai 1949 nach Marburg kam. Es war der letzte Tag, um sich fürs Studium einschreiben zu lassen. Die Zulassung hatte er, aber keinen Wohnungsnachweis. Was dann geschah, schildert Hirsch so: „Da die Quästur um

Zwischen 1948 und 1956 ist Reinfried Pohl Student, Doktorand, Referendar und zudem politisch in der FDP aktiv. Der junge Mann ist sehr fleißig, sehr zielstrebig und stets korrekt gekleidet.

12 Uhr schloss, war höchste Eile geboten, wenn die Zulassung nicht verfallen sollte. Im Studentischen Wohnungsamt fand ich eine Schlange von mindestens 50 Studenten bis auf die Treppe vor – eine hoffnungslose Situation. Da passierte einer der merkwürdigen Zufälle, die es nur im wirklichen Leben gibt. Aus der Tür des Wohnungsamtes kam ein Student, der der Landesjugendsekretär der LDP in Halle gewesen war, als ich der LDP beitrat: Reinfried Pohl. [...] Eine halbe Stunde später hatte ich mein Zimmer, bezahlte 150 Mark Miete für den Rest des Semesters und hatte es geschafft."

Der Begriff „Networking" ist in den vierziger Jahren noch nicht bekannt. Reinfried Pohl spürt aber intuitiv, wie wichtig es ist, Kontakte zu haben und Beziehungen aufzubauen. Das Prinzip des „do ut des“ – etwas für andere zu tun und im Gegenzug selber davon zu profitieren – wendet er an. Diese Haltung wird zu einem weiteren Baustein seiner beruflichen Karriere.

Die Kontakte, die Pohl als Mitglied des Wohnungsausschusses knüpft, nutzt er auch für sich: Er organisiert 1949 für sich selbst eine kleine Wohnung in der Violastraße am Ortenberg, der Altstadt gegenüberliegend. Auf dieser leichten Anhöhe hinter dem Bahnhof reiht sich ein kleines Häuschen an das nächste. Manche Professoren haben hier gebaut. Einige halten sich „möblierte Herren“ in Untermiete. Es ist nicht die vornehmste, aber doch eine sehr schöne Wohngegend in Marburg. Jetzt, im Sommer 1949, muss der Werkstudent nicht länger zwischen Gießen und Marburg pendeln. Und noch etwas ändert sich, was ihm sehr viel bedeutet: Seine Mutter flieht 1949 zu Fuß über die „grüne Grenze“ bei Wernigerode (Sachsen-Anhalt), kommt über den Harz nach Hessen. Jetzt sind sie wieder zusammen wie einst in Halle – in bescheidenen Verhältnissen zwar, aber in Freiheit und ohne ständige Angst vor den Sowjets und ihren deutschen Helfershelfern. Bald darauf kommt auch Helmut Pohl, der mittlere der drei Pohl-Brüder, nach Marburg.

Trotz seiner Beanspruchung als Werkstudent und seines politischen Engagements besteht der stud. jur. Reinfried Pohl nach acht Semestern am 2. April 1953 die erste juristische Staatsprüfung mit der Note „befriedigend“. Das ist unter diesen schwierigen Bedingungen eine beachtliche Leistung.

Promotion:
Kampf gegen die Sozialisierung mit den Waffen der Wissenschaft

Mit dem ersten juristischen Staatsexamen gibt sich Reinfried Pohl nicht zufrieden. Er will sein Referendariat beginnen und zugleich seinen „Doktor" machen. Dabei geht es ihm nicht in erster Linie um die Bereicherung der Wissenschaft mit neuen Erkenntnissen. Vielmehr liegt ihm sehr an dem „Dr.", weil er weiß, dass Titel beim beruflichen Fortkommen ausgesprochen hilfreich sein können. Dass er später in seinem Unternehmen respektvoll nur „der Doktor" genannt werden wird, kann er da noch nicht ahnen. Aber die Promotion wird sich auszahlen: In der von Nichtakademikern bevölkerten Versicherungsbranche ist ihm dieser akademische Grad später von großem Vorteil.

Das Thema der Promotion lautet: „Die Sozialisierung in Hessen. Die Artikel 39 bis 41 der Verfassung des Landes Hessen vom 11. Dezember 1946". Es entspricht dem politischen Engagement des Doktoranden und seiner tiefen freiheitlichen Überzeugung. Was heute gern vergessen wird: Die Einstellung, die „Zeit der unumschränkten Herrschaft des privaten Kapitalismus ist vorbei", wie es im Ahlener Programm der CDU vom Februar 1947 heißt, ist im Nachkriegsdeutschland weit verbreitet. Nicht nur SPD und KPD, sondern auch die Anhänger eines „christlichen Sozialismus" in der CDU plädieren für Einschränkungen des Privateigentums.

Vor Reinfried Pohl liegen harte Monate. Er kann nicht das Referendariat absolvieren, gleichzeitig promovieren und sich noch, wie als Student, nebenbei seinen Lebensunterhalt als Buchhalter verdienen, jedenfalls nicht, wenn er die Doktorarbeit zügig zum Abschluss bringen will. Denn Referendare bekommen damals im ersten Ausbildungsjahr in Hessen keine Vergütung. Seine Mutter bezieht nur eine kleine Kriegsopferrente und hält sich – wie schon in Halle – wieder als Schneiderin über Wasser; sie kann ihrem Sohn finanziell nicht helfen.

In dieser schwierigen Situation tut Reinfried Pohl etwas, was seiner Lebenseinstellung eigentlich widerspricht: Er bemüht sich um staatliche Hilfe, um ein Stipendium. Er setzt dabei auf seine parteipolitischen Kontakte und wendet sich an Karlheinz Naase, den Leiter des Ost-Büros der FDP. Naase ist einige Jahre älter als Pohl, war Bürgermeister und Landtagsabgeordneter in Thüringen und musste als LDP-Politiker Ende 1948 in den Westen fliehen. Als Leiter des Ost-Büros der Liberalen in Bonn hält er, wie auch die Ost-Büros von SPD und CDU, Kontakt zu oppositionellen Kreisen in der DDR.

Im Mai 1953 schreibt Reinfried Pohl an den „lieben Herrn Naase“: „Ausnahmsweise muss ich mich nun auch einmal in die Reihe derjenigen begeben, die Sie mit einem persönlichen Anliegen belästigen. Da ich aber in dieser Hinsicht wohl kaum zu Ihren ‚Stammkunden‘ gehöre, darf ich bestimmt auf Ihre besondere Nachsicht hoffen.“ Pohl schildert Naase seine Lage, dass er neben dem Referendariat nicht gleichzeitig promovieren und Geld verdienen könne, und verweist darauf, dass er als Zonenflüchtling „bisher niemals irgendeinen Pfennig Unterstützung erhalten bzw. beantragt“ habe.

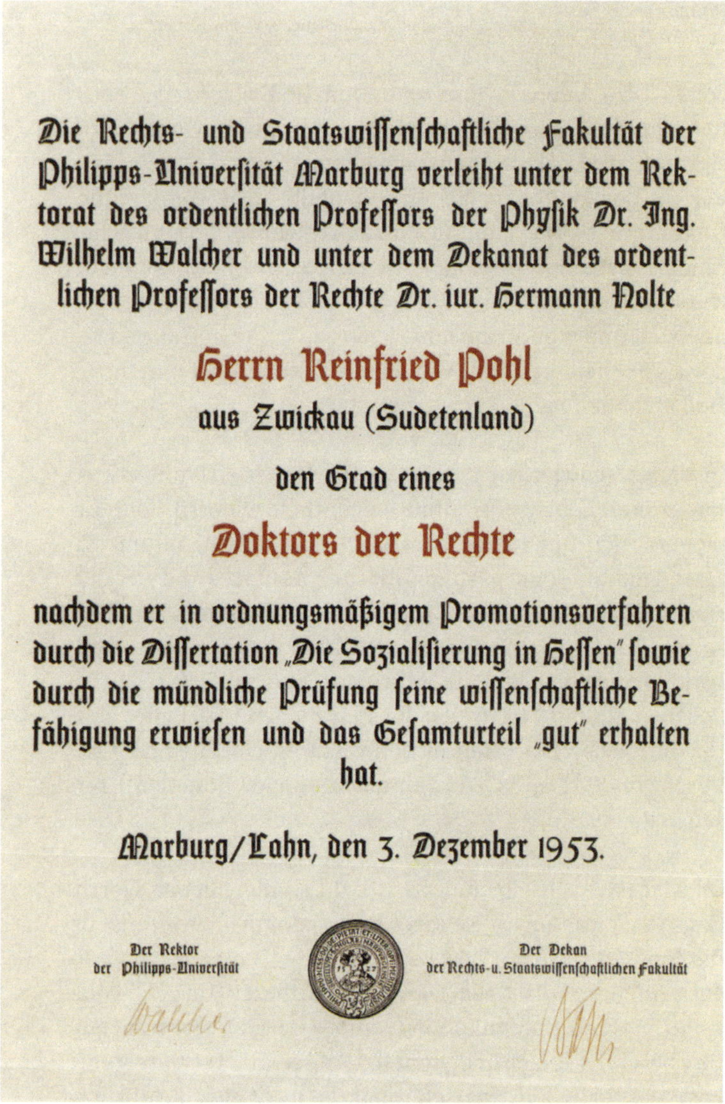

Die Rechts- und Staatswissenschaftliche Fakultät der Philipps-Universität Marburg verleiht unter dem Rektorat des ordentlichen Professors der Physik Dr. Ing. Wilhelm Walcher und unter dem Dekanat des ordentlichen Professors der Rechte Dr. iur. Hermann Nolte

Herrn Reinfried Pohl

aus Zwickau (Sudetenland)

den Grad eines

Doktors der Rechte

nachdem er in ordnungsmäßigem Promotionsverfahren durch die Dissertation „Die Sozialisierung in Hessen" sowie durch die mündliche Prüfung seine wissenschaftliche Befähigung erwiesen und das Gesamturteil „gut" erhalten hat.

Marburg/Lahn, den 3. Dezember 1953.

Der Rektor
der Philipps-Universität

Der Dekan
der Rechts-u. Staatswissenschaftlichen Fakultät

Seit dem 3. Dezember 1953 darf Reinfried Pohl den Titel „Doktor der Rechte" tragen. Da kann er noch nicht wissen, dass er im eigenen Unternehmen für alle „der Doktor" sein wird.

Sein Anliegen begründet er sehr geschickt, indem er politisch argumentiert: „[...] dass ich mich der Kritik der hessischen Sozialisierung nur dann widmen kann, wenn ich irgendeinen Studienzuschuss erhalten könnte. Von irgendeiner hessischen Seite ist allerdings kein Verständnis zu erwarten." Da deutet sich das Verkaufstalent des Mannes an, dem das „Manager Magazin" 55 Jahre später eine Titelgeschichte mit der Schlagzeile „Deutschlands bester Verkäufer" widmet.

Das FDP-Ostbüro ist vom Anliegen des Marburger Doktoranden überzeugt, wendet sich seinerseits an das Bundesministerium für gesamtdeutsche Fragen und befürwortet einen Studienzuschuss unter anderem mit dem Hinweis, eine ausführliche Behandlung der „hessischen Sozialisierung" läge „in unserem allgemeinen Interesse". Ob das Ministerium nicht helfen will oder wahrscheinlich aus rechtlichen Gründen gar nicht helfen kann, spielt im Nachhinein keine Rolle. Jedenfalls bekommt Reinfried Pohl für seine Arbeit keinen Zuschuss und kein Stipendium. Er nimmt deshalb das Referendariat nicht auf, sondern versucht, die Promotion möglichst schnell abzuschließen. Er kämpft gegen die Sozialisierung mit wissenschaftlichen Mitteln – ohne jede staatliche Unterstützung.

Der sogenannte Sozialisierungsartikel in der hessischen Verfassung sieht die Möglichkeit der Verstaatlichung in den Bereichen Bergbau, Eisen, Stahl, Energie und Verkehr vor. In Artikel 41 heißt es: „Mit In-Kraft-Treten dieser Verfassung werden in Gemeineigentum überführt: der Bergbau (Kohle, Kali, Erze), die Betriebe der Eisen- und Stahlerzeugung, die Betriebe der Energiewirtschaft und das an Schienen oder Oberleitungen gebundene Verkehrswesen." Die amerikanische Besatzungsbehörde ist entsetzt, verlangt eine gesonderte Volksabstimmung über diesen Verfassungsartikel. In ihr stimmen freilich 71 Prozent der Hessen für die Sozialisierung. Daraufhin setzen die Amerikaner den Vollzug dieses Artikels sofort aus. Der „Sozialisierungsartikel" steht heute noch in der hessischen Verfassung, ist aber seit dem Inkrafttreten des Grundgesetzes faktisch aufgehoben.

Der liberale Doktorand Pohl ist, was nicht überrascht, ein entschiedener Gegner jeglicher Sozialisierung. Er kommt in seiner Dissertation zu der Auffassung, der „Sozialisierungsartikel" sei von vornherein „rechtsunwirksam" gewesen. Denn seiner Meinung nach darf der Staat gar nicht qua Verfassung enteignen, sondern müsste dafür ein spezielles Gesetz beschließen lassen. Pohls Rechtsauffassung entspricht durchaus der damals am Juridicum verbreiteten Ansicht, steht aber diametral zur öffentlichen Meinung. Sein akademischer Lehrer und Doktorvater Professor Erich Schwinge ist von der Arbeit angetan und bewertet sie mit „gut". Am 3. Dezember erhält „Herr Reinfried Pohl aus Zwickau (Sudetenland)" den Grad eines Doktors der Rechte.

Die Art und Weise, wie er seine Promotion in Rekordzeit schafft, sagt viel über den Charakter des jungen Mannes. Er klagt nicht, er jammert nicht, dass der Staat nichts für ihn tut, er resigniert nicht. Stattdessen nimmt er diese Herausforderung an und kämpft sich durch. Eine „wichtige Schule für das weitere Leben", sagte er im Rückblick. Entsprechend optimistisch beginnt er 1954 das Referendariat als Voraussetzung für das zweite Staatsexamen. Zugleich schreibt er sich noch für das Studium der Volkswirtschaftslehre ein. Ihn interessieren die wirtschaftlichen Zusammenhänge. Die nationalökonomischen Grundkenntnisse, die er sich dabei aneignet, helfen ihm später.

Die erste Station des Referendars ist das Amtsgericht Treysa in der Nähe von Marburg. Das bedeutet eine tägliche Fahrtzeit von zweimal 45 Minuten. Dennoch hat diese Stelle auch einen Vorteil: Der jeweilige Referendar kommt dort in den Genuss eines kostenlosen Mittagessens. Das Essen ist sogar Teil seiner Arbeit. Dem Gericht ist nämlich ein Untersuchungsgefängnis angegliedert. Und eine Dienstanweisung regelt, dass ein Beamter überprüfen muss, ob das Essen an die Häftlinge ausgegeben werden darf.

Reinfried Pohl hat also einen durchaus nahrhaften Job. Seine Mutter ist freilich in ständiger Sorge. Da die Mahlzeiten von Häftlingen des Gefängnisses im benachbarten Ziegenhain zubereitet werden, hat sie Angst, ihr Sohn könnte vergiftet werden. Der nimmt das eher locker. Schließlich ist eine kostenlose Mahlzeit am Tag angesichts seiner knappen Finanzen nicht zu verachten.

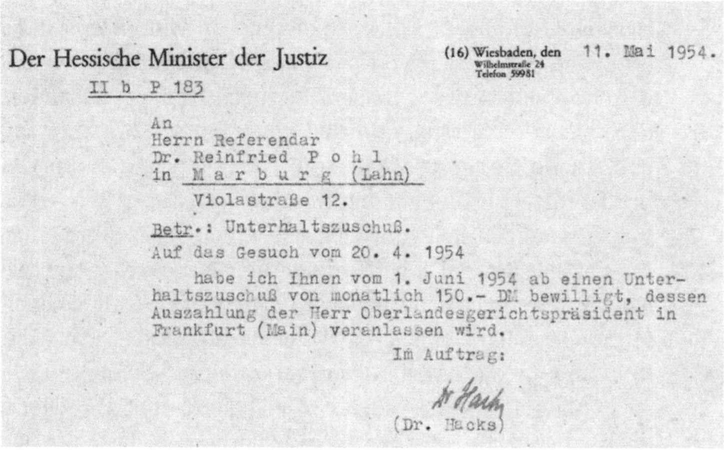

Der Hessische Minister der Justiz

(16) Wiesbaden, den 11. Mai 1954.
Wilhelmstraße 24
Telefon 59981

II b P 183

An
Herrn Referendar
Dr. Reinfried P o h l
in M a r b u r g (Lahn)
Violastraße 12.

Betr.: Unterhaltszuschuß.

Auf das Gesuch vom 20. 4. 1954
habe ich Ihnen vom 1. Juni 1954 ab einen Unterhaltszuschuß von monatlich 150.- DM bewilligt, dessen Auszahlung der Herr Oberlandesgerichtspräsident in Frankfurt (Main) veranlassen wird.

Im Auftrag:

(Dr. Hacks)

Ein einziges Mal in seinem Leben erhält Reinfried Pohl vom Staat etwas geschenkt: 150 Mark Unterhaltszuschuss als Referendar. Davon kann man selbst 1954 kaum leben.

Das hessische Justizministerium hat dem Referendar auf sein Gesuch vom April 1954 hin zwar einen „Unterhaltszuschuss“ von monatlich 150 Mark bewilligt. Aber der reicht vorne und hinten nicht zum Leben. Obwohl der junge Jurist nach eigenem Bekunden am Amtsgericht Treysa viel lernt, ist er mit seiner wirtschaftlichen Lage höchst unzufrieden. Was seine Mutter zusätzlich zu ihrer Mini-Rente mit ihrer Schneiderei verdient, reicht kaum für sie. Also arbeitet er während des Referendariats weiterhin bei Farben-Schmitz, verdient sich so 200 Mark dazu. Hinzu kommt die nicht unerhebliche zeitliche Belastung durch sein politisches Engagement. Obendrein ist er sich völlig unschlüssig, was er nach dem Referendariat machen soll: Rechtsanwalt, Staatsanwalt, Richter oder Jurist in der freien Wirtschaft? Es ist – alles in allem – eine unbefriedigende Situation.

Reinfried Pohls ältestem Bruder Gerhard geht es da deutlich besser. Er hat es in Gießen in einem Textilunternehmen zum Geschäftsführer gebracht, ist erfolgreich. In seiner Firma ist er unter anderem für alle Versicherungsfragen zuständig, hat deshalb Kontakte zur Gerling-Versicherung. Die sucht jemanden, der eine Geschäftsstelle für den Raum Gießen-Marburg aufbauen kann. Gerhard denkt da sofort an Reinfried. Der jüngere Bruder findet die Idee gut und entschließt sich, sein Referendariat zu „unterbrechen“, um zunächst einmal Geld zu verdienen. Im Mai 1956 beginnt er bei Gerling – für rund 700 Mark im Monat. Auch wenn er sich das selber noch nicht eingestehen will: Mit wachsendem Erfolg in der Versicherungsbranche wird die Rückkehr in die Juristerei immer weniger wahrscheinlich. Schließlich entscheidet sich Reinfried Pohl, das unterbrochene Referendariat abzubrechen. Was er da noch nicht ahnt: Der Weg in die Versicherungsbranche führt ihn unternehmerisch ganz weit nach oben – auch ohne zweites Staatsexamen.

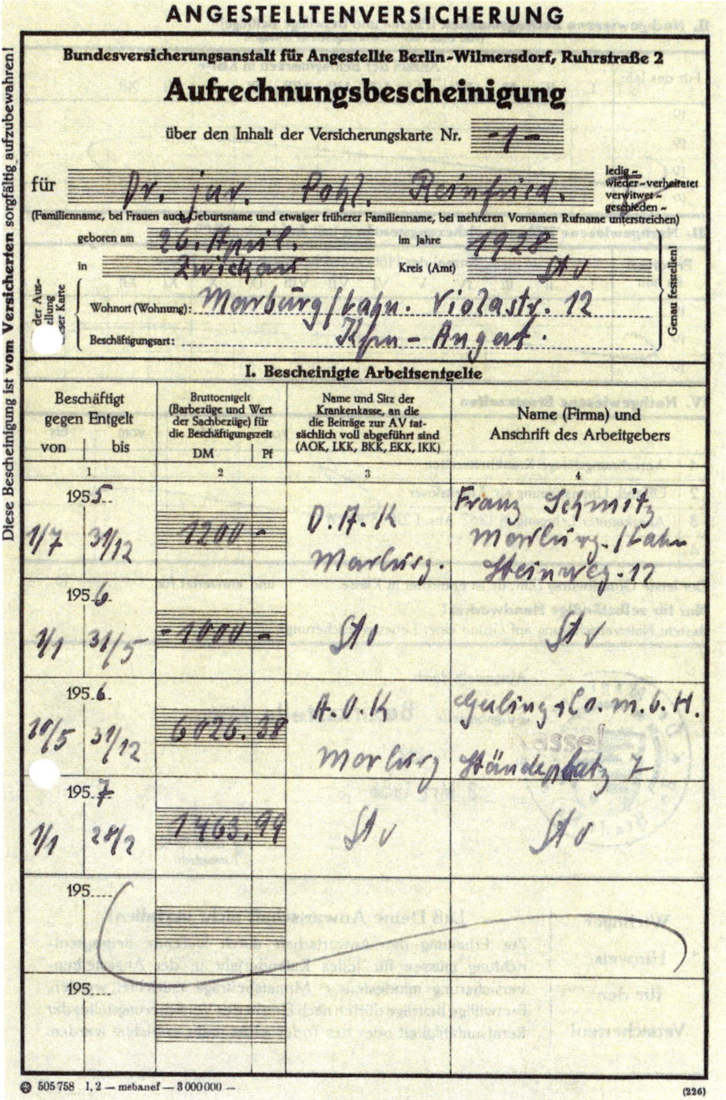

ANGESTELLTENVERSICHERUNG

Bundesversicherungsanstalt für Angestellte Berlin-Wilmersdorf, Ruhrstraße 2

Aufrechnungsbescheinigung

über den Inhalt der Versicherungskarte Nr. -1-

für Dr. jur. Pohl, Reinfried. ledig – wieder – verheiratet verwitwet – geschieden –

(Familienname, bei Frauen auch Geburtsname und etwaiger früherer Familienname, bei mehreren Vornamen Rufname unterstreichen)

geboren am 26. April, im Jahre 1928

in Zwickau Kreis (Amt) St.

Wohnort (Wohnung): Marburg/Lahn. Violastr. 12

Beschäftigungsart: Kfm. – Angest.

Genau feststellen!

Diese Bescheinigung ist vom Versicherten sorgfältig aufzubewahren!

I. Bescheinigte Arbeitsentgelte

Beschäftigt gegen Entgelt von	bis	Bruttoentgelt (Barbezüge und Wert der Sachbezüge) für die Beschäftigungszeit DM	Pf	Name und Sitz der Krankenkasse, an die die Beiträge zur AV tatsächlich voll abgeführt sind (AOK, LKK, BKK, EKK, IKK)	Name (Firma) und Anschrift des Arbeitgebers
1		2		3	4
1955 1/7	31/12	1200	–	O.A.K Marburg.	Franz Schmitz Marburg/Lahn Steinweg 12
1956 1/1	31/5	1000	–	St.	St.
1956 10/5	31/12	6026	38	A.O.K Marburg	Gerling + Co. m.b.H. Händelplatz 7
1957 1/1	28/2	1463	99	St.	St.
195....					
195....					

505758 1, 2 — mebanef — 3000000 — (226)

Als Rechtsreferendar jobbt Reinfried Pohl als Buchhalter bei „Farben-Schmitz“ für 200 Mark im Monat. Als Mitarbeiter des Versicherungsunternehmens Gerling macht er dann gehaltsmäßig einen Sprung: auf 700 Mark.

Kommunalpolitik: Ein nationalkonservativer Pragmatiker

Seine politischen Verbindungen haben Reinfried Pohl nach Marburg gebracht. In dieser Hochburg der Liberalen, die nach dem Krieg ebenso wie in Sachsen-Anhalt zunächst als LDP firmieren, wird er Parteimitglied und stürzt sich in die politische Arbeit. Der ungekrönte König der Universitätsstadt ist damals Oberbürgermeister Karl Theodor Bleek, dessen Vater hier schon Bürgermeister war. Mit Bleek gewinnt die von ihm mitbegründete LDP 1946 die Kommunalwahl in Marburg mit 40,4 Prozent der Stimmen (SPD: 27, CDU: 23). Er ist der erste frei gewählte Oberbürgermeister der Stadt nach 1945 und bleibt es bis 1951. Dann geht er als Staatssekretär ins Bundesinnenministerium nach Bonn, ehe er 1957 Amtschef des Bundespräsidialamts und damit rechte Hand seines engen Freundes Theodor Heuss wird, des ersten Bundespräsidenten.

Der Oberbürgermeister ebnet dem jungen Flüchtling den Weg an die Universität. Der „große Bleek“ fördert den Neu-Marburger auch politisch nach Kräften. Man darf davon ausgehen, dass er mit großer Freude beobachtet hat, wie Reinfried Pohl sich bald beim Liberalen Hochschulverband und im Allgemeinen Studentenausschuss engagiert. Die hessischen Liberalen sind dem Flüchtling ebenfalls eine große Hilfe. Seine Freundschaft mit dem ehemaligen sächsischen Kollegen Wolfgang Mischnick ist eng. Der kommt oft von Frankfurt zu Pohl nach Marburg. Kaffee und Kuchen zahlt meistens Pohl, weil Mischnick noch weniger Geld hat als er. Auch FDP-Landesgeschäftsführer Victor-Emanuel Preusker, der spätere Wohnungsbauminister im Kabinett Adenauer, öffnet Pohl manche Tür. Mit Preusker wird Pohl Jahrzehnte später bei IOS zusammenarbeiten.

Reinfried Pohl zahlt die Hilfe der liberalen Familie durch parteipolitischen Einsatz zurück. Er erweitert seine Aktivitäten über Marburg hinaus, gehört zu den Gründungsmitgliedern des Liberalen Hochschulbundes auf Bundesebene, ist auch bei den Deutschen Jungdemokraten, der Jugendorganisation der FDP, aktiv, führt für kurze Zeit die Nachwuchsorganisation der Liberalen in Hessen. Im Stadtarchiv Marburg gibt es eine Liste aus dem Jahr 1951, auf der die Liberalen stolz ihre Mitglieder, die jünger als 32 Jahre sind, aufzählen. Da sind auch die Brüder Pohl vermerkt, beide wohnhaft Frankfurter Str. 38, Helmut als „Webmeister“, Reinfried als „stud. jur.“.

In Marburg stellt Reinfried Pohl sein Talent als Menschenfänger unter Beweis, als die Partei einen ehrenamtlichen Geschäftsführer sucht. Einem jüngeren Bekannten, Gunther Schneider, macht er den Posten mit dem Hinweis schmackhaft, zur FDP-Geschäftsstelle gehöre ein Motorrad, das er auch privat nutzen könne. Da schlägt der Motorradfan Schneider, der keine eigene Maschine hat, ein. 20 Jahre später macht Pohl den fünf Jahre jüngeren Gunther Schneider zum Geschäftsführer des Bundesverbands Deutscher Vermögensberater.

Die Liberalen sind nicht nur in Marburg, sondern in ganz Hessen sehr erfolgreich. Bei der zweiten Landtagswahl 1950 verdoppeln sie ihren Stimmenanteil von 15,7 auf 31,8 Prozent, werden nach der SPD und vor der CDU zweitstärkste

FREIE DEMOKRATISCHE PARTEI
Wählt
unsere Kandidaten
Frei u. unabhängig werden sie gemeinsam
zum Wohle unserer Stadt und damit auch
für Sie tätig sein!
WÄHLT LISTE 3 FDP

Die FDP präsentiert ihre Spitzenkandidaten für die Kommunalwahl 1956. In der Mitte Franz Schmitz, bei dem der Student Reinfried Pohl (stehend) Geld verdient hat. Rechts von Schmitz Pohls Doktorvater Professor Dr. Erich Schwinge.

Kraft, gewinnen sogar acht Wahlkreise direkt. In Marburg holen die Liberalen bei dieser Wahl heute unvorstellbare 48,6 Prozent. So stark wird die FDP in Hessen und Marburg nie wieder sein.

Die FDP ringt damals in Hessen wie in vielen anderen Teilen des Landes um ihre Richtung. Linksliberale kämpfen mit Nationalliberalen um Macht und Einfluss. Reinfried Pohl ist kein Freund ideologischer Spitzfindigkeiten. Er ist entschieden gegen jede Form von Planwirtschaft und Kollektivismus, überzeugter Antikommunist und will die wirtschaftlichen Kräfte entfesseln für den Aufbau des Landes und das Streben nach individuellem Wohlstand. Folglich gehört er in seiner Partei zu den Nationalkonservativen, nicht zu den Linksliberalen. Das Wort des jungen Pohl hat in der Marburger FDP Gewicht. Schließlich sind die Jungdemokraten, deren örtlicher Vorsitzender er ebenfalls ist, parteiintern eine wichtige Größe. So kandidiert er bei der Kommunalwahl 1956 – eigentlich ganz selbstverständlich – auf Platz 5 der FDP-Liste und zieht in die Stadtverordnetenversammlung ein. Spitzenkandidat ist sein früherer Chef Franz Schmitz, der Kreis- und Fraktionsvorsitzende.

Der frisch gewählte Stadtverordnete wird sogar stellvertretender Stadtverordnetenvorsteher. Vorsteher ist sein Studienkollege Gerhard Jahn von der SPD. Das freundschaftliche Verhältnis der beiden erleichtert die Zusammenarbeit. Ein paar Jahre später wird Pohl über den Bundesjustizminister Jahn und dessen Scheidungsreform lästern, er habe „zahllose Männer arm gemacht“.

Als Kommunalpolitiker engagiert sich Pohl vor allem in der Wohnungsbaupolitik und in der Stadtplanung. Gegen die

Trassenführung der Bundesstraße 43, die die Stadt durchschneidet, kämpft er vergeblich. Ironie der Geschichte: Von seinem Büro im 4. Stock der DVAG-Holding an der Lahn schaute er Jahrzehnte später direkt auf diese Hochstraße. Schon damals hat Reinfried Pohl ein Gespür für Finanzen. So entsendet ihn die Stadt 1956 als ehrenamtliches Mitglied in den Vorstand der Stadtsparkasse. Das hat für ihn einen angenehmen Nebeneffekt: Alle vierzehn Tage zahlt die Sparkasse ein Sitzungsgeld von 30 Mark.

Der nationalkonservative Pohl ist ein Pragmatiker. Wenn er die Situation nicht ändern kann, will er wenigstens das Beste daraus machen. Als die SPD zur stärksten Kraft in Marburg aufsteigt und die FDP an Einfluss zu verlieren droht, schmiedet er Ende der fünfziger Jahre ein sozialliberales Bündnis. Dem damaligen SPD-Oberbürgermeister Georg Gaßmann fehlen nämlich einige Stimmen für seine Wiederwahl. Da schlägt Pohl der SPD einen Deal vor: Die FDP werde für Gaßmann stimmen, wenn sie im Gegenzug einen Bürgermeister stellen kann.

Als Kandidaten für diesen Posten präsentiert die FDP den dreißigjährigen Bundesvorsitzenden der Jungdemokraten und Frankfurter Landtagsabgeordneten Gerhard Daub. Die SPD stellt jedoch die Bedingung, dass Daub sein Landtagsmandat niederlege und sich ganz auf seine Arbeit im Marburger Rathaus konzentriere. Nach Rücksprache mit Daub sichert Reinfried Pohl der SPD dies schriftlich zu. So wird Daub im März 1959 mit den Stimmen von SPD und FDP gewählt. Der als Karrierist geltende Daub löst aber seine Zusage nicht ein und behält sein Landtagsmandat bei.

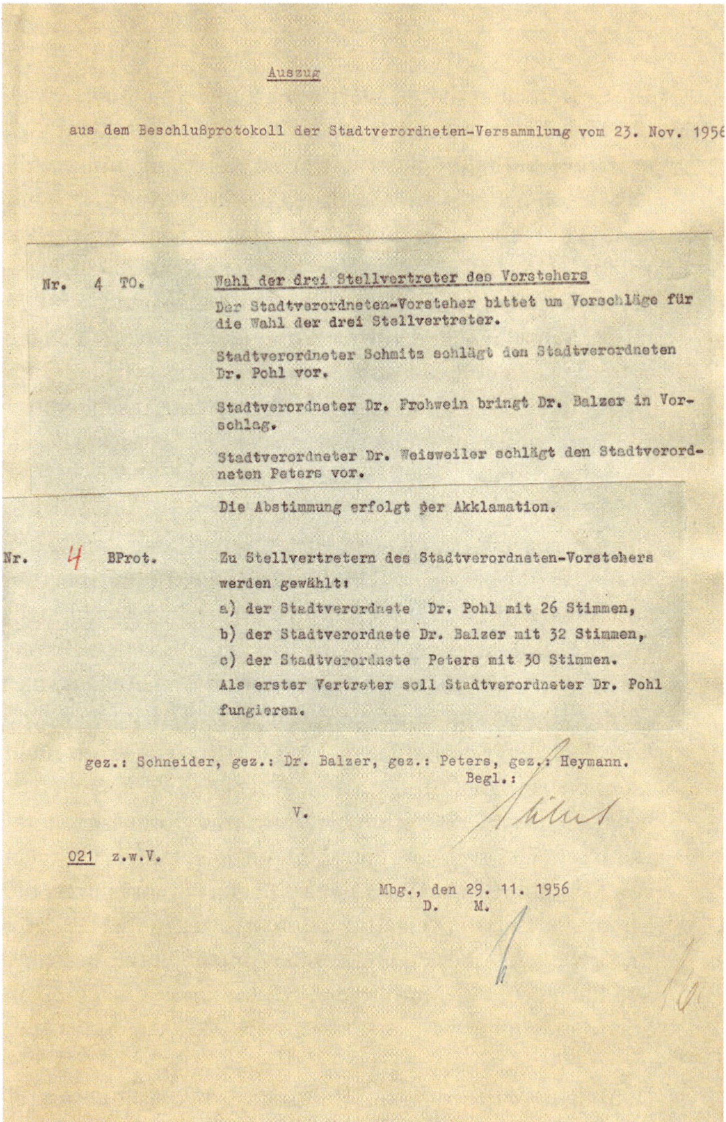

Auszug

aus dem Beschlußprotokoll der Stadtverordneten-Versammlung vom 23. Nov. 1956

Nr. 4 TO. **Wahl der drei Stellvertreter des Vorstehers**

Der Stadtverordneten-Vorsteher bittet um Vorschläge für die Wahl der drei Stellvertreter.

Stadtverordneter Schmitz schlägt den Stadtverordneten Dr. Pohl vor.

Stadtverordneter Dr. Frohwein bringt Dr. Balzer in Vorschlag.

Stadtverordneter Dr. Weisweiler schlägt den Stadtverordneten Peters vor.

Die Abstimmung erfolgt per Akklamation.

Nr. 4 BProt. Zu Stellvertretern des Stadtverordneten-Vorstehers werden gewählt:

a) der Stadtverordnete Dr. Pohl mit 26 Stimmen,

b) der Stadtverordnete Dr. Balzer mit 32 Stimmen,

c) der Stadtverordnete Peters mit 30 Stimmen.

Als erster Vertreter soll Stadtverordneter Dr. Pohl fungieren.

gez.: Schneider, gez.: Dr. Balzer, gez.: Peters, gez.: Heymann.

Begl.:

V.

021 z.w.V.

Mbg., den 29. 11. 1956

D. M.

Beschlussprotokoll mit der Wahl von Reinfried Pohl zum stellvertretenden Stadtverordnetenvorsteher am 23. November 1956.

Die SPD ist über diesen Wortbruch zu Recht empört. Doch die Mehrheit der zerstrittenen FDP-Fraktion scheint sich an Daubs Verhalten nicht weiter zu stören. Sie nimmt hin, dass Daub häufiger in Wiesbaden als in Marburg ist. Reinfried Pohl hingegen sieht seine eigene Glaubwürdigkeit gefährdet. Er will nicht, dass seine eigene Verlässlichkeit angezweifelt wird, auch nicht vom Koalitionspartner SPD. In einem Schreiben an den Kreis- und Fraktionsvorsitzenden Schmitz beklagt Pohl Daubs Verhalten ebenso wie die Untätigkeit der FDP. Diese Entwicklung sei „dem Ansehen unserer Partei und auch meiner Person der SPD-Fraktion gegenüber in hohem Maße abträglich".

Die Bereitschaft der eigenen Parteifreunde, den Wortbruch Daubs zu tolerieren, macht Reinfried Pohl nicht mit. Im Juni 1959, zwölf Wochen nach der Bürgermeisterwahl, stellt er die Mitarbeit in der FDP-Fraktion ein. Es ist ein Beweis für die politische Reife des 31 Jahre alten Pohl: Anstand und Verlässlichkeit sind ihm wichtiger als parteipolitische Vorteile. Bei der Kommunalwahl 1960 tritt er deshalb nicht mehr an. Sein Beharren auf dem gegebenen Versprechen erweist sich bald als sachlich richtig und vorausschauend. Daub scheidet 1962 aus dem Amt, nachdem die Fraktionen von SPD und CDU beim Kasseler Regierungspräsidium die Einleitung eines Dienststrafverfahrens wegen fortgesetzter und gröblicher Verletzung seiner Amtspflichten beschlossen haben. In der Marburger FDP hinterlässt Daub einen Scherbenhaufen.

Dank seiner konsequenten Haltung wird Pohls innerparteiliche Stellung durch die Affäre Daub gestärkt. Bei der Kommunalwahl 1964 tritt er wieder an, dieses Mal auf Listenplatz 3. Mit seinem Talent und seinen Verbindungen hätte

Reinfried Pohl gute Chancen auf ein Landtags- oder Bundestagsmandat. Je besser er den politischen Betrieb kennenlernt, umso klarer erkennt er: Politiker, die von der Politik abhängig sind, leben unter einem Joch. Im Rückblick erklärte er: „Mir wurde klar, dass zu viele Abgeordnete gar nicht von Wählerstimmen abhängen, sondern von ganz wenigen Personen in den Parteien, nämlich von denen, die über die Vergabe von Wahlkreisen und Listenplätzen entscheiden."

Diese Abhängigkeit lehnt der Wirtschaftsliberale für sich ab. Er will vor allem unabhängig, sein eigener Herr sein. Natürlich ist er von Ludwig Erhard begeistert, dem „Vater des Wirtschaftswunders", in den fünfziger und sechziger Jahren Deutschlands beliebtester Politiker. Dessen Ideal, dass der Einzelne stark genug ist, um zu sagen: „Ich will mich aus eigener Kraft bewähren, ich will das Risiko des Lebens selbst tragen, will für mein Schicksal selbst verantwortlich sein", ist auch seines.

Bei der Kommunalwahl 1968 kandidiert Pohl nicht mehr. Der Beruf hat eindeutig Vorrang. Doch bleibt er seiner Partei treu und politisch aktiv, unter anderem als FDP-Vorsitzender für den Bundestagswahlkreis Marburg. Dort hat 1961 der SPD-Politiker Gerhard Jahn zum ersten Mal das Direktmandat gewonnen, das bis dahin stets Dr. Ludwig Preiß errungen hatte – zweimal als FDP-Kandidat und 1957 als von der CDU unterstützter Bewerber der Deutschen Partei. Bei der Bundestagswahl 1965 kandidierte Preiß, der in der FDP auf dem rechten Flügel beheimatet war, für die CDU. Reinfried Pohl wirbt zusammen mit anderen prominenten Marburger FDP-Politikern dafür, die Erststimme für Preiß abzugeben. Die Operation gelingt, Preiß nimmt Jahn das Direktmandat wieder ab – denkbar knapp mit 425 Stimmen

Vorsprung. Bundeskanzler Ludwig Erhard erfährt von dieser Aktion und bedankt sich als CDU-Bundesvorsitzender bei Pohl für diese Wahlhilfe. Als IOS zwei Jahre später einen Deutschland-Repräsentanten sucht, stellt Pohl den Kontakt zu dem 1966 als Kanzler gestürzten Erhard her.

Ende der sechziger Jahre fühlt sich Reinfried Pohl in seiner FDP nicht mehr wohl. Ihm missfällt, wie der linksliberale Flügel den FDP-Vorsitzenden Erich Mende 1967 aus dem Amt mobbt und wie sein Nachfolger Walter Scheel die Fühler in Richtung SPD ausstreckt. In Marburg muss er miterleben, wie die liberale Partei von linken Studenten bei deren „Marsch durch die Institutionen“ unterwandert wird. Er beklagt „geradezu kommunistische Tendenzen“ und zieht die Konsequenz: Noch vor der Bundestagswahl 1969 tritt er aus der FDP aus. Ein Jahr später unterschreibt er einen Aufnahmeantrag bei der CDU.

In den fünfziger Jahren ist das Hotel „Waldecker Hof“ in unmittelbarer Nähe des Bahnhofs das Stammlokal der Marburger Liberalen. Hier toben Ende der sechziger Jahre die Schlachten zwischen linken Studenten, die die FDP unterwandert haben, und konservativen Marktwirtschaftlern wie Reinfried Pohl. Die Pointe: Im Jahr 2012 kauft Reinfried Pohl den „Waldecker Hof“, den er von seinem Arbeitszimmer aus sehen kann. Dort eröffnet 2013 die Fachhochschule der Wirtschaft (FHDW), die mit der DVAG kooperiert, einen neuen Standort für den Studiengang Betriebswirtschaftslehre/Vermögensberatung. So hat die Marktwirtschaft letztlich doch gesiegt.

Gerling-Versicherung:
Ohne Geld ist alles nichts

Eines der ersten Versicherungsunternehmen, das bereits 1945 mit einer Lizenz der amerikanischen Militärregierung seine Arbeit wiederaufnehmen darf, ist Gerling in Köln. Es etabliert sich bald als größter Industrieversicherer. Den aufblühenden Mittelstand und die wieder zu Geld gekommenen Privathaushalte lassen die Kölner dagegen eher links liegen. Das wollen sie Mitte der fünfziger Jahre ändern. Die Direktion in Kassel sucht sich das Gebiet Gießen-Marburg aus, um dort mit dem „Kleingewerbe“, wie mittelständische Unternehmen damals genannt werden, und Privathaushalten ins Geschäft zu kommen. Dr. jur. Reinfried Pohl, der vom Assekuranz-Geschäft keine Ahnung hat, soll diese Geschäftsstelle in Gießen aufbauen. Statt Fachkenntnissen bringt er etwas anderes mit: Der FDP-Stadtverordnete ist in dieser Region bestens bekannt und verfügt über wichtige Kontakte zum Mittelstand, schon damals ein wichtiger Teil der FDP-Klientel.

Ein „Herr Doktor“, der Versicherungen anbietet – das ist damals noch seltener als heute. Folglich löst Reinfried Pohl im Freundes- und Bekanntenkreis Kopfschütteln aus, als er von Tür zu Tür geht, um Policen zu verkaufen. Denn „Vertreter“ sind schon damals nicht besonders angesehen. Reinfried Pohl merkt aber bald, dass der akademische Grad ihm das Verkaufen erleichtert. Der Titel erhöht die Vertrauenswürdigkeit des redegewandten jungen Vertreters, lässt ihn kompetenter erscheinen, als er tatsächlich ist. Pohl spürt: Die Leute vertrauen mir.

Im Mai 1956 ist endgültig Schluss mit der Juristerei: Reinfried Pohl wird Versicherungsvermittler für Gerling – und findet seine Berufung.

Der „Herr Doktor“ hat schnell Erfolg und somit auch Spaß an der neuen Tätigkeit. Dazu tragen neben seinen zahlreichen Kontakten und seinem freundlichen Auftreten seine juristischen Kenntnisse bei. Er kann gerade den Inhabern kleiner und mittlerer Firmen gut erklären, für welche Schäden sie unter Umständen haften müssen. Viele private Kunden sind zudem überzeugt, dass ein Dr. jur. zwangsläufig von Versicherungen mehr versteht als ein x-beliebiger Vertreter. Was dem Versicherungsneuling noch zusagt: Die Ergebnisse seiner Arbeit sind in Mark und Pfennig messbar, er hängt also nicht in erster Linie von der Beurteilung durch Vorgesetzte und deren Wohlwollen ab. Nach etwa einem

Jahr ist er überzeugt, dass er hier seine Berufung gefunden hat. An die Wiederaufnahme des unterbrochenen Referendariats denkt er nicht mehr.

Schnell lernt der Newcomer, wie wichtig es ist, potenzielle Kunden umfassend zu beraten. Wenn ein Unternehmer eine Feuerversicherung abschließen will, weist er darauf hin, dass der finanzielle Ersatz für Gebäude- oder Maschinenschäden nicht ausreicht, dass der Betrieb auch eine Versicherung gegen Schäden durch Betriebsunterbrechung benötigt. Noch eine Erkenntnis: Wer Versicherungen verkaufen will, braucht das Vertrauen der Kunden. Damals müssen vor Abschluss einer Lebensversicherung noch umfangreiche Fragebögen zur gesundheitlichen Situation der zu versichernden Person ausgefüllt werden. Der Vermittler ist also zwangsläufig über die gesundheitliche Situation bestens im Bilde. Wenn es um die Absicherung der Familie gegen Krankheit oder Tod des Familienoberhaupts geht, bekommt der Vermittler genaue Einblicke in dessen Vermögensverhältnisse. Das alles vertraut man nicht jedem an.

Das Vertrauen der meist deutlich älteren Kunden gegenüber dem jungen Vertreter führt dazu, dass sie Reinfried Pohl auch in solchen persönlichen Angelegenheiten um Rat fragen, bei denen der Vertreter für Lebens- und Sachversicherungen gar kein Experte ist. Das geht nach dem Motto: „Herr Doktor, hören Sie mal, ich will bauen. Soll ich lieber einen Bausparvertrag abschließen oder einen Kredit bei meiner Bank aufnehmen?“ Der Gerling-Vertreter Dr. Pohl muss bei solchen Fragen häufig passen. Er ist überfordert, muss eingestehen, dass er zu wenig weiß, um sachverständig zu- oder abzuraten. Seine Kunden finden diese Offenheit sympathisch. Aber Pohl lässt es keine Ruhe, dass er seine

Kunden nicht umfassend beraten kann. Ebenso geht es ihm gegen den Strich, dass er sich plötzlich auftuende Möglichkeiten für weitere Abschlüsse nicht nutzen kann.

Reinfried Pohl empfindet diese Situation für beide Seiten als unbefriedigend: für den Kunden, weil er weitere Vertreter oder Berater konsultieren muss, für ihn selber, weil es ihn Umsatz und Einkommen kostet. Zugleich spürt er, dass die Menschen eigentlich eine umfassende Beratung in Finanz- und Vorsorgefragen brauchen. Von da an lässt ihn die Frage, wie er seine Kunden in allen Aspekten beraten und selbst dabei mehr verdienen könnte, nicht mehr los. Noch hat er darauf keine Antwort. Aber er wird sie einige Jahre später finden – das Allfinanz-Konzept und das neue Berufsbild des Vermögensberaters.

Die Zeit bei Gerling ist eine gute Zeit für Reinfried Pohl. Es geht beruflich schnell aufwärts. Bald hat Pohl mehrere Mitarbeiter, eröffnet neben seiner Geschäftsstelle in Gießen noch eine kleine Filiale in Marburg, betreut einige hundert Kunden. Er verdient gut. Sein Gerling-Chef in Kassel ist mit ihm sehr zufrieden. Reinfried Pohl trägt den Titel Direktor und hat Prokura. Letzteres hat im beruflichen Alltag keine Bedeutung, zeigt aber die Wertschätzung seiner Vorgesetzten für Pohls Arbeit. Einem weiteren Aufstieg im Gerling-Konzern steht eigentlich nichts im Wege.

Hochzeit:
Sieger im Kampf um die umschwärmte Anneliese

Im Frühjahr 1957, knapp neun Jahre nach der abenteuerlichen Flucht aus der „Zone“, geht es Reinfried Pohl wie den meisten Westdeutschen in dieser Zeit: Er arbeitet hart, will etwas erreichen, will teilhaben am Wirtschaftswunder. Sein beruflicher Mittelpunkt ist Gießen, aber er lebt zusammen mit seiner Mutter in Marburg zur Miete. In dieser lebendigen Universitätsstadt verbringt er auch seine knapp bemessene Freizeit. Denn der Gerling-Mann kennt natürlich keine Arbeitszeit von „neun bis fünf“, vielmehr sucht er auch abends potenzielle Kunden auf. Daneben nimmt ihn seine politische Arbeit in Anspruch. Zudem kümmert er sich liebevoll um seine Mutter, die noch immer nichts über das Schicksal ihres verschleppten Mannes weiß.

Für feucht-fröhliche Abende mit Freunden und Kollegen, für den Besuch von Bällen oder Konzerten hat Pohl keine Zeit. So ist es auch nicht verwunderlich, dass er nicht „gebunden“ ist, wie es damals heißt, dass er keine feste Freundin hat. Natürlich wirft er hier und da einen Blick auf das andere Geschlecht. Der junge Mann, stets fröhlich und zuvorkommend, ist bei den jungen Damen nicht ohne Chancen. Aber noch hat sich nichts „Ernsthaftes“ ergeben.

Das ändert sich schlagartig im Mai 1957. Pohl trinkt mit Franz-August Schmitz, dem Sohn des örtlichen FDP-Vorsitzenden, im alteingesessenen Marburger „Café Klingelhöfer“

einen Kaffee. Bedient werden die beiden politisierenden Liberalen von Anneliese Klingelhöfer, der 18 Jahre jungen, ausgesprochen hübschen Tochter des Inhabers. Es ist Liebe auf den ersten Blick – und zwar auf beiden Seiten. Allerdings wissen beide nicht, dass die eigenen Gefühle sehr wohl von der anderen Seite erwidert werden. Auch haben sie keine Ahnung, dass das der Beginn einer 50 Jahre andauernden Beziehung ist – einer ganz großen Liebe.

Für Reinfried Pohl steht nach der ersten Begegnung fest: die oder keine! Allerdings kommt es nach damaligen Gepflogenheiten nicht in Frage, die junge Frau einfach anzusprechen und sie zu einem „Date“ einzuladen. Also setzt der junge Mann auf die Kombination von Charme und Beharrlichkeit, eine Strategie, die ihm auch beruflich schon geholfen hat. Pohl wird Stammgast im „Café Klingelhöfer“, bestellt gern das Teuerste auf der Karte, kauft jede Woche vier bis fünf Tafeln Schokolade. Der junge Mann macht Marketing in eigener Sache, will auffallen. Dabei flirtet er mit seinem Schwarm und verwirrt das Mädchen einmal so sehr, dass sie ihm zehn Mark zu viel berechnet – eine für die damalige Zeit stattliche Summe.

Kaum hat Anneliese ihr Missgeschick bemerkt, beichtet sie es der Mutter hinter der Theke. Die ist empört, dass der Tochter das ausgerechnet bei diesem sympathischen, stets korrekt gekleideten guten Kunden passiert ist, und schickt sie zurück, um den Fehler sofort zu korrigieren und sich zu entschuldigen. Anneliese tut, wie ihr befohlen – unsicher und verlegen. Doch der „gute Kunde“ zeigt sich von seiner besten Seite, äußert gut gelaunt Verständnis für das Versehen: „Das kann doch jedem mal passieren.“ Die Hochstimmung des Kunden ist verständlich: Jetzt kann er zum ersten Mal mit der Angebeteten plaudern.

Conditorei u. Café
Restaurant Klingelhöfer
Marburg, Haspelstr. 21, Ecke Wörthstrasse

Das traditionsreiche „Café Klingelhöfer" in Marburg – hier eine Postkarte aus den zwanziger Jahren – ist im Nachkriegs-Marburg ein beliebter Treffpunkt. Hier begegnet Reinfried Pohl im Mai 1957 zum ersten Mal seiner späteren Frau. Es ist Liebe auf den ersten Blick – auf beiden Seiten.

Für die künftige Schwiegermutter dieses Kunden ist die Angelegenheit damit aber noch nicht erledigt: Anneliese bekommt zur Strafe Stubenarrest. Und weil Reinfried Pohl in der folgenden Woche aus beruflichen Gründen außerhalb Marburgs zu tun hat und dem Café keinen Besuch abstatten kann, muss Anneliese sich den Vorwurf anhören, sie habe durch ihre Ungeschicklichkeit diesen Kunden vergrault. Der kommt freilich wieder – und künftig immer öfter. Dabei stehen die Sterne für die jungen Leute nicht gerade günstig.

Die Klingelhöfers sind eine alteingesessene Marburger Bäcker- und Konditorfamilie. Schon die Großeltern der jungen dunkelhaarigen Frau betrieben das Café in diesem gutbürgerlichen Teil der Stadt. Die Marburger Honoratioren verkehren hier, auch viele Assistenten und Professoren. Der

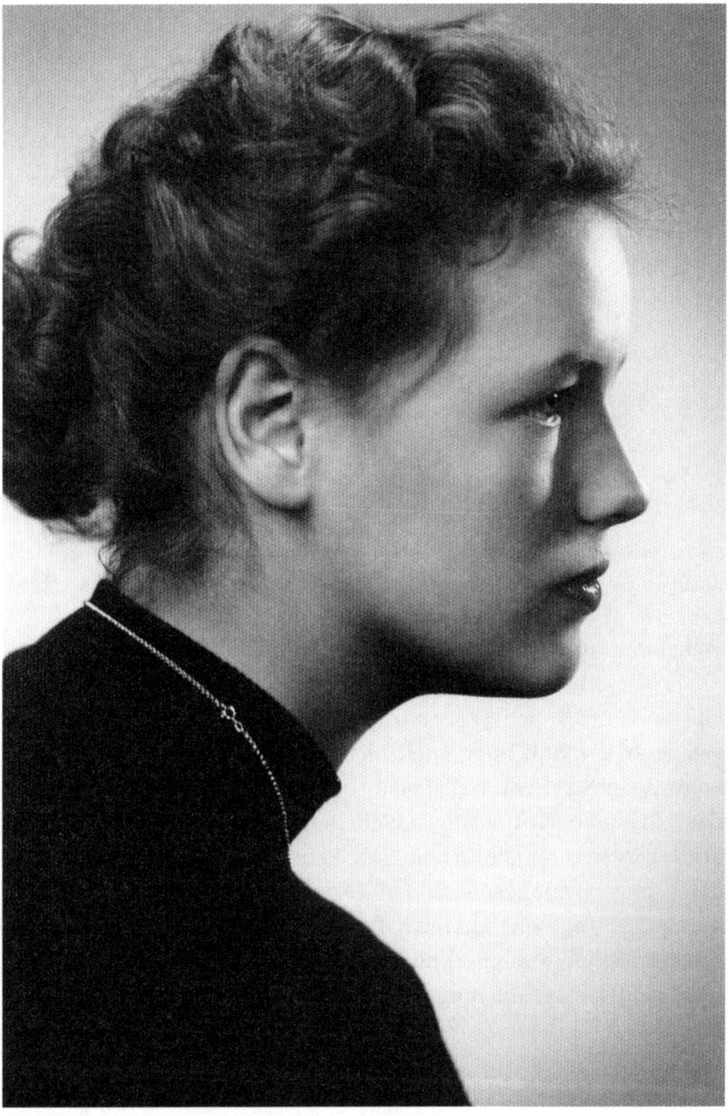

Anneliese Klingelhöfer hilft im Betrieb ihrer Eltern mit. Reinfried Pohl ist sofort von ihr begeistert. Doch ihre Eltern haben Bedenken gegenüber dem „viel zu alten" katholischen Flüchtling. Der muss also kämpfen – und gewinnt.

1895 in Marburg geborene Wilhelm Klingelhöfer und seine aus Erfurt stammende Frau Gerda haben 1928 geheiratet, dem Geburtsjahr ihres künftigen Schwiegersohns. Sie sind durchaus gutsituiert und hoffen auf eine „gute Partie" für ihre Tochter. Nicht zuletzt sind sie evangelisch. Was sich jüngere Leute heute nicht vorstellen können: Für überzeugte Protestanten oder Katholiken kam die Hochzeit eines Kindes mit einem einer anderen Konfession angehörenden Partner grundsätzlich nicht in Frage. In bürgerlich-konservativen Kreisen galt eine solche „Mischehe" als Inbegriff des Versagens der Eltern bei der Erziehung, in sehr religiösen Familien sogar als Schande.

Hier also die Tochter aus wohlsituiertem, protestantischem Haus, eine potenzielle Angehörige des Marburger „Establishments". Dort der „Exot" Reinfried Pohl – ein mehr oder weniger mittelloser sudetendeutscher Flüchtling, noch schlimmer: ein Katholik und obendrein zehn Jahre älter als Anneliese. Eine im kleinstädtisch-bürgerlichen Milieu der fünfziger Jahre unmögliche Verbindung. Was Vater Klingelhöfer noch missfällt: Als sich in Marburg herumspricht, dass die hübsche Anneliese in Reinfried Pohl verliebt ist, bleibt mancher bisheriger männliche Kunde weg: „Fräulein Pohl" ist ja bereits vergeben.

Im Gegensatz zum späteren Schwiegervater hat die angehende Schwiegermutter gegenüber dem jungen Mann keine Vorbehalte. Sie ist von seinem Charme und seinem korrekten Auftreten sogar sehr angetan. Dafür hat Pohl in Annelieses zwei Jahre älterem Bruder Johannes Klingelhöfer einen weiteren Widersacher: Der möchte seine Schwester, mit der er ein sehr enges Verhältnis hat, mit seinem besten Freund verheiraten. „Das war schon ein harter

Kampf, aber ich habe ihn schnell gewonnen“, freute sich Reinfried Pohl noch viel später. Immerhin hat der aus der Sicht des Vaters nicht gerade ideale Schwiegersohn einen Doktortitel vorzuweisen. Schließlich findet sich Wilhelm Klingelhöfer mit den „Nachteilen“ des fröhlichen jungen Mannes ab. Selbst die „Religionsfrage“ wird gelöst, weil der künftige Schwiegersohn einen von Familie Klingelhöfer gern akzeptierten Kompromiss vorschlägt: Geheiratet wird evangelisch, aber die Kinder werden katholisch getauft und erzogen. So bleibt durch die Hochzeit in einer evangelischen Kirche alles im Rahmen. Später erneuern Anneliese und Reinfried ihr Eheversprechen vor einem katholischen Geistlichen. Bleibt noch die Frage, ob der Versicherungsvertreter seine künftige Frau ernähren kann. Vater Klingelhöfer will dessen Kontoauszüge sehen. Von den monatlich 700 Mark, die Reinfried Pohl damals verdient, ist er nicht gerade begeistert. Aber der überzeugt ihn, dass er in Zukunft mehr verdienen werde. In der Tat: Er verdient bald sehr viel mehr.

Am 7. September 1957, Annelieses neunzehntem Geburtstag, findet die Verlobung statt. Im Juni 1958 wird in der Elisabethkirche zu Marburg, dem wichtigsten evangelischen Gotteshaus der Stadt und einem Meisterwerk deutscher Frühgotik, geheiratet. Es ist der Beginn einer ausgesprochen glücklichen Ehe, die 50 Jahre dauern wird. Annelieses Eltern unterstützen den Start des jungen Paares sehr großzügig: Die von Vater Klingelhöfer akribisch geführte „Aufstellung für Anneliese's Aussteuer“ weist Anschaffungen im Wert von 9284,17 Mark aus – eine äußerst stattliche Mitgift. Die größten Posten sind das Schlafzimmer für 1540,00 Mark und Möbel für 1479,00 Mark. „Hochzeitskleid + 1 Kleid“ schlagen mit 82,10 Mark zu Buche.

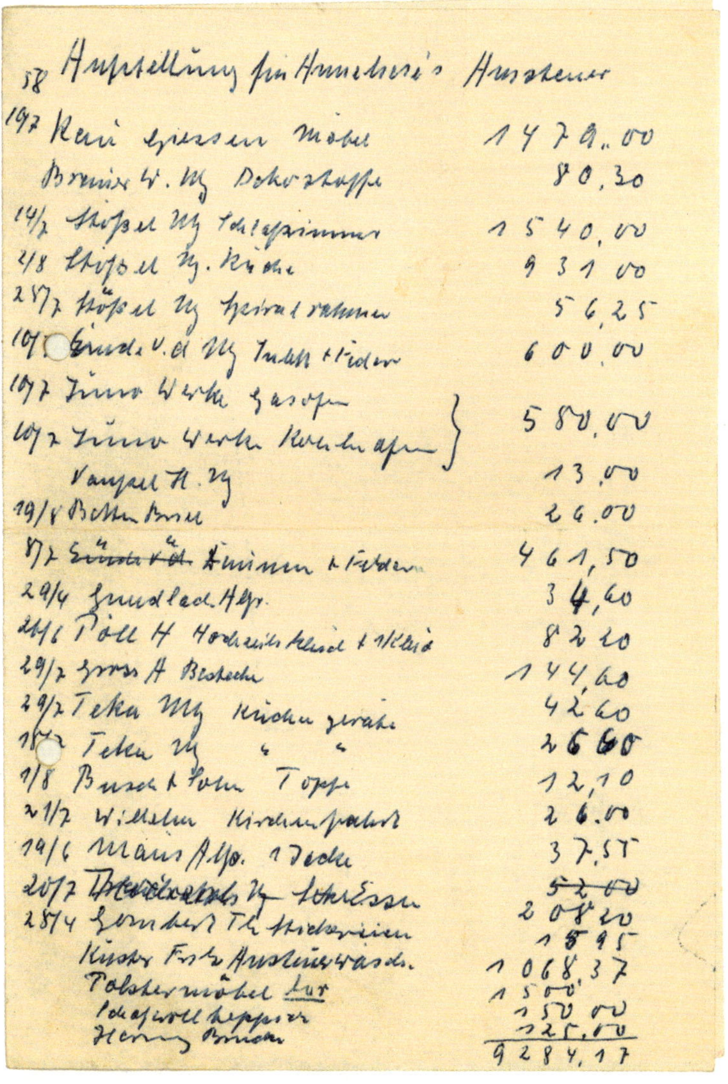
58 Aufstellung für Anneliese's Aussteuer

19/7	Karl Giessen Möbel	1479.00
	Brenner W. Mz Dekostoffe	80,30
14/7	Stössel Mz Schlafzimmer	1540,00
2/8	Stössel Mz. Küche	931 00
25/7	Stössel Mz Spiralrahmen	56,25
10/7	[illegible] Mz Inlett + Federn	600,00
10/7	Juno Werke Gasofen	580,00
10/7	Juno Werke Kohlenofen	
	Vaupel H. Mz	13,00
19/8	Bettenbesel	26.00
8/7	~~[illegible]~~ Daunen + Federn	461,50
29/4	Grundlach Alsf.	34,60
26/6	Pöll H Hochzeitskleid + 1 Kleid	82 20
29/7	Gross H Bestecke	144,60
29/7	Teka Mz Küchengeräte	42 60
18/7	Teka Mz " "	26 60
1/8	Busch + Pohl Töpfe	12,10
21/7	Wilhelm Kirchenfahrt	26.00
19/6	Maus Alsf. 1 Decke	37,55
20/7	~~[illegible]~~ Mz Schl.Essen	~~52.00~~
28/4	Lombert Th. Hochzeitsessen	208 20
		15 95
	Küster Fr. Aussteuerwäsche	1068,37
	Polstermöbel Lur	1500
	Schafwollteppich	150,00
	Herrn Brücken	125,00
		9284,17

Schwiegervater Wilhelm Klingelhöfer ist ein gründlicher Mann. Nach der Verlobung seiner Tochter im September 1957 notiert er sorgfältig die „Aussteuer“. Es kommt die stolze Summe von 9284,17 Mark zusammen – deutlich mehr als Reinfried Pohls damaliges Jahreseinkommen.

Am 21. Juni 1958 heiraten Anneliese Klingelhöfer und Reinfried Pohl standesamtlich und kirchlich. Es ist der Beginn einer langen, glücklichen Ehe und ein Bund fürs Leben im wahren Sinn des Wortes – bis zum Tod Anneliese Pohls im Jahr 2008, wenige Tage nach der Goldenen Hochzeit.

In Anneliese Klingelhöfer hat Reinfried Pohl die Liebe seines Lebens gefunden; sie wird zudem zur idealen Frau an der Seite dieses nach Erfolg strebenden Mannes. Denn schon als Schulkinder haben Anneliese und ihr Bruder Johannes gelernt, dass das Geschäft das Wichtigste im Leben der Familie ist. Die Erziehung ist liebevoll und, wie es der damaligen Zeit entsprach, auch streng. Freizeit und Urlaub sind Begriffe, die im Wortschatz der Familie so gut wie nicht vorkommen. In einem Familienbetrieb wie diesem gibt es immer etwas zu tun. Die Geschwister tragen morgens vor Schulbeginn die ersten Brötchen aus. Im Sommer und Herbst ernten sie im Garten Obst und kochen es ein. Sobald sie größer sind, helfen sie auch im Café. Vor allem Anneliese bedient dort in jeder freien Minute, auch während des Besuchs der Handelsschule.

Das junge Mädchen lernt, was sie später als Ehefrau und Mutter anwenden wird: Dafür Verständnis zu haben, dass ein beruflich erfolgreicher Mann sich nicht so sehr um die Familie kümmern kann, wie er es gern täte. Und die daraus erwachsende Verpflichtung der Partnerin, ihm den Rücken so gut es geht freizuhalten – eine Verpflichtung, die Anneliese Pohl nie als Belastung empfindet.

Familie:
Junges Glück im Mehr-Generationen-Haus

Wie für jedes junge Paar stellt sich mit der Hochzeit die Frage nach der gemeinsamen Wohnung. Schließlich war es in den fünfziger Jahren ganz und gar undenkbar, schon vorher zusammenzuziehen. Für Reinfried Pohl steht fest: Er will seine Mutter, der er so viel zu verdanken und mit der er gemeinsam so viel durchgestanden hat, nicht allein lassen. So zieht die junge Frau zu ihrem Mann in dessen Mietwohnung in der Marburger Violastraße, wo auch die Schwiegermutter lebt.

Mit der Schwiegermutter unter einem Dach – das geht in vielen Fällen nicht gut. Hier ist es anders. Denn Anneliese Pohl hat großes Verständnis für das enge Verhältnis von Mutter und Sohn. Und sie versteht auch sehr gut, dass ihr Mann weiterhin seine Mutter in seiner Nähe haben möchte. Schließlich weiß auch sie, dass Maria Pohl unverändert darunter leidet, nichts über das Schicksal des seit mehr als zehn Jahren verschollenen Ehemanns zu wissen. Auch wenn Mutter wie Sohn nicht gegen den Gedanken gefeit sind, den Mann und Vater nie wiederzusehen, so keimt doch immer wieder Hoffnung auf.

Das Verständnis der jungen Frau für die familiäre Situation ihres Mannes zeigt, wie stark bei Anneliese Pohl der Familiensinn entwickelt ist. Dem Ehepartner zuliebe etwas tun, was einem selber nicht unbedingt behagt, dieser Charakterzug Anneliese Pohls wird sich in den nächsten fünfzig Jahren noch häufiger zeigen. Vermutlich spielen da auch Erfahrungen aus der eigenen Familie eine Rolle. Anneliese Pohl hat noch als Kind mitbekommen, wie ihre eigenen Eltern unter Streitigkeiten zwischen den Klingelhöfers litten. Denn ihre Mutter war von den Geschwistern ihres Vaters nie so recht akzeptiert worden. Anneliese Pohl ist fest entschlossen: So soll es in ihrer neuen Familie nicht zugehen. Deshalb liegt ihr auch an einem guten Verhältnis zu den Brüdern ihres Mannes. Daraus entwickelt sich eine lebenslange herzliche Verbundenheit.

Ein Jahr nach der Hochzeit kommt Reinfried Pohl junior (oben) zur Welt. Fünf Jahre später vervollständigt sein Bruder Andreas Pohl das Glück der jungen Familie. Ihr Vater fördert von Anfang an den Zusammenhalt der beiden Brüder. Hat er doch noch gut in Erinnerung, wie er und seine beiden Brüder gemeinsam durch dick und dünn gegangen sind.

An seinem 34. Geburtstag zieht Reinfried Pohl mit seiner Frau, dem kleinen Reinfried und seiner Mutter in das neue Eigenheim. Mögen andere Unternehmer sich bei wachsendem wirtschaftlichem Erfolg immer größere „Paläste" bauen – Reinfried Pohl lebte hier bis zu seinem Tod.

Der junge Ehemann ist unverändert viel unterwegs, als Gerling-Vertreter wie als FDP-Politiker. Auch Anneliese Pohl beschränkt sich keineswegs auf das Hausfrauen-Dasein. Sie arbeitet weiterhin im Café ihrer Eltern mit. Etwa ein halbes Jahr nach der Hochzeit wird sie schwanger. Am 2. November 1959 kommt der erste Sohn auf die Welt. Er wird auf den Namen des stolzen Vaters getauft: Reinfried. Die Pohls sind glücklich. Mit dem Kind wird es in der kleinen Wohnung zu eng. Zudem denkt das Ehepaar durchaus an eine weitere Vergrößerung der Familie, erinnern sich beide Eheleute doch gern an ihre glückliche Kindheit, zu der auch die jeweiligen Geschwister beigetragen haben. So überlegen sie, ob sie nicht das Haus, in dem sie zur Miete wohnen, kaufen sollten; doch der Besitzer will nicht verkaufen. Da setzt Reinfried Pohl – wieder einmal – aufs Ganze: Er beschließt zu bauen.

Die Eheleute finden ein Grundstück in Hanglage in einem Neubaugebiet Marburgs mit einem herrlichen Blick auf die Altstadt und das Schloss. Sie sind sich einig, dass das Haus ausreichend Platz bieten soll. Denn Maria Pohl wird mit umziehen; das neue Heim soll zudem Platz für weiteren Familienzuwachs bieten. So entsteht ein optisch eher schlichtes, aber äußerst zweckmäßiges Mehr-Generationen-Haus, obwohl es diesen Begriff Anfang der sechziger Jahre noch gar nicht gibt. Im Zentrum des Pohl'schen Heims befinden sich Wohn- und Esszimmer mit einer Terrasse zum Garten. Darum herum liegen Schlafzimmer, Kinderzimmer und der Raum für die Großmutter.

Das Wohnen in den eigenen vier Wänden hat einen hohen Preis: 145 000 Mark kostet das Haus, etwa das Dreifache der damals bei jungen Familien so beliebten Reihenhäuser.

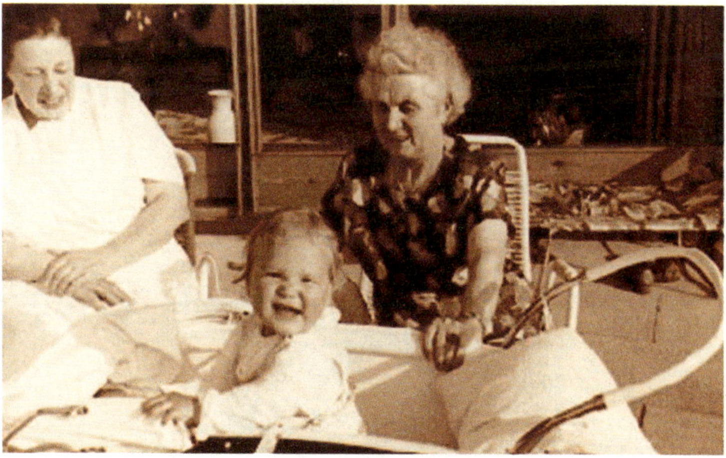

Für die beiden Söhne sind die Großmütter wichtige Bezugspersonen. Reinfried Pohls Mutter Maria (rechts), die „kleine Oma", lebt ohnehin im Haus. Die „große Oma", Anneliese Pohls Mutter Gerda Klingelhöfer, kommt häufig zu Besuch.

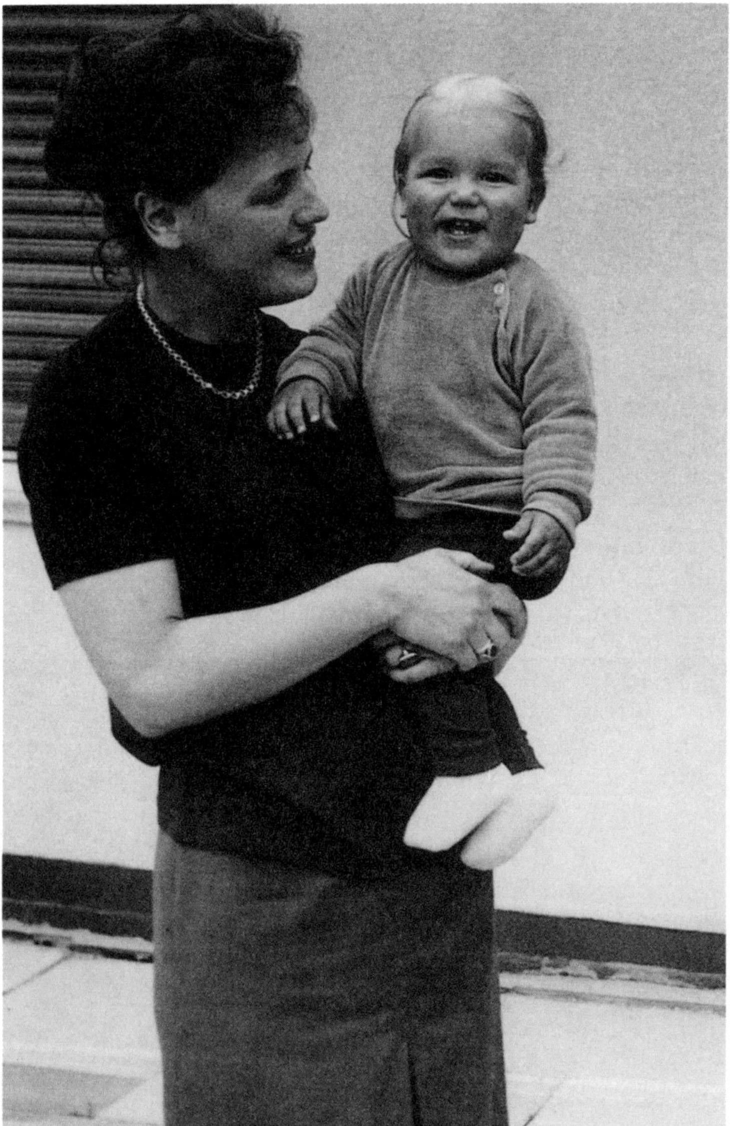

Der „Vadder“, wie die Söhne das Familienoberhaupt nennen, ist viel unterwegs. So ist Anneliese Pohl (hier mit Andreas) Dreh- und Angelpunkt der Familie.

Reinfried Pohl verfügt nicht über das notwendige Eigenkapital, seine Schwiegereltern können ihm bei einer so hohen Summe auch nicht helfen. Wahrscheinlich hätte der Vermögensberater Pohl einem Kunden von einem solchen Risiko abgeraten. Aber er selber geht das Wagnis einer sehr hohen Verschuldung ein. Einmal weil er optimistisch ist, was seine künftige finanzielle Situation angeht, zum anderen weil er zu kämpfen gelernt hat: Was er schaffen will, das schafft er auch. So auch als Häuslebauer. Am 26. April 1962, am vierunddreißigsten Geburtstag des Familienvaters, ziehen die Pohls in ihr neues Heim ein. Vierzehn Jahre nach der Flucht aus Berlin wird der aufstrebende Versicherungskaufmann in seiner neuen Heimat Marburg sesshaft; er ist endgültig angekommen. Zwei Jahre später, am 28. Juli 1964, wird der zweite Sohn, Andreas, geboren. Jetzt ist das Familienglück perfekt.

Dieses Haus hoch über der Altstadt wird das Heim der Familie Pohl, in schwierigen Zeiten auch ihre Trutzburg. Hier „regiert" Anneliese Pohl, hier wachsen die beiden Söhne auf, auch Annelieses Eltern kommen gern zu Besuch. Reinfried Pohl hängt so sehr an seinem Haus, dass er bis zu seinem Tod dort wohnen bleibt. Seine wirtschaftlichen Erfolge mit immer größeren und immer teureren Villen und Wohnpalästen zu dokumentieren, ist nicht sein Stil. Entscheidend ist, dass er sich in diesem nach heutigen Maßstäben eher bescheidenen Einfamilienhaus wohl fühlt, hier ist er zu Hause.

IOS-Anfang:
Erste Schritte in Richtung Allfinanz

In den sechziger Jahren, noch keine 20 Jahre nach dem Zusammenbruch, haben es die Deutschen bereits wieder zu einem gewissen Wohlstand gebracht. Die Wirtschaft brummt. Die meisten Menschen haben einen sicheren Arbeitsplatz und eine ordentliche Wohnung. Sie beginnen durch die Welt zu reisen und können zudem noch etwas auf die Seite legen. Die Sparquote verdoppelt sich zwischen 1955 und 1965 auf 12 Prozent, bis 1975 steigt sie auf mehr als 15 Prozent.

„Schaffe, schaffe, spare, spare, Häusle baue ..." So denken die Schwaben, aber nicht nur sie. Zwischen Flensburg und Konstanz entstehen, vom Staat großzügig gefördert, unzählige Eigenheime und Eigentumswohnungen. Wer nicht bauen will oder sich eigene vier Wände nicht leisten kann, legt sein Geld sehr konservativ an. Die bevorzugte Form der Geldanlage sind Sparbücher und Sparkonten. Das kommt den Banken entgegen, die sich auf diese Weise günstig refinanzieren. Das zweitwichtigste private „Investment" ist die Kapitallebensversicherung. Erst danach folgt die Anlage in Wertpapieren. Davon entfällt wiederum der Löwenanteil auf festverzinsliche Anleihen. Aktien kaufen Privatleute so gut wie nicht, die Anlage in Investmentfonds steckt noch in den Kinderschuhen. Mitte der sechziger Jahre fließt erst ein Prozent des privaten Geldvermögens in diese Anlageform.

Das soll sich gründlich ändern, als IOS-Gründer Bernie Cornfield, der „Billy Graham des Investmentgedankens", von der Schweiz aus seine Fühler nach Deutschland ausstreckt. Cornfield, als Sohn jüdischer Einwanderer aus Istanbul nach New York gekommen und dort in ärmlichen Verhältnissen aufgewachsen, war sozialistischer Studentenführer in Amerika, arbeitete dann als sozialer Idealist kurzzeitig als Armenpfleger. Nach einem Jahr schlägt Cornfield eine neue Laufbahn ein: Er wird Außendienst-Mitarbeiter eines Anbieters von Investmentzertifikaten. Diesen Wechsel begründete der schwärmerische Linke ideologisch: Menschen zum Sparen zu erziehen sei „vorbeugende Sozialarbeit". Wenn auch die kleinen Leute sich an Unternehmen beteiligen können, gebe das „dem Kapitalismus einen Sinn".

1956 kommt der Zertifikate verkaufende Sozialreformer als Urlauber nach Paris – und bleibt. Seinen Lebensunterhalt verdient er von Stund' an durch den Vertrieb von in Europa noch wenig bekannten Investmentzertifikaten an hier stationierte US-Soldaten. Seine Einmannfirma nennt er Investors Overseas Services (IOS). Der französischen Regierung missfällt dieses Geschäftsmodell; die US-Boys sollen ihren Sold nicht sparen, sondern in Frankreich ausgeben. So zieht Cornfield weiter nach Genf, errichtet von dort aus ein weltweites Finanzimperium. Sein Wachstumsvehikel sind sein eigener Aktienfonds „International Investment Trust" (IIT) sowie ein von ihm entwickelter Dachfonds, der nicht in einzelne Aktien investiert, sondern in Anteile an anderen Fonds. Sein stolzer Name: „Fund of Funds". Mit diesem „Fund of Funds" kommt IOS 1963 nach Deutschland, gewinnt zunächst gutverdienende Selbständige für diese hierzulande nahezu unbekannte Form der Kapitalanlage.

Reinfried Pohl hat zu dieser Zeit noch keinen Gedanken auf IOS verschwendet; sein Fachgebiet sind Versicherungen.

Doch plötzlich wird er mit der IOS konfrontiert: Auf der Rückfahrt vom Winterurlaub 1964 sieht Anneliese Pohl bei einem Zwischenstopp im Schwarzwald einen ihr bekannten Herrn im selben Restaurant sitzen – Werner Kunkler. Der hat vor vielen Jahren in Marburg gelebt und – was für ein Zufall – bei den Klingelhöfers zur Untermiete gewohnt. Anneliese Pohl hat an den Herrn keine besonders guten Erinnerungen, er war ihr unsympathisch. Ihr Mann aber meint, sie solle ihm wenigstens guten Tag sagen. Den Ausschlag gibt der vierjährige Reinfried: „Mama, sprich doch mit dem Mann, wenn der Papa das will." Kurz darauf sitzen die Pohls mit diesem Herrn Kunkler zusammen.

Selbstverständlich unterhalten sich beide Herren über Berufliches. Schnell stellt sich heraus: Kunkler ist bei IOS ein „hohes Tier". Als der IOS-Mann von Pohls Tätigkeit für Gerling erfährt, bietet er ihm sofort an, ihm zu einer Position bei IOS zu verhelfen. Pohl lehnt ab: Er verstehe nichts vom Investment-Geschäft, wolle lieber in der Versicherungsbranche bleiben. Kunkler lässt nicht locker, hält den Kontakt aufrecht, wenn auch zunächst ohne Erfolg.

Im Frühjahr 1967, drei Jahre nach der Zufallsbegegnung im Schwarzwald, meldet sich Kunkler wieder einmal in Marburg. Er fragt Reinfried Pohl, ob er nicht Interesse habe, Cornfield einmal persönlich kennenzulernen und zudem James Roosevelt, den für IOS tätigen Sohn des 32. US-Präsidenten. Da ist die Neugier Pohls geweckt. Mit dem Sohn eines ehemaligen Präsidenten zu sprechen, welcher „homo politicus" wollte das nicht? Was konnte es überdies schaden, Bernie Cornfield zu treffen, jenen Mann, der sich aufmachte, den deutschen Finanzmarkt gehörig durcheinanderzuwirbeln? Die drei Herren kommen im Frühsommer 1967 in Frankfurt im „Café Kranzler“ zusammen, unterhalten sich mit Hilfe eines Dolmetschers. Pohl staunt: Roosevelt ist bestens über den deutschen Gesprächspartner informiert. Er weiß Bescheid, dass sein Vater von den Russen verschleppt worden ist und der Sohn aus der SBZ fliehen musste. Er ist auch über das politische Engagement Pohls informiert. Was Pohl besonders beeindruckt, ist Roosevelts treffende Einschätzung deutscher Befindlichkeiten: Die Deutschen hätten zwar beim Wiederaufbau Beachtliches geleistet, wie schon nach dem Ersten Weltkrieg und nach der Inflation in den zwanziger Jahren. Sie täten sich aber schwer, privat aus ihrem Geld etwas zu machen.

Roosevelts Schlussfolgerung: Die Deutschen seien auch deshalb für sozialistisches oder kommunistisches Gedankengut anfälliger als etwa die Amerikaner, weil die kleinen Leute in Deutschland kein Eigentum bildeten. Es ist gewissermaßen der ideologische Hintergrund, der Pohl für IOS einnimmt. Zudem packt Roosevelt ihn, den SBZ-Flüchtling, mit dem Hinweis, als ein entschiedener Gegner von Sozialismus und Kommunismus sei er genau der richtige Mann für IOS Deutschland.

Die IOS-Strategie für Deutschland sieht so aus: Wie Roosevelt jun. in Amerika soll ein Mann mit einem großen Namen den Deutschen den Gedanken des Investmentsparens nahebringen und für die Seriosität des Unternehmens bürgen. Cornfield und Roosevelt denken an Ludwig Erhard. Der ist Ende 1966 zwar als Kanzler gescheitert, steht als „Vater des Wirtschaftswunders“ bei der Bevölkerung dennoch hoch im Kurs. Um an Erhard heranzukommen, brauchen Roosevelt und Cornfield die exzellenten politischen Kontakte des

Als Bernard Cornfield (Zweiter von links) mit seiner IOS nach Deutschland kommt, brauchen er und sein enger Mitarbeiter, US-Präsidentensohn James Roosevelt (ganz links), auch politische Kontakte. Reinfried Pohl stellt sie her wie hier zum FDP-Vorsitzenden Walter Scheel.

Noch-Gerling-Direktors Pohl. Der lässt seine Beziehungen spielen, informiert den Altkanzler über die Pläne von IOS, weckt Erhards Interesse. Kurz darauf fliegen Erhard und Pohl zusammen zu Cornfield und Roosevelt nach Zürich. IOS bietet Erhard den Verwaltungsratsvorsitz für IOS Deutschland an. Es stellt sich heraus, dass Erhard wenig über das Investmentsparen weiß. Aber er lässt es sich in allen Details erklären.

Die Vergütung soll 100 000 Mark im Jahr betragen. Für Erhard ist das damals eine sehr attraktive Summe. Dennoch zögert er. Sosehr ihn das Honorar reizt, so wenig behagt ihm die Aufgabe, kreuz und quer durch Deutschland zu reisen und auf öffentlichen Veranstaltungen für das IOS-Konzept zu werben. Er erbittet sich Bedenkzeit, fliegt nach Bonn zurück und sagt kurz darauf ab. Cornfield und Roosevelt lassen jedoch von ihrem Plan nicht ab, einen bekannten deutschen Politiker als obersten IOS-Repräsentanten zu gewinnen. Wieder wenden sie sich an Reinfried Pohl. Der hat einen neuen Vorschlag: seinen Freund Erich Mende, von 1963 bis Ende 1966 Vizekanzler Erhards und noch Bundesvorsitzender der FDP. Der ahnt im Sommer 1967 bereits, dass seine Tage an der Spitze der Liberalen gezählt sind, weil der „sozialliberale" Flügel ihn durch Walter Scheel ersetzen möchte.

Mende findet das IOS-Angebot hochinteressant. Er ist auch aus IOS-Sicht der richtige Mann: ein gutaussehender, ausgesprochen eloquenter Herr, im ganzen Land bekannt, bestens vernetzt, in Sachen Wirtschaft kompetent. Erich Mende verkörpert, was IOS sucht: Vertrauen und Seriosität. Und Mende sagt zu. Am 1. September 1967 übernimmt er den Vorsitz des Verwaltungsrats der deutschen IOS-Tochter, wenige Tage später erklärt er seinen Verzicht, erneut für den FDP-Bundesvorsitz zu kandidieren.

Der frischgebackene IOS-Repräsentant Mende wird schnell mit einem Problem konfrontiert: IOS bietet seinen deutschen Investmentsparern an, ihre Sparpläne über eine Risikolebensversicherung einer britischen Gesellschaft abzusichern. So soll sichergestellt werden, dass beim Tod eines Sparers die Hinterbliebenen in den Genuss der angestrebten Endsumme kommen, obwohl der Verstorbene keine weiteren Sparraten mehr leisten kann. Das Problem: Damals dürfen in Deutschland keine ausländischen Versicherungen angeboten werden. So geraten Cornfield und seine IOS ins

Visier der seit 1966 regierenden Großen Koalition, insbesondere des Wirtschaftsministers.

Der Sozialdemokrat Karl Schiller ist vom IOS-Konzept sehr angetan. Er erhofft sich, dass die behäbigen deutschen Banken durch die US-Konkurrenz wachgerüttelt würden. Auch gefällt ihm die Idee des Investmentsparens, das dem sogenannten kleinen Mann den Weg an die Börse erleichtert. Auf dem Bankentag sagt er 1968: „Die bislang dominierende Sparkapitalbildung in Kontenform ist nicht der Weisheit letzter Schluss. Das Investmentsparen ist das Effektensparen des kleinen Mannes. Es bietet die Vorteile dieser Sparform ohne ihre gravierenden Nachteile, denn es vermeidet die Schwierigkeiten der richtigen Auswahl und die Risiken einzelner Aktien.“

Ungeachtet seiner positiven Einstellung zum Investmentsparen und zum IOS-Konzept verlangt der Wirtschaftsminister von Mende klipp und klar, dass IOS den rechtswidrigen Vertrieb ausländischer Policen einstellt. Mende wendet sich sofort an Pohl. Der gibt ihm einen ebenso praktischen wie einleuchtenden Rat: IOS solle seinen Investmentsparern eben die Absicherung durch eine deutsche Versicherung anbieten. Auf Bitten und im Auftrag Mendes versucht Reinfried Pohl, seinen Arbeitgeber Gerling für dieses Modell zu gewinnen. Doch der Gerling-Vorstand winkt ab. Der Grund: IOS präsentiert sich als direkter Konkurrent zu den „unfähigen“ deutschen Banken. Die wiederum warnen Gerling, sich mit dem unerwünschten Wettbewerber aus den USA einzulassen. Angesichts der engen Verflechtung der deutschen Großbanken mit der deutschen Industrie, also den wichtigsten Gerling-Kunden, geht die Kölner Versicherungsgruppe lieber kein Risiko ein.

Als IOS einen Deutschland-Repräsentanten sucht, schlägt Reinfried Pohl seinen Freund Erich Mende vor. Zeitweilig arbeiten der ehemalige Vizekanzler und Ex-FDP-Chef Mende und Pohl bei IOS zusammen.

Da hat Reinfried Pohl die rettende Idee: Er schlägt IOS die Deutscher Herold Versicherungsgruppe in Bonn als Partner vor. Als Familienunternehmen verfügen die Bonner über die notwendige Unabhängigkeit. Zudem erkennen sie sofort, welche Chancen die Zusammenarbeit mit IOS ihnen bietet. Für Reinfried Pohl bedeutet das das Ende seiner Tätigkeit bei Gerling. Er ist nunmehr für den Deutschen Herold sowie für die deutsche IOS tätig.

Was für seinen späteren Werdegang von zentraler Bedeutung ist: Bei der IOS kann er die Grundzüge seines Allfinanz-Konzepts erproben. Über die IOS-Versicherungs-Vermittlungsgesellschaft gibt er den IOS-Mitarbeitern eine Palette von Finanzprodukten an die Hand: neben der Lebensversicherung zur Absicherung von Investmentsparplänen unter anderem Unfall- und Haftpflichtversicherungen, Bankdienstleistungen und Immobilienanlagen. Noch sucht Reinfried Pohl nach dem passenden Namen für sein Konzept.

In der Januar/Februar-Ausgabe 1969 des „IOS-Magazins" veröffentlicht er einen Beitrag unter der Überschrift „Konzertierte Finanz-Beratung". Dort heißt es: „Die Pressemeldungen der jüngsten Zeit über die Kooperation von Banken und Versicherungsgesellschaften beweisen, dass wir rechtzeitig als Erste den Schritt zum Allfinanzangebot getan haben. Diesen Vorsprung gilt es zu nutzen. Vergegenwärtigen wir uns immer, dass der Kunde nur *ein* Vermögen hat, wie vielfältig gestreut er es auch angelegt haben mag. [...] Wir vermögen unseren Kunden nicht nur die Chancen des Wertzuwachses in ausgezeichneten Anlagen zu vermitteln, sondern ihm und seiner Familie zugleich einen Schutz vor den Risiken zu bieten, die sein Vermögen bedrohen. Bei solcher Beratung wird sich der Kunde daran gewöhnen, in Zukunft alle Vermögensprobleme mit dem Mann von IOS zu besprechen."

In diesem Artikel spricht Reinfried Pohl zum ersten Mal von einem „Allfinanzangebot". Niemand hat jemals bestritten, dass der Begriff Allfinanz von Reinfried Pohl eingeführt worden ist. Nicht nur das: Allfinanz geht sogar in anderen Ländern in den Sprachgebrauch ein. Und Reinfried Pohl schreibt mit dieser Idee und diesem Begriff Finanzgeschichte.

IOS-Ende:
Aus Cornfields Fehlern viel gelernt

Beim Deutschen Herold wird Reinfried Pohl in der zweiten Jahreshälfte 1967 der Verbindungsmann zur IOS. Zugleich wird er alleiniger Geschäftsführer der IOS Versicherungs-Vermittlungs GmbH. Zudem übernimmt Pohl im Verwaltungsrat von IOS Deutschland die Position des stellvertretenden Vorsitzenden, wird also Mendes Stellvertreter. Für einen ehemaligen Rechtsreferendar ist das elf Jahre nach seinem Wechsel in die Versicherungsbranche ein beachtlicher Aufstieg.

Mit dem Kerngeschäft von IOS, dem Vertrieb von Investmentzertifikaten, hat Reinfried Pohl direkt nichts zu tun. Als Mendes Versicherungsexperte sorgt er dafür, dass die IOS-Berater zur Absicherung der Investmentsparpläne rechtlich einwandfreie Versicherungspolicen offerieren können. Zudem wirbt er bei den IOS-Anlageberatern dafür, nicht nur Risikoversicherungen zur Absicherung der Anlagen anzubieten, sondern auch andere Policen wie zum Beispiel Unfallversicherungen. Da deutet sich Reinfried Pohls Allfinanz-Konzept bereits an, zudem sein späteres Motto: Vermögensaufbau ohne Absicherung gleicht einem Haus ohne Dach.

Mit Erich Mende als Gesicht der deutschen Gesellschaft eilt IOS von Erfolg zu Erfolg. Der ehemalige Vizekanzler füllt bei Hunderten Veranstaltungen die Säle, überzeugt gutsituierte Mittelständler ebenso wie Kleinanleger von den Vorzügen des von der IOS angepriesenen „People's Capitalism", des Volkskapitalismus. Damit knüpft IOS direkt bei Erhards „Wohlstand für alle" an. Nicht zuletzt dank Mendes Einsatz verdoppelt sich die Zahl der IOS-Vertreter; die Zahl der Anleger verdreifacht sich auf 300 000. Sie vertrauen IOS rund 2,5 Milliarden Mark an, ein gutes Drittel der weltweiten Anlagen in IOS-Fonds. Begünstigt wird dieser Erfolg durch die Strategie der deutschen Banken, Kleinanleger mit Sparbüchern und allenfalls festverzinslichen Wertpapieren abzuspeisen. So fließen im Jahr 1970 dank IOS 18 Prozent der deutschen Spargelder in Investmentfonds – nach nur einem Prozent Mitte der sechziger Jahre.

IOS hat ein durchaus schlüssiges Konzept und trifft offenbar auf große Nachfrage. Die Bedeutung von IOS lässt sich auch daran ablesen, dass Roosevelt im Dezember 1967 von Bundeskanzler Kurt Georg Kiesinger (CDU) empfangen wird. Willy Brandt nimmt sich für den IOS-Repräsentanten Anfang 1970 Zeit, nur wenige Monate nach seiner Kanzlerwahl. „Die ganze Politik und die Öffentlichkeit waren ja in Bezug auf IOS wie narrisch", schildert Pohl Jahre später die damalige Situation.

Welche Wirkung Cornfield und seine IOS in Deutschland entfalten, spiegelt sich selbst in der SPD-Parteizeitung wider. Der „Vorwärts"-Ausgabe vom 20. März 1969 liegt eine achtseitige „Dokumentation" zum Thema „Vermögensbildung – kein Privileg der Reichen" bei. Es ist eine eindeutige Werbung für das Investmentsparen und IOS. Auf der Schlussseite dieser Beilage kommt Reinfried Pohl ausführlich zu Wort. Der Titel seines Beitrags: „Investment + Versicherung = Sparform der Zukunft". Dort verwendet er wohl zum zweiten Mal öffentlich den Begriff „Allfinanz": „Wenn man bedenkt, dass der IOS-Anlageberater inzwischen auch eine Reihe von

Dokumentation „IOS in Deutschland“, erschienen im VORWÄRTS Nr. 12 vom 20. März 1969 **V IOS** 21

Vermögensbildung - kein Privileg der Reichen

Kein Zweifel, der Lebensstandard in unserem Lande verbessert sich Jahr für Jahr. Es wäre zwar vermessen, in Westdeutschland allein Wohlstand, Glück und Zufriedenheit sehen zu wollen. Die Armut ist nicht ausgestorben. Aber weiter zurückgedrängt als je zuvor in unserer Geschichte, spielt sie im Bewußtsein der Bevölkerung eine immer geringere Rolle. So ist es zu erklären, daß heute das Sparen vielen Menschen leichter fällt als in den ersten Jahren nach dem Kriege und selbst noch vor einigen Jahren. Milliarden von DM werden Jahr für Jahr auf die hohe Kante gelegt.

Wie sind meine Ersparnisse richtig angelegt? Für eine zunehmende Zahl von Menschen stellt sich diese Frage. Viele haben jetzt ein gut gefülltes Sparbuch. Hier sind die Gelder angelegt, die als „eiserne Reserve“, für die Wechselfälle des Lebens, benötigt wurden. Aber mehr und mehr Sparer machen sich darüber Gedanken, ob nicht Teile der auf die Sparkonten eingezahlten Gelder „produktiver“ angelegt werden sollten. Die deutschen Banken und Sparkassen sind diesem Trend gerade in den letzten Jahren entgegengekommen. Eine Anzahl von neuen Formen der Kapitalanlage haben sie ins Leben gerufen, eine Vielzahl von Möglichkeiten der Kapitalanlage offerieren sie ihren Kunden. Dazu gehört das Investmentsparen.

Es verdient hervorgehoben zu werden, daß das Investmentsparen vornehmlich mit dem Zweck geschaffen wurde, breiten Bevölkerungsschichten die Möglichkeit zu geben, an der Produktivität und dem Fortschritt der Wirtschaft teilzuhaben. Man sollte es begrüßen, daß sich vor allem auch die den Gewerkschaften nahestehenden Kreditinstitute frühzeitig der Verbreitung des Investmentsparens angenommen haben. Die Gründung der Adig Allgemeine Deutsche Investment-Gesellschaft, der ersten deutschen Gesellschaft dieser Art, wird wohl eine Pioniertat bleiben. Daß zu den Wegbereitern zunächst eine und im weiteren Verlauf die übrigen regionalen Gemeinwirtschaftsbanken gehörten, macht eigentlich recht deutlich, wie sehr diese den Gewerkschaften nahestehenden und mittlerweile fusionierten Institute in ihrer praktischen Arbeit von Anfang an der Vermögensbildung ihre besondere Aufmerksamkeit geschenkt haben. Heute wird die Zahl der Investmentsparer im Bundesgebiet auf etwa eineinhalb Millionen geschätzt. Nach der Repräsentativerhebung einer Investmentgesellschaft werden allein 46,7 Prozent der ausgegebenen Investmentanteile von Arbeitern, Angestellten und Beamten erworben. Bemerkenswert hoch ist wohl der Anteil der Hausfrauen unter den Käufern mit 16,6 Prozent. Eine große Käufergruppe stellen die selbständig Gewerbetreibenden und sonstigen Privatanleger mit 29,2 Prozent dar. Der Rest entfällt auf Pensions- und Sterbekassen.

Der Vorgang der Investment-Beteiligung ist in der Praxis gar nicht so schwierig, wie gelegentlich vermutet wird. Die Investmentgesellschaften geben Anteilscheine aus. Diese Anteilscheine bescheinigen dem Inhaber, daß er an dem Vermögen eines Investmentfonds in der Höhe seiner Anteile beteiligt ist. Der Gegenwert aller verkauften Anteilscheine fließt in den Investmentfonds. Dieses Geld wird in Wertpapieren angelegt.

Frankfurter Börse Foto: dpa

Investment:
Modernes Sparen für jedermann

Von Klaus Martens

Angenommen, einer Investmentgesellschaft fließen an einem Tage 50 000 DM zu, für die an den Schaltern der Banken und Sparkassen tausend Zertifikate ausgegeben werden. Der Ausgabepreis eines Zertifikates betrug also 50 DM. Für die dem Investmentfonds zugeflossenen Mittel kauft die Gesellschaft an der Börse Wertpapiere, eine Reihe Aktien guter Unternehmen, bei denen anzunehmen ist, daß die Papiere im Laufe der Jahre gute Erträge bringen. Die sachgemäße Auswahl, Verwaltung und Überwachung der Bestände besorgen Wertpapierspezialisten. Sie tauschen Aktien auch aus, wenn es Konjunktur und Ertragsentwicklung ratsam erscheinen lassen.

Da der Wert einer Aktie oder eines festverzinslichen Papiers an der Börse schwankt, wird der Preis für ein Investmentzertifikat meist täglich nach den neuesten Börsenkursen rechnerisch ermittelt. Die Gesellschaft teilt das Gesamtvermögen des Fonds durch die Zahl der ausgegebenen Anteile. An der Veränderung des Ausgabepreises kann der Besitzer von Anteilen ablesen, in welchem Umfange ein Investmentanteil im Wert gestiegen oder gesunken ist. Der Preis wird täglich veröffentlicht. Die Erträge aus den im Fonds befindlichen Wertpapieren werden jährlich an die Investmentsparer verteilt, sofern es sich um Fonds handelt, die Ertragausschüttung vornehmen. Dann legt die Gesellschaft auch einen Rechenschaftsbericht, der eine Vermögensaufstellung enthält, vor. Alle deutschen Investmentgesellschaften veröffentlichen außerdem zur Mitte eines Geschäftsjahres einen Bericht mit einer Vermögensaufstellung. Darüber hinaus haben sich einige Gesellschaften entschlossen, ihren Anteilinhabern Quartalsberichte vorzulegen. Die Rücknahme der Zertifikate erfolgt jederzeit zu Lasten des Fondsvermögens.

Ein wesentlicher Vorteil des Investmentsparens liegt in der Risikomischung. Fällt der Kurs für eine Aktie besonders stark, sind zahlreiche andere da, die den Verlust ausbügeln. Es soll aber nicht verschwiegen werden, daß das Investmentsparen auch Risiken hat. Die Wertentwicklung der Anteile hängt weitgehend von der Börsenentwicklung in den einzelnen Ländern ab. So waren zum Beispiel in den Jahren 1961 bis 1966 die Aktienkurse an den Börsen im Bundesgebiet deutlich rückläufig. Das mag einmal auf die Aufwertung der DM im Jahre 1961 ebenso zurückzuführen sein wie auf einige politische Verwicklungen (Bau der Berliner Mauer, Kuba-Krise). Zum Teil hing das aber auch zweifellos mit dem nachlassenden Vertrauen in unsere Wirtschaftsführung zusammen. Das hatte auch zur Folge, daß sich der Wert der Anteile deutscher Investmentfonds in dieser Zeit stark ermäßigte. Als sich die Große Koalition vor über zwei Jahren bildete, schwand dieses Mißtrauen rasch. An den Aktienbörsen kehrte wieder Zuversicht ein. Die Kurse begannen sich zu erholen. Greifen wir wahllos einen Fonds heraus, den Fonds Fondak von Adig-Investment. Der Wert der Anteile dieses Fonds stieg im Jahre 1968 um 14 Prozent, in den fünf Jahren von 1964 bis 1968 um 27 Prozent und in den letzten zehn Jahren (1959 bis 1968) sogar um 141 Prozent. Das sind ansehnliche Wachstumsraten. Er hat sich also gelohnt, Investment-zu-sparen.

Im vergangenen Jahr sind im Bundesgebiet für über zweieinhalb Milliarden DM Anteile von Investmentfonds abgesetzt worden. Das ist im Vergleich zu den zahlreichen anderen Sparformen eine Summe in beachtlicher Größenordnung. Hiervon entfallen allein etwa 950 Millionen DM auf Anteile von Investmentfonds ausländischer Gesellschaften. Während die deutschen Investmentgesellschaften die Anteile ihrer Fonds weitgehend über Banken und Sparkassen absetzen, bedienen sich die Ausländer überwiegend der „Anlageberater“. Diese kommen auf Wunsch auch in die Wohnung der Interessenten, wie das ebenso bei den deutschen Versicherungsgesellschaften der Fall ist.

Die größte internationale Vertriebsgesellschaft ist die Investors Overseas Services (IOS), die vor allem die Anteile von zwei ausländischen Fonds im Bundesgebiet vertreibt: Des Fund of Funds und des International Investment Trust.

Auch viele Auslandsfonds können eine eindrucksvolle Wertentwicklung der Anteile in der Vergangenheit aufweisen. So stieg der Wert der Anteile des Fund of Funds im letzten Jahr um 11 Prozent und seit Gründung des Fonds im Jahre 1962 um 169 Prozent, während der Wertanstieg beim International Investment Trust im letzten Jahr 14 Prozent und seit Gründung des Fonds im Jahre 1962 — 186 Prozent betrug.

Die weitere Entwicklung des Investmentsparens kann mit großer Zuversicht beurteilt werden. Heute entfallen im Bundesgebiet auf den Kopf der Bevölkerung erst 50 DM Investmentanteile, während es zum Beispiel in Amerika 970 DM, in der Schweiz 550 DM und in Großbritannien 205 DM sind. Was die künftige Wertentwicklung der Investmentanteile anbelangt, so dürfen die in der Vergangenheit erzielten Ergebnisse gewiß nicht auch in die Zukunft projiziert werden. Bei anhaltend günstiger Börsenlage sollte es aber den Fondsleitungen wieder möglich sein, eine durchaus befriedigende Wertentwicklung der Anteile zu erzielen.

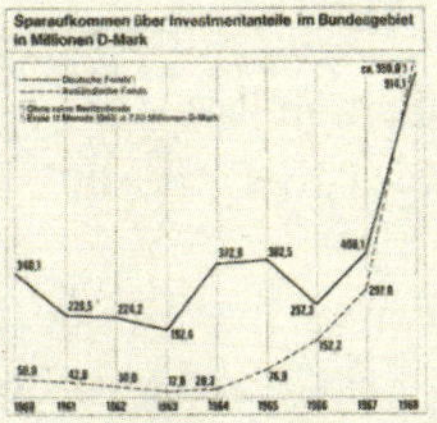

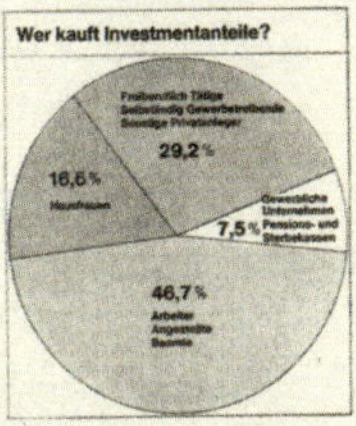

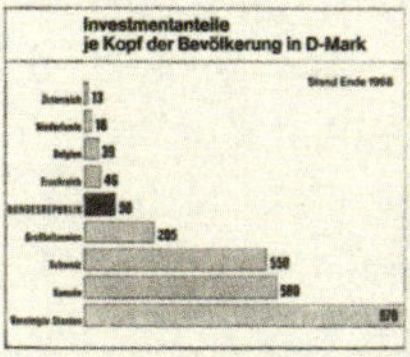

IOS macht das Investmentsparen in Deutschland populär, gerade auch beim „kleinen Mann“. Die SPD-Parteizeitung „Vorwärts“ trägt dem im März 1969 Rechnung – mit einer achtseitigen „Dokumentation“ zum Thema „Vermögensbildung – kein Privileg der Reichen“.

Bankdiensten anzubieten hat, darf man feststellen, dass er dem Kunden nun ein weitgefächertes Allfinanzangebot unterbreiten kann."

Wie manch anderen Gründer lassen die Anfangserfolge Cornfield und seine engere Umgebung überheblich werden. Der Ex-Sozialarbeiter bringt es bis Ende der sechziger Jahre auf ein Privatvermögen von 500 Millionen Mark, kümmert sich immer weniger ums operative Geschäft und genießt auf seinem Schloss bei Genf den Lebensstil eines Maharadschas. Zudem gerät IOS nach einem erfolgreichen Börsengang mit eigenen Aktien Anfang 1970 in den Strudel einer Krise der amerikanischen Börse. Fallende Aktienkurse wiederum ziehen die Kurse der IOS-Fonds nach unten. Viele Anleger, bisher nur steigende Kurse gewohnt, geraten in Panik, verkaufen ihre Anteile und tragen zusätzlich zum Kursverfall der IOS-Fonds bei.

Da hilft es wenig, dass Bundesregierung und Bundesbank beruhigende Erklärungen in Bezug auf die in Deutschland gehandelten IOS-Fonds abgeben – die deutschen Anleger verkaufen nach der Devise „Rette sich, wer kann" ihre IOS-Anteile. Der verzweifelte Versuch Mendes, Ende April 1970 für die deutschen IOS-Gesellschaften eine größere Selbständigkeit gegenüber Genf zu erreichen, hat keinen Erfolg. Zwei Jahre später muss die Zentrale in Genf Konkurs anmelden, nachdem der Amerikaner Robert Vesco die Konzernführung übernommen und die Fonds geplündert hat.

In Deutschland hat IOS ihren einstigen guten Ruf verspielt. Mende wird im Mai 1970 von der IOS-Zentrale in Genf seiner Ämter enthoben. Reinfried Pohl ist da schon längst zu neuen Ufern aufgebrochen. Ende 1969 wird er Generalbevollmächtigter des Deutschen Herolds, beginnt in dieser Funktion mit dem Aufbau der Bonnfinanz AG.

Reinfried Pohls Tätigkeit für IOS Deutschland - alles in allem etwa zwei Jahre - ist ihm noch Jahre später vorgehalten worden. Denn als er mit der Deutschen Vermögensberatung AG zu einem veritablen Konkurrenten der Banken und Sparkassen aufsteigt, wird er von diesen mit harten Bandagen bekämpft. Da fällt dann häufig das Stichwort IOS. Für Reinfried Pohl ist das persönlich nicht immer angenehm. Auf der anderen Seite wäre der spätere Weg von „Mister Allfinanz" ohne seine bei IOS gesammelten Erfahrungen höchstwahrscheinlich anders verlaufen.

Pohl hat schneller als alle anderen erkannt, dass das von Cornfield entwickelte Vertriebssystem große Chancen bietet. Bis dahin war es in Deutschland üblich, Versicherungspolicen nur über festangestellte Mitarbeiter der Versicherungsgesellschaften zu verkaufen. Cornfield setzt dagegen mit Erfolg darauf, Fonds und Versicherungen über selbständige Handelsvertreter zu vertreiben und diese Vertreter direkt an ihrem Verkaufserfolg zu beteiligen. Für erfolgreiche IOS-Vertreter gibt es nicht nur mehr Geld, sondern auch andere, immaterielle Formen der Anerkennung, eine bei deutschen Gesellschaften damals völlig unbekannte Form der „Vergütung". Cornfield hat auch erkannt, dass viele Menschen einen ausgeprägten Wunsch nach einem zweiten Konto haben, von dem die Hausbank nach Möglichkeit nichts weiß. Auch das wird Pohl später zu nutzen wissen.

Zudem hat Cornfield den Käufern von IOS-Fonds den Vorteil des „Cost Average Effect" nahegebracht. So lernen deutsche Anleger, dass es langfristig günstiger ist, jeden Monat einen bestimmten Betrag anzulegen, als monatlich eine festgelegte Anzahl von Fondsanteilen zu kaufen. Denn bei einem monatlich gleichbleibenden Betrag profitiert man immer dann, wenn der Kurs schwach ist. Schließlich hat Reinfried Pohl durch die Zusammenarbeit mit IOS erste Erfahrungen gesammelt, Kunden nicht nur ein bestimmtes Finanzprodukt anzubieten, sondern mehrere gleichzeitig. Auch wenn Cornfield und IOS kein allzu großes Interesse daran hatten, dass die IOS-Vertreter zusätzlich zu den Fonds und einer Versicherung zur Absicherung des Sparplans noch andere Policen anboten.

Im Rückblick ist festzuhalten, dass Reinfried Pohl aus den Fehlern, die bei IOS gemacht wurden, mindestens ebenso viel gelernt hat wie von den positiven Seiten des Konzepts. Cornfield entlohnt seine erfolgreichen Verkäufer nicht nur mit Provisionen, sondern auch mit Gratisaktien des eigenen Unternehmens. Pohl sieht, dass die Vergütung mit Aktien des eigenen Unternehmens kontraproduktiv wirken kann, nämlich dann, wenn der Aktienkurs fällt. Sein Fazit: Ein Verkäufer, dessen Einkommen oder Vermögen wegen des Kursverfalls von Aktien des eigenen Unternehmens sinkt, kann Kunden wohl kaum motivieren.

Reinfried Pohl hat aus weiteren unternehmerischen Fehlern Cornfields ebenfalls die richtigen Schlüsse gezogen. Nach Meinung von Pohl hat Cornfield sich nach seinen Anfangserfolgen viel zu schnell aus dem operativen Geschäft zurückgezogen. Das ließ ihn abhängig werden von weniger qualifizierten Managern. Ein weiterer Fehler: Statt sich auf die eigene Stärke, nämlich die Vermittlungstätigkeit, zu konzentrieren, wollte Cornfield zusätzlich an den von ihm angebotenen Finanzprodukten verdienen. Er war aber kein Spezialist für Fonds, für Versicherungen oder Immobilien. Das führte dazu, dass manche IOS-Produkte sich als schlechter als die der Konkurrenz herausstellten. Diese Lehre hat Reinfried Pohl nie vergessen: Er hat sich stets auf den Vertrieb fremder Produkte beschränkt – und zwar auf Produkte führender Finanzunternehmen. Diese Selbstbeschränkung wird zu einer weiteren, tragenden Säule seiner Erfolgsgeschichte.

Aufstieg:
Bonnfinanz bietet Allfinanz für alle

Ende 1969 ist der scheinbar unaufhaltsame Aufstieg von IOS in Deutschland zum Stillstand gekommen. Alte Anleger ziehen ihr Geld ab, neue Anleger kommen nicht mehr dazu, viele IOS-Verkäufer geben auf. Das bekommt auch der Deutsche Herold zu spüren. Der Vertrieb seiner Lebens- und Sachversicherungen via IOS funktioniert nicht mehr. Zugleich bieten viele ehemalige IOS-Vertreter dem Deutschen Herold ihre Dienste an. Der Vorstand schlägt deshalb seinem Generalbevollmächtigten Pohl vor, ein Auffangbecken für diese Außendienstler zu schaffen.

Da sieht Reinfried Pohl seine große Chance, etwas ganz Neues, ganz Anderes aufzubauen: eine eigenständige Vertriebsorganisation, die eine ganze Palette von Finanzprodukten anbietet. Auf seinen Vorschlag hin gründet der Deutsche Herold die Bonnfinanz. Sie ist die erste deutsche Vermögensberatungsgesellschaft, die das Allfinanz-Konzept praktiziert. Noch heute wirbt die Gesellschaft, die seit 2002 zur Zurich Financial Services Group gehört, so: „Bonnfinanz ist der Begründer der Allfinanz-Idee und bietet seit über 40 Jahren zielorientierte und existenzsichernde Allfinanzberatung für alle." Was zweifellos zutrifft, wenn auch jeder Hinweis auf den Gründer Reinfried Pohl fehlt.

Die Gesellschaft nimmt zum 1. Juli 1970 ihre Tätigkeit auf – mit Reinfried Pohl als Vorstand. Er beginnt mit einem kleinen Stab und etwa hundert Mann im Außendienst, fast ausnahmslos ehemalige IOS-Verkäufer. Diese selbständigen Außendienstler nennt er Vermögensberater, ein neues Berufsbild, das sich erst noch durchsetzen muss.

Das Startkapital dieser neuen Truppe: Sie verfügt über Namen und Adressen ehemaliger IOS-Kunden. Die Bonnfinanz hat selbstverständlich die Lebens- und Sachversicherungen des Deutschen Herolds im Angebot. Aber ihre Berater bieten darüber hinaus Bausparverträge der Bausparkasse Mainz und Geldsparpläne der Westfalenbank an. Zum Portfolio gehört auch die Central-Krankenversicherung, eine Tochtergesellschaft der AachenMünchener. Dieser Kontakt zur AachenMünchener wird fünf Jahre später die Grundlage für den Aufbau von Reinfried Pohls Lebenswerk, der Deutschen Vermögensberatung AG.

Der Name Bonnfinanz ist geschickt gewählt. Bonn ist die Bundeshauptstadt. Das gibt der Gesellschaft, wie von Reinfried Pohl beabsichtigt, einen offiziösen Anstrich. Als Pohl mit der Bonnfinanz dann gleich vier Etagen im neu erbauten Konrad-Adenauer-Haus anmietet, der Parteizentrale der CDU, erweckt das ebenfalls den Anschein, das junge Unternehmen sei irgendwie Bestandteil des politischen Apparats.

Gleich zu Beginn ihrer Tätigkeit erhält die Bonnfinanz von der Politik eine indirekte Starthilfe, aber nicht von der CDU, sondern von der seit Oktober 1969 regierenden SPD/FDP-Koalition. Das im Juni 1970 verabschiedete 3. Vermögensbildungsgesetz (624-Mark-Gesetz) gewährt Arbeitnehmern, die bis zu 624 Mark ihrer Jahresbezüge in Geldsparplänen, Wertpapiersparplänen oder Bausparverträgen anlegen, eine Zulage in Höhe von bis zu 40 Prozent. Das sind attraktive Bedingungen, aber die Begünstigten brauchen eine entsprechende Beratung. Reinfried Pohl, politisch keineswegs ein „Sozialliberaler“, erkennt die Chancen, die dieses Gesetz bietet. Die Bonnfinanz und ihre Vermögensberater nutzen sie.

Zu einem weiteren Verkaufsschlager wird ein neues Produkt: die Fondsgebundene Lebensversicherung. Auf dieses Konzept ist Reinfried Pohl zum ersten Mal gestoßen, als IOS solche Versicherungen nach britischem Beispiel anbot. Diese Idee lässt ihn nicht mehr los. Bei der Bonnfinanz kann er die Fondsgebundene Lebensversicherung mit Hilfe des Deutschen Herolds anbieten – mit großem Erfolg. Das verändert die Angebotspalette vieler anderer Versicherer. Deshalb sieht Reinfried Pohl sich selbst als „Vater der Fondsgebundenen Lebensversicherung“ in Deutschland. Mit gutem Grund: Jede vierte bisher in Deutschland abgeschlossene

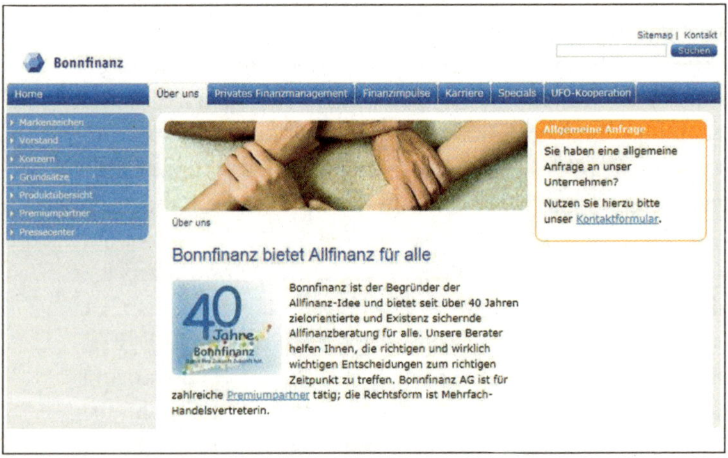

Als Chef der Bonnfinanz kann Reinfried Pohl zwischen 1970 und 1975 seine Allfinanz-Konzeption in den Grundzügen verwirklichen. Noch heute wirbt das Unternehmen auf seiner Homepage damit, „der Begründer der Allfinanz-Idee“ zu sein.

Fondsgebundene Lebensversicherung wurde von der DVAG vermittelt; die Deutsche Vermögensberatung ist damit bis heute Marktführer.

Die Fondsgebundene Lebensversicherung will den Risikoschutz einer Lebensversicherung mit den Wachstumschancen von Investmentfonds verbinden. Die Versicherungsgesellschaft investiert die eingesammelten Beiträge – nach Abzug von Gebühren etc. – nicht in festverzinsliche Wertpapiere, Staatsanleihen, einzelne Aktien oder Immobilien, sondern in einen oder mehrere Wertpapierfonds. Der Kunde ist also nicht Gläubiger der Versicherungsgesellschaft, sondern Eigentümer seiner Fondsanteile.

Er kann auch selbst entscheiden, in welche Fonds er seine Beiträge investiert haben möchte – Renten, Aktien oder gemischt. Auch Umschichtungen während der Laufzeit sind möglich. Das sorgt für eine gewisse Abschwächung von Kursschwankungen. Auch kann der Anleger mit fortschreitendem Lebensalter den Anteil der Aktienfonds zugunsten von Rentenfonds verringern und damit auch das Kursrisiko. Die Kehrseite der Medaille: Anders als bei der herkömmlichen Kapitallebensversicherung wird dem Versicherten keine Mindestsumme bei Ablauf des Vertrags garantiert; er trägt also das Risiko seiner Anlagenentscheidungen.

Bei der Einführung dieser neuartigen Police können die Prämien als Sonderausgaben abgesetzt werden. Dadurch ist die Fondsgebundene Lebensversicherung steuerlich gegenüber herkömmlichen Fondssparplänen begünstigt. Das beflügelt den Absatz und bewegt andere Lebensversicherungen, dieses Produkt ebenfalls anzubieten, wenn auch sehr zögerlich. Denn die meisten Versicherer, Banken und Fondsgesellschaften sind negativ gegenüber dieser Finanzmarkt-Innovation eingestellt. Die Banken stört, dass ihnen Anlagemittel verlorengehen, die Fondsanbieter, dass ihnen ein Teil des Direktabsatzes entgeht.

Im Jahr 1974 haben von den damals etwa 110 Lebensversicherern noch nicht einmal zwei Dutzend die Fondsgebundene Lebensversicherung im Angebot. Die Allianz zieht sich mit der Begründung aus diesem Markt zurück, der Versicherungsschutz sei „illusorisch, wenn der Versicherte nicht weiß, was seine Versicherungsleistung später einmal wert ist". Andere Anbieter folgen dem Beispiel des größten deutschen Lebensversicherers. Zugleich arbeiten die Lobbyisten der Versicherer und Banken in Bonn daran, die steuerlichen Vorteile der „Fondsgebundenen" zu beseitigen. Dabei kommt ihnen die damalige Aktienbaisse zu Hilfe. Die auf breiter Front sinkenden Kurse drücken auch den aktuellen Wert der Fondsgebundenen Produkte. Die SPD/FDP-Koalition handelt und streicht den Sonderausgabenabzug für Neuverträge mit Wirkung vom 1. Januar 1975. Für Reinfried Pohl und die Bonnfinanz ist das ein herber Rückschlag.

Diese Aktivitäten der Lebensversicherer und Banken sind nicht die einzigen Stolpersteine auf dem Weg der Bonnfinanz. Die neue Gesellschaft mit ihrem Allfinanz-Konzept und ihren Vermögensberatern stößt generell auf Vorbehalte und Gegnerschaft. Wer dem Unternehmen schaden will, rückt es in eine Reihe mit IOS. Die Banken und Sparkassen laufen Sturm, weil sie nicht hinnehmen wollen, dass Sparpläne oder Verträge nach dem 624-Mark-Gesetz außerhalb ihrer eigenen Schalterhallen abgeschlossen werden. Der Bundesverband der Versicherungskaufleute schmäht die neu geschaffene Berufsbezeichnung Vermögensberater als

Mit der Bonnfinanz und seinem Allfinanz-Konzept lehrt Reinfried Pohl die Banken und Sparkassen bei der privaten Altersvorsorge das Fürchten. Seine Vermögensberater bewundern ihn – aber dem Eigentümer Deutscher Herold wird er zu mächtig.

Etikettenschwindel. Banken, Sparkassen und Versicherungen bezweifeln überdies, dass ein einzelner Berater überhaupt genügend über Versicherungen, Wertpapiersparen, Bausparen und Baufinanzierung wissen könne, weshalb das Konzept zum Scheitern verurteilt sei. Auch die meisten Medien räumen Pohl und der Bonnfinanz keine großen Chancen ein.

Reinfried Pohl aber, der Kämpfer, ist entschlossen, es allen Kritikern, Skeptikern und Widersachern zu zeigen. Er ist von seinem Geschäftsmodell überzeugt. Zudem gelingt es ihm, seine Vermögensberater von der Allfinanz-Idee zu überzeugen und sie zu Höchstleistungen zu motivieren. Der Deutsche Herold kann dank der Bonnfinanz seine Position unter den Lebensversicherern deutlich verbessern. Für die Bonnfinanz arbeiten Ende 1974, also im fünften Jahr ihres Bestehens, etwa 1000 Vermögensberater. Die Provisionserlöse belaufen sich im Geschäftsjahr 1974 auf umgerechnet 20 Millionen Euro. Im Jahr 2012 weist die Bonnfinanz Provisionserlöse in Höhe von 71 Millionen Euro aus – ein ausgesprochen bescheidener Zuwachs innerhalb von 38 Jahren.

Absturz:
Mit 47 Jahren vor dem Nichts

Beim Jahreswechsel 1974/75 hätten Reinfried Pohl und seine Familie allen Grund, gutgelaunt auf das neue Jahr anzustoßen. Es ist noch keine zwanzig Jahre her, dass der junge Jurist begonnen hat, in Gießen Versicherungen zu verkaufen. Inzwischen ist er der Chef der Bonnfinanz, einer aufstrebenden, von ihm aufgebauten Gesellschaft. Zudem ist er dabei, mit seinen neuen Ideen den Markt für Finanzdienstleistungen zu verändern, ja zu revolutionieren.

Doch allen Erfolgen zum Trotz knirscht es seit einiger Zeit im Verhältnis zwischen Deutschem Herold und der 100-Prozent-Tochter Bonnfinanz. Es knirscht auch im Verhältnis zwischen Herold-Chef Willy Günther, dem Schwiegersohn des Herold-Gründers, und Reinfried Pohl. Von Günther ist der Ausspruch überliefert, er dulde in seinem Reich keinen Papst. Das lässt er Pohl spüren. Ein Beispiel: Weil Günther das Konrad-Adenauer-Haus als Sitz der Bonnfinanz nicht zusagt, zwingt er Pohl und die Bonnfinanz, 1973 dort wieder auszuziehen.

Für Spannungen zwischen Herold und Bonnfinanz gibt es überdies sachliche Gründe. Die Bonnfinanz setzt ganz auf das Allfinanz-Konzept, also auf den Vertrieb einer breiten Angebotspalette. Der Herold-Vorstand ist aber hauptsächlich daran interessiert, dass die Pohl-Mannschaft möglichst viele Herold-Policen an den Mann bringt. Auch passen die selbständigen Vermögensberater der Bonnfinanz nicht zur

„Herold-Kultur“, die nur angestellte Vertreter kennt. Dass Pohls selbständige Berater weitaus erfolgreicher sind und mehr verdienen als ihre angestellten Herold-Kollegen, macht die Sache nicht einfacher. Ein weiterer Konfliktpunkt: Reinfried Pohl hat durchgesetzt, dass der Deutsche Herold eine Fondsgebundene Lebensversicherung anbietet. Der Herold-Vorstand kann sich für diese Innovation jedoch nicht so recht erwärmen. Man möchte die eingehenden Lebensversicherungs-Prämien lieber selbst anlegen, statt sie lediglich an Investmentfonds weiterzuleiten. Hinzu kommt, dass es im Bundestag Bestrebungen gibt, die Geldanlage in Fondsgebundenen Lebensversicherungen nicht nach dem 624-Mark-Gesetz zu fördern. Für die Herold-Spitze ein Argument gegen Pohls Initiative.

Ungeachtet solcher Schwierigkeiten gelingt Reinfried Pohl schon bei der Bonnfinanz, was er später bei der DVAG noch einmal im größeren Maßstab wiederholt: Er hat seine Berater von seinem Konzept überzeugt, er hat sie zu großen Erfolgen geführt und wird dementsprechend von ihnen bewundert und gefeiert. Reinfried Pohl junior, damals 15 Jahre alt, war 1974 mit seiner Mutter und seinem Bruder bei einer der größten Veranstaltungen der Bonnfinanz dabei, erlebte hautnah, wie der Vater mit „Rein-fried, Rein-fried“-Sprechchören gefeiert wurde. Der Sohn erinnert sich noch, dass seine Mutter damals ein ungutes Gefühl beschlichen habe. „Das könnte gefährlich werden, du wirst denen zu mächtig“, sagt sie zu ihrem Mann nach seinem triumphalen Auftritt. Sie behält recht.

Franz Schubert, der längste heute noch in der DVAG aktive Wegbegleiter Pohls, ist sich ganz sicher, dass Reinfried Pohl nicht zuletzt wegen seines hohen Ansehens und seiner guten menschlichen Beziehungen zu den Vermögensberatern vom Deutschen Herold zunehmend als „unerwünschter Machtfaktor“ gesehen wurde. Schubert arbeitet 1969 ein Jahr lang für IOS, begegnet dort Reinfried Pohl einmal, trifft ihn 1970 zufällig in Bonn wieder und wird der erste Vermögensberater der Bonnfinanz. Er schildert die Konflikte zwischen der Bonnfinanz und dem Deutschen Herold so: Beim Herold habe man auf die „Vertriebler“ eher herabgesehen, während Reinfried Pohl seine Vermögensberater gepflegt und ihnen ein Gefühl der Wertschätzung entgegengebracht habe. Auch hätten sehr erfolgreiche Bonnfinanz-Berater mehr verdient als Herold-Vorstände. Schon deshalb habe der Deutsche Herold die selbständigen Vermögensberater der Bonnfinanz zu Angestellten machen wollen.

Am 5. Februar 1975 tagt der Herold-Aufsichtsrat zusammen mit dem Herold-Vorstand in Bonn. Auf der Tagesordnung steht die Verlängerung von Pohls Vorstandsvertrag bei der Bonnfinanz. Der immer nur auf ein Jahr befristete Vertrag war schon zum 31. Dezember 1974 ausgelaufen, die Verlängerung gilt eigentlich als Formsache. Stattdessen erlebt Reinfried Pohl sein Waterloo: Der Aufsichtsrat beschließt, den Vertrag nicht zu verlängern. Stattdessen bietet man ihm an, sich um den Aufbau von Bonnfinanz-Gesellschaften im Ausland zu kümmern. Eine plausible Begründung erfährt der konsternierte Pohl nicht. „Ich war aus der Sicht der Eigentümer zu erfolgreich“, erklärt er sich die Abberufung später.

Juristisch ist die Sache kompliziert. Reinfried Pohl hat zusätzlich zu seiner Position als Vorstand der Bonnfinanz einen Vertrag als Generalbevollmächtigter der Herold-Versicherung mit noch vier Jahren Laufzeit. Finanziell wäre er damit abgesichert. Denn seine Bezüge kommen zu 90 Prozent vom Deutschen Herold und nur zu 10 Prozent von der

Bonnfinanz. Indem der Herold auf Einhaltung dieses Vertrags pocht, will er verhindern, dass Reinfried Pohl mit einer neuen Gesellschaft der Bonnfinanz Konkurrenz macht. Kaltgestellt seinen Vertrag abzusitzen, das passt freilich nicht zu Reinfried Pohl. Er will die Möglichkeit behalten, etwas zu gestalten, vor allem will er mit seinem Allfinanz-Konzept nicht auf halbem Weg stehenbleiben. Da kündigt er das Arbeitsverhältnis als Generalbevollmächtigter selber – fristlos. Seine Begründung: Das Vertrauensverhältnis sei gestört.

Die Abberufung als Vorstandschef „seiner“ Bonnfinanz ist für Reinfried Pohl ein schwerer Schlag. Freilich sind die Spannungen zwischen ihm und dem Herold-Vorstand in der Branche durchaus bekannt. So war die AachenMünchener-Versicherungsgruppe, deren Krankenversicherung Central von der Bonnfinanz vertrieben wurde, schon vor der Aufsichtsratssitzung im Februar 1975 mit einem interessanten Vorschlag an Pohl herangetreten: Er solle sein Allfinanz-Konzept in einer Gesellschaft der AachenMünchener fortführen. Denn im Gegensatz zum Deutschen Herold hat die AachenMünchener eine eigene Lebens-, Sach- und Krankenversicherung. Zudem gehört ihr die Badenia-Bausparkasse. Obendrein hat sie enge Beziehungen zur Dresdner Bank. Konkurrenz zwischen eigenen und fremden Finanzprodukten ist also, anders als beim Deutschen Herold, ausgeschlossen.

Das alles wären für Pohls Allfinanz-Idee eigentlich ideale Voraussetzungen. Nur: Als es zum Schwur kommt, zieht die AachenMünchener ihr Angebot zurück. Reinfried Pohl steht mit 47 Jahren vor der Alternative: Aufgeben oder neu anfangen.

Allfinanz und Vermögensberater:
Zwei Erfindungen als Betriebskapital

Als Reinfried Pohl als Bonnfinanz-Vorstand geschasst wird, verfügt er über „Kapital" in Form von zwei Innovationen: dem Allfinanz-Konzept und dem neuen Berufsbild des Vermögensberaters. Auf dieser Basis wird er, was im Frühjahr 1975 noch niemand ahnt, Finanzgeschichte schreiben – als eine der großen Unternehmerpersönlichkeiten der Bundesrepublik.

Unternehmer ist bekanntlich nicht gleich Unternehmer. Nicht jeder, der Erfolg hat, schafft durch „schöpferische Zerstörung" im Sinne des großen Ökonomen Joseph Schumpeter wirklich Neues. Viele unternehmerische Erfolge von „Newcomern" beruhen darauf, dass sie vorhandene Produkte verbessern, bereits angebotene Dienstleistungen verfeinern beziehungsweise ausweiten oder die Herstellung von Gütern verbilligen. Nichts von dem trifft auf Pohl zu. Seine unternehmerische Leistung besteht in einer Erfindung, der Entwicklung seines völlig neuen Vertriebssystems für Finanzprodukte, das wiederum einen neuen Beruf hervorbringt.

Als junger Gerling-Vertreter hat Reinfried Pohl eine Finanzwelt kennengelernt, die aus Sicht von Menschen mit kleinen und mittleren Einkommen sehr unübersichtlich ist. Von den Experten, die sie um Rat fragen, rät ihnen jeder zu etwas anderem, je nachdem, was er selber im Angebot hat: der Versicherungsvertreter zu einer Kapitallebensversicherung, der Bankmitarbeiter zu einem Ratensparplan, der Mann von der Bausparkasse zu einem Bausparvertrag, der

Vertreter einer Kapitalanlagegesellschaft zu Aktienfonds und so weiter. So kommt es, dass jemand einen Sparvertrag abschließt, obwohl die Absicherung seiner Familie mit Hilfe einer Risikolebensversicherung für den Fall seines Todes viel wichtiger wäre. Oder dass jemand drei Lebensversicherungen hat, aber keine Absicherung gegen Berufsunfähigkeit.

Diesem Wirrwarr setzt Reinfried Pohl sein Allfinanz-Konzept entgegen. „Allfinanz“ macht Schluss mit dem Verkauf einzelner Produkte wie Versicherungen, Aktien, Fonds, Festgeld-Anlagen, Girokonten oder Krediten. „Allfinanz“ ist nicht das Angebot von Produkten, sondern von Konzepten. Einfache, maßgeschneiderte Vorsorgepakete, die alle Eventualitäten des Lebens abdecken – den Aufbau eines Vermögens wie seine Absicherung. Bei „Allfinanz“ geht es also um eine Lösung, die den Vermögensaufbau ebenso umfasst wie die private Altersvorsorge und die Absicherung gegen Risiken. Das setzt eine entsprechende Auswahl und Kombination von Produkten aus den Bereichen Bank, Versicherung, Investmentfonds und Bausparen voraus. In ersten Ansätzen erprobt hat Reinfried Pohl dieses Konzept bei IOS, weiterentwickelt hat er es bei der Bonnfinanz, vollendet hat er es bei der Deutschen Vermögensberatung AG.

Anders als noch in den siebziger Jahren bieten längst auch Sparkassen und Banken ganz unterschiedliche Finanzprodukte an, aber allenfalls „unter einem Dach“. Der entscheidende Unterschied zum „Allfinanz“-Konzept ist der: Hier kommt alles „aus einem Kopf“, wie Reinfried Pohl es schon ganz früh formuliert hat, nämlich aus dem eines Vermögensberaters. Dieses Konzept will Millionen von Bürgerinnen und Bürgern ansprechen, nicht in erster Linie solche, die sich bereits ein Vermögen aufgebaut haben. Es soll zudem Men-

»KONZERTIERTE« FINANZ-BERATUNG

von Dr. Reinfried Pohl, Frankfurt

In Kürze wird jedem deutschen IOS-Mitarbeiter eine Mappe mit dem gesamten Arbeitsmaterial der IOS-Versicherungs-Vermittlungs-Gesellschaft mbH, Frankfurt, zur Verfügung stehen. Damit sind die praktischen Voraussetzungen gegeben, unsere Kunden mit dem günstigen Versicherungsangebot vertraut zu machen, das wir in Verbindung mit dem Deutschen Herold entwickelt haben.

IOS hat auch auf diesem Gebiet in Deutschland bahnbrechend gewirkt. Die Pressemeldungen der jüngsten Zeit über die Kooperation von Banken und Versicherungsgesellschaften beweisen, daß wir rechtzeitig als erste den Schritt zum Allfinanzangebot getan haben. Diesen Vorsprung gilt es zu nutzen. Vergegenwärtigen wir uns immer, daß der Kunde nur *ein* Vermögen hat, wie vielfältig gestreut er es auch angelegt haben mag.

Bloße Investmentberatung ist nur ein Teil der Vermögensplanung – Versicherungen, Immobilienanlagen und Bankdienstleistungen gehören untrennbar dazu. Nur eine umfassende, sozusagen »konzertierte«Beratung kann den Interessen des Kunden ganz gerecht werden. Nur sie wird in Zukunft erfolgreich sein.

Die jetzt einsetzende Verkaufserweiterung hat große Vorteile für unsere Kunden, für jeden unserer Anlageberater und schließlich für unsere ganze Gesellschaft. Der Kunde erreicht erst durch den Versicherungsschutz eine lückenlose Zukunftsvorsorge für sich und seine Familie. Er erhält eine äußerst prämienbegünstigte, steuerlich abzugsfähige Lebens, und Unfallversicherung. Er kann gewiß sein, die Zielsumme seines Programms für seine Familie in jedem Falle zu erreichen.

Unsere Repräsentanten werden durch das Versicherungsangebot in die Lage versetzt, eine wirklich fachmännische und umfassende Vermögensberatung durchzuführen. Der Abschluß vieler Programme wird dadurch erleichtert. Die IOS gewinnt durch das Versicherungsangebot das Ansehen einer Gesellschaft für universale Vermögensplanung.

Im Wettbewerb mit Versicherungsgesellschaften, die nun in zunehmendem Maße das Investmentgeschäft aufnehmen, haben wir einen beachtlichen Vorsprung.

Alles spricht also dafür, unsere Sparprogramme grundsätzlich mit Versicherungsschutz abzuschließen – und zwar nicht nur mit Risiko-Lebensversicherung, sondern auch mit Unfallversicherung. Der größte Werbeetat der Welt hilft ihnen dabei: Die Tageszeitungen, der Rundfunk und das Fernsehen berichten täglich über die schrecklichsten Unfälle. Allein in der Bundesrepublick ereignen sich täglich rund 15000 Unfälle, tausende führen zur Invalidität, über hundert gehen tödlich aus. Allein bei Verkehrsunfällen sind in Westdeutschland jeder fünfte Mann und jede siebente Frau über 18 Jahren schon einmal verletzt worden.

Wir vermögen unseren Kunden nicht nur die Chanceen des Wertzuwachses in ausgezeichneten Anlagen zu vermitteln, sondern ihm und seiner Familie zugleich einen Schutz vor Risiken zu bieten, die sein Vermögen bedrohen. Bei solcher Beratung wird sich der Kunde daran gewöhnen, in Zukunft alle Vermögensprobleme mit dem Mann von IOS zu besprechen. □

7

Den Begriff „Allfinanz" hat Reinfried Pohl geprägt und in die Finanzwirtschaft eingeführt. Zum ersten Mal verwendet er das Wort „Allfinanz" in seinem Beitrag „Konzertierte Finanz-Beratung" im „IOS-Magazin" vom Januar/Februar 1969 – ein finanzwirtschaftlich bedeutsames Dokument.

schen in ländlichen Regionen ohne ein dichtes Netz von Banken und Sparkassen den Zugang zu seriösen Vorsorgeprodukten und Finanzdienstleistungen erleichtern.

Reinfried Pohl weiß: Die „Allfinanz"-Konzeption kann nur funktionieren, wenn es qualifizierte Menschen für ihre Umsetzung gibt. Ein solches Berufsbild gab es damals noch nicht. So kreiert er ein neues – das des Vermögensberaters. Um einprägsame Bilder nie verlegen, vergleicht der Finanzmarkt-Pionier Pohl den Allfinanz-Vermögensberater mit einem guten Hausarzt. Er ist ein Generalist, der auf den ersten Blick erkennt, wo die Probleme liegen, der sich aber nicht scheut, in schwierigen Fällen oder für besondere Anliegen einen Spezialisten zu empfehlen.

Aus seinen beruflichen Anfängen, als er selber noch von Tür zu Tür ging, weiß Pohl, wie wichtig das Vertrauensverhältnis zwischen Kunden und Berater ist. Und dass die Versicherung gegen Berufsunfähigkeit oder Tod, der Aufbau eines Vermögens wie seine Absicherung, meistens nicht nur eine Person betreffen, sondern auch deren Angehörige. Deshalb gehört es zum Pohl'schen Credo, Kunden grundsätzlich in ihrer Wohnung zu beraten. Denn nur so ist die Einbeziehung des Partners oder gar der ganzen Familie möglich. Mit der Beratung zu Hause verschafft sich Pohl zudem noch einen gewaltigen Wettbewerbsvorteil gegenüber den Finanzinstituten mit ihren starren Öffnungszeiten. Der Vermögensberater berät dann, wenn seine Kunden Zeit haben – also gerade nach Feierabend und am Wochenende.

Die Hausarzt-Metapher wählt Pohl mit Bedacht. So wie der gute Hausarzt von angeblichen Wundermitteln abrät, so empfiehlt der gute Vermögensberater keine Finanzprodukte, die – angeblich – ganz schnelle, ganz hohe und ganz sichere Gewinne versprechen und dabei – angeblich – ohne jedes Risiko sind. Deshalb gehört es vom ersten Tag an zu Pohls ehernem Prinzip, auf solche Produkte zu verzichten, die mit unverantwortbaren Risiken verbunden sind. Wie schon die Bonnfinanz meidet die DVAG den grauen Kapitalmarkt, bietet keine geschlossenen Fonds für Immobilien oder Schiffe an, keine Steuersparmodelle und grundsätzlich keine Produkte, hinter denen nicht Versicherungen und Banken stehen und die nicht der Aufsicht der Finanzmärkte unterliegen. Pohl verzichtet damit vordergründig auf Umsatz. Doch schützt er zugleich seine Kunden vor falscher Beratung und führt – last but not least – seine Vermögensberater nicht in Versuchung, mit windigen Produkten einen „schnellen Euro" zu machen. Was sich unter dem Strich als äußerst profitabel herausstellt – nämlich in Bezug auf die Vertrauenswürdigkeit des Unternehmens.

Mit keiner anderen Neuerung hat Reinfried Pohl den Finanzmarkt so sehr verändert wie mit dem Allfinanz-Konzept und dem neuen Beruf des Vermögensberaters. Er hat aber auch dem Geschäft mit Lebensversicherungen seinen Stempel aufgedrückt, und zwar mit der Fondsgebundenen Lebensversicherung. Wieder einmal sieht er früher als andere die Begrenzungen der herkömmlichen Kapitallebensversicherung. Wer die mit festen Beiträgen, einer garantierten Mindestverzinsung und der Auszahlung der Gesamtsumme im Alter von 60 oder 65 Jahren abschließt, sorgt auf solide Weise vor, aber er kann an der Entwicklung der Aktienmärkte nicht teilhaben.

Wie wichtig für Reinfried Pohl die Fondsgebundene Lebensversicherung ist, zeigt sich, als er 1975 mit der AachenMünchener über eine Zusammenarbeit verhandelt. Michael Kalka, später Vorsitzender der Vorstände der Aachen-Münchener, erinnert sich gut an diese Gespräche. Reinfried Pohl habe darauf bestanden, dass die AM innerhalb eines Jahres eine Fondsgebundene Lebensversicherung auf den Markt bringe. Die Versicherung habe gezögert, sich aber hier den Argumenten Pohls gebeugt.

So unverzichtbar Pohls konzeptionelle Überlegungen für seinen Erfolg sind: Er hat das richtige Gespür für künftige Marktchancen. In den siebziger Jahren ist die gesetzliche Altersversorgung viel üppiger als heute. Aber Pohl ist sowohl ein „homo politicus“, der genau sieht, was sich anbahnt, als auch ein „homo oeconomicus“, der rechnen kann. Ihm wird nach den immer großzügigeren Regelungen in der gesetzlichen Rentenversicherung Anfang der siebziger Jahre schnell klar: Der Staat wird eine Reihe dieser sozialen Wohltaten wieder zurücknehmen müssen. Wodurch die Notwendigkeit zur ergänzenden Absicherung fürs Alter steigen und sich ein großer Markt für private Vorsorge entwickeln wird. Er soll auch hier recht behalten.

DVAG-Gründung:
Der Pionier-Unternehmer setzt alles auf eine Karte

Als die Bonnfinanz ihrem Vorstand Pohl kündigt und dieser sich daraufhin vom Deutschen Herold trennt, steht der Familienvater beruflich vor dem Nichts. Mit 47 Jahren ist Reinfried Pohl zu jung und zu „arm", um nicht mehr zu arbeiten. Die Hypothek auf das Marburger Haus ist noch lange nicht getilgt. Die Ausbildung der beiden Söhne, fünfzehn und zehn Jahre alt, steht an. Auch hat sich die Familie dank der bisherigen sehr guten Bezüge an einen Lebensstandard gewöhnt, der nicht gerade extravagant ist, aber doch das persönliche Wirtschaftswunder des einst mittellosen SBZ-Flüchtlings widerspiegelt.

Es hätte alles ganz einfach sein können, wenn die AachenMünchener zu ihrem Angebot gestanden hätte, Reinfried Pohl zum Vorstand einer neu zu gründenden Vermögensberatungsgesellschaft zu machen. Der Deutsche Herold aber fürchtet die neue Konkurrenz für die Bonnfinanz. Zudem hat man beim Deutschen Herold die Sorge, dass ein großer Teil der Bonnfinanz-Berater – und sicher nicht die schlechtesten – mit ihrem alten Chef Pohl zu der neuen Gesellschaft wechseln würden. Also interveniert der Deutsche Herold bei der AachenMünchener, droht mit rechtlichen Schritten. Die Aachener wollen keinen Streit mit einem Wettbewerber, jedenfalls nicht wegen Reinfried Pohl. Sie ziehen ihr Angebot zurück.

Es sind innerhalb kurzer Zeit beruflich die zwei dunkelsten Stunden, die Reinfried Pohl im Frühjahr 1975 durchmacht: erst die Entlassung bei der Bonnfinanz, dann der Rückzieher der AachenMünchener – kommentarlos und ohne ein Wort des Bedauerns. Dass die Zeit doch nicht alle Wunden heilt, zeigt sich, als Reinfried Pohl im Juli 2010 vor den Führungskräften der Generali, der Muttergesellschaft der AachenMünchener, über die Geschichte der DVAG spricht. „Ich war tief verletzt über den Wortbruch", sagt er ohne jede diplomatische Verbrämung über die Vorfälle Mitte der siebziger Jahre. „Wortbruch", das ist für jemanden wie Reinfried Pohl, der Vereinbarungen viel lieber per Handschlag besiegelt als mit mehrseitigen Verträgen, eine der schlimmsten Verfehlungen.

Damals, im Frühjahr 1975, ist er ziemlich verzweifelt. Was nun? Sohn Andreas, damals zehn, hat das Bild noch vor sich, wie „down" der Vater war. Reinfried Pohl denkt kurze Zeit daran, Schluss zu machen mit der Vermögensberatung, der Branche den Rücken zu kehren. Was aber sind die Alternativen? Reinfried Pohl erwägt, etwas ganz Neues anzufangen, in der Wissenschaft oder als Unternehmensberater. Zeitweilig spielt er mit dem Gedanken an einen Münzhandel. Schließlich sammelt er als Hobby seltene Geldscheine und Münzen.

Seiner Frau ist klar, dass das alles nichts für ihren aktiven, unternehmerischen Mann ist. Sie ist beeindruckt von den vielen Vermögensberatern der Bonnfinanz, die ihm schreiben, ihn anrufen, ihn in Marburg besuchen. Ihre Botschaft: „Doktor, Sie können doch nicht aufgeben, machen Sie Ihr eigenes Unternehmen auf, wir gehen mit." Denn große Teile seiner alten Mannschaft bei der Bonnfinanz sind ebenso wie ihr Chef von der Überlegenheit der Allfinanz-Idee gegenüber dem herkömmlichen Vertreter-Prinzip überzeugt. Sie lassen sich auch nicht mit dem Angebot „sehr gut dotierter Angestelltenverträge" überzeugen, bei der Bonnfinanz zu bleiben, wie Pohls Weggefährte Franz Schubert berichtet. „Pohls Nachfolger bei der Bonnfinanz war ein glatter, ganz kühler Typ, genau das Gegenteil von Reinfried Pohl. Für den wollten wir nicht arbeiten."

Anneliese Pohl packt ihren Mann am Portepee: „Du hast eine Verantwortung für deine Leute, du kannst Sie nicht im Stich lassen." Ihr Kampfgeist wird auch durch das kleinstädtische Klima Marburgs angestachelt. Beim Einkaufen bekommt sie mit, dass in der Stadt getuschelt wird. Der so erfolgreiche Doktor Pohl gefeuert! Da entstehen Gerüchte, denn nichts genießen viele Menschen mehr als Schadenfreude. Anneliese Pohl ist jedoch von ihrem Mann und seinen Ideen überzeugt. Sie traut ihm zu, dass er es allen schadenfrohen und neidischen Mitmenschen zeigen wird. Deshalb bestärkt sie ihren Mann, den eingeschlagenen Weg fortzusetzen – notfalls eben ohne Netz und doppelten Boden. Wann immer Pohl über die Anfänge der DVAG sprach, dann nur mit dem Zusatz: „Ohne meine Frau gäbe es die DVAG nicht."

Immerhin legt der wortbrüchige AachenMünchener-Vorstand ein neues Angebot vor: Reinfried Pohl soll mit Hilfe des Konzerns eine eigene Vermögensberatungsgesellschaft gründen. Er kann den der AachenMünchener gehörenden Firmenmantel „Kompass – Gesellschaft für Vermögensanlagen mbh" für 125 000 Mark erwerben. Diese Gesellschaft soll Produkte der verschiedenen AM-Gesellschaften vertreiben – allerdings auf Pohls eigenes Risiko. Für den Kauf der Kompass gewährt die AachenMünchener ein Darlehen,

1975 setzt Reinfried Pohl mit seinem eigenen Allfinanz-Unternehmen alles auf eine Karte. Die Gesellschaft heißt zunächst „Kompass – Gesellschaft für Vermögensanlagen“, dann „Allgemeine Vermögensberatung Aktiengesellschaft“ (AVAG). Erst 1983 ist sie groß genug, um den Namen „Deutsche Vermögensberatung Aktiengesellschaft“ führen zu dürfen.

abgesichert durch eine Hypothek auf das Marburger Eigenheim der Familie. Eine weitere Belastung für Reinfried Pohl und seine Frau.

Alles in allem ist es ein Knebelvertrag, den die AachenMünchener anbietet: Reinfried Pohl muss selber dafür geradestehen, falls seine Berater die ihnen von der AachenMünchener ausgezahlten Provisionen nicht verdienen. Er trägt allein die Verantwortung für die Anwerbung, Ausbildung und Führung seiner Mitarbeiter, er muss für eventuelle Ausgleichs- oder Versorgungsansprüche der Berater haften. Die AachenMünchener fordert von ihrem künftigen Partner noch ein weiteres bitteres Zugeständnis: Obwohl Pohl 100 Prozent des Risikos trägt, muss er der Versicherung eine Option auf 50 Prozent plus 1 Stimme der Kompass-Anteile einräumen. Auch beansprucht die AachenMünchener fünf von neun Aufsichtsratssitzen bei Kompass. Obwohl er Firmenchef ist, muss Pohl wöchentlichen Kontrollen seiner Bücher durch die AachenMünchener zustimmen. Ausgaben von mehr als 10 000 Mark hat er mit dem Aufsichtsrat abzustimmen. Die Gegenleistungen sind für den ehemaligen Chef der Bonnfinanz eher bescheiden: Ein Beratervertrag mit der AM sichert Pohl Bezüge von monatlich 12 500 Mark, zusätzlich 1000 Mark monatlich an Kilometer- und Tagegeld. Allerdings winkt ihm eine zusätzliche Vergütung, die vom Umfang des Neugeschäfts abhängt. Zudem schließt die AM für ihn eine Lebensversicherung über 300 000 Mark ab. Diese Beträge erscheinen höher, als sie tatsächlich sind. Schließlich muss der Gründer den Aufbau des Unternehmens aus eigenen Mitteln finanzieren.

Wie kleinlich die AachenMünchener den neuen Partner behandelt, zeigt der Schriftwechsel wegen der Anschaffung eines Autotelefons. Zunächst benutzt Reinfried Pohl ein privat gekauftes Gerät. 1978 stellt die Post ihr Fernmeldesystem um, so dass das Telefon nicht weiterverwendet werden kann. Reinfried Pohl bittet den Aufsichtsrat, ein neues Telefon für etwa 14 000 Mark auf Kosten des Unternehmens anschaffen zu dürfen. Die Antwort des Aufsichtsratsvorsitzenden spricht Bände. Er ist der Meinung, dass eine solche Anschaffung „nicht lukrativ" sei. Weiter schreibt er: „Da Sie aber wohl aus Ihrer Erfahrung heraus verantwortlich geprüft haben, ob diese Kosten in einem vertretbaren Verhältnis zum dienstlichen Nutzen stehen, wollen wir keine Bedenken gegen die Anschaffung erheben." Allerdings fordert der Aufsichtsrat als Gegenleistung eine Bestätigung Pohls, „dass auch in Zukunft die Anstellung eines Fahrers nicht erwogen wird". Da soll wohl gezeigt werden, wer das Sagen hat.

Die Kompass-Gesellschaft soll in erster Linie AM-Policen verkaufen. Gleichwohl räumt die AachenMünchener Reinfried Pohl in bestimmten Bereichen unternehmerische Freiheiten ein: Er hat freie Wahl bei der Suche nach Produktpartnern aus dem Banken- und Investmentbereich. Die AM schreibt der Kompass auch nicht vor, ob sie beispielsweise mehr Lebensversicherungen oder mehr Bausparverträge verkauft. „Ich wagte das Risiko trotz allen Zorns und aller Enttäuschungen", sagt Pohl im Rückblick und begründet das unter anderem mit der Ermutigung durch seine Frau, zudem mit dem Wunsch, die ihm von der Bonnfinanz gefolgten Mitarbeiter nicht im Stich zu lassen. Aber ebenso ausschlaggebend war wohl seine Kämpfernatur: Wer mit 47 Jahren schon so viele lebensbedrohliche und existenzielle Herausforderungen gemeistert hat, der opfert seine Allfinanz-Vision nicht wegen des mangelnden Weitblicks von Konzernvorständen.

In zwei gemieteten Räumen dieses Bürogebäudes der AachenMünchener in Frankfurt beginnt Reinfried Pohl am 1. Juli 1975 sein drittes Leben als Chef eines eigenen Unternehmens. Ende der achtziger Jahre kauft er es. Das mehrfach umgebaute Gebäude ist unverändert der Sitz der DVAG.

Die Verbindung mit Reinfried Pohl wird für die AachenMünchener zu einer entscheidenden Weichenstellung. Michael Kalka, im Vorstand der AachenMünchener Lebensversicherung zuständig für Sonderfragen, befasst sich 1974 mit dem Thema Vertrieb. Der AM-Vertrieb ist nicht sehr effektiv, gilt als verkrustet, und Kalka schaut sich um, was andere besser machen. So wird er auf einen gewissen Dr. Pohl aufmerksam, der mit der Bonnfinanz den Markt aufmischt.

Im Mai 1975 begegnet Kalka dem Neuerer zum ersten Mal persönlich, als er zu dem Gespräch Pohls mit dem Vorstandsvorsitzenden der AM-Lebensversicherung dazugebeten wird. Er ist beeindruckt von Pohls Fähigkeit, „über die Grenzen hinaus zu denken“, von seiner Überzeugungskraft und von seiner Hartnäckigkeit. Beim Blick zurück räumt er ganz offen „beachtliche Schwierigkeiten“ zwischen dem Pionier Pohl und der AachenMünchener ein. Diese hätten jedoch eher den Konzern betroffen als die Lebensversicherungssparte.

Ungeachtet dieser schwierigen Umstände startet Reinfried Pohl mit der Kompass-Gesellschaft am 1. Juli 1975 in sein drittes Leben als Chef eines eigenen Unternehmens. Es ist ein bescheidener Anfang, in zwei jeweils 16 Quadratmeter großen Büros im Haus der AachenMünchener in der Münchener Straße 1 in der Frankfurter Innenstadt. Von hier aus agiert Reinfried Pohl mit zwei Innendienstmitarbeitern und 35 Vermögensberatern. Was er später anderen zu bedenken gibt, lebt er damals vor: „In jeder Krise steckt eine Chance.“

Geglückter Start:
Die DVAG eilt von Erfolg zu Erfolg

1975 beginnt Reinfried Pohl mit der „Kompass – Gesellschaft für Vermögensanlagen" recht klein, will aber hoch hinaus. Er weiß natürlich, dass der Name seiner Gesellschaft sperrig klingt und wenig aussagekräftig ist. Deshalb will er Kompass umbenennen. Der neue Name soll Programm sein: „Deutsche Vermögensberatung". Doch das Amtsgericht Frankfurt genehmigt diese Umbenennung nicht. Begründung: Das Unternehmen könne keinen hinreichend großen Marktanteil, der den Namen „Deutsche Vermögensberatung" rechtfertige, nachweisen. Pohl wählt eine Zwischenlösung: Von März 1976 an heißt sein Unternehmen „Allgemeine Vermögensberatung Aktiengesellschaft".

Querschüsse kommen auch von anderer Seite. Sein alter Arbeitgeber Deutscher Herold überzieht ihn mit einer Flut von Prozessen. Ihr Ziel: Den neuen Konkurrenten beim Aufbau seiner Gesellschaft zu behindern. Der Bundesverband der Versicherungsvertreter versucht ebenfalls, wie fünf Jahre zuvor beim Start der Bonnfinanz, das Allfinanz-Konzept und das neue Berufsbild des Vermögensberaters zu diskreditieren. Dem Jungunternehmer Pohl macht es niemand leicht. Und sein Partner AachenMünchener? Der bleibt lieber in Deckung.

Auf die Unterstützung eines Mannes kann Reinfried Pohl gerade in dieser schwierigen Zeit rechnen: auf die des CDU-Vorsitzenden Helmut Kohl. Kennengelernt hat Reinfried Pohl den Politiker, als er vier Etagen der CDU-Parteizentrale für die Bonnfinanz mietete. Kohl weiß, wie es ist, wenn man von Heckenschützen umgeben ist, kann sich in Pohl hineinversetzen, ihm Rat geben. Der CDU-Politiker empfiehlt Pohl den renommierten Kölner Rechtsanwalt Professor Dr. Winfried Pinger, einen langjährigen Bundestagsabgeordneten der CDU. Dessen Kanzlei wird fortan Pohls wichtigste Stütze an zahlreichen juristischen Fronten. In Pingers Kanzlei arbeitet der junge Jurist Josef Schaaf, der über die Jahrzehnte zu Pohls wichtigstem juristischem Berater avanciert. Die Verbindung zu den Juristen Pinger und Schaaf, die auch eine freundschaftliche Seite hatte, hielt bis zum Tod des Doktors. Beide Herren gehören immer noch dem Aufsichtsrat der DVAG an.

Trotz dieser widrigen Startbedingungen: Das Unternehmen wächst schnell. Schon ein Jahr nach der Gründung arbeiten rund 800 Vermögensberater in der ganzen Bundesrepublik für die Gesellschaft, von Bremen bis Passau. Am 11. Juni 1976 kommt es im Frankfurter Hotel „Intercontinental" zu einer denkwürdigen Veranstaltung: Der Gründer lädt die 200 erfolgreichsten seiner Vermögensberater zu einem „Fest der Gewinner" ein. Da soll nicht nur gefeiert werden. Pohl will seinen besten Beratern seine strategischen Ziele vorstellen und sie zu weiteren Höchstleistungen motivieren.

Es ist der Auftakt zu einer Vielzahl solcher Begegnungen der Vermögensberater mit ihrem Chef. Wobei nur die Ehre hat, dabei sein zu dürfen, wer auch überdurchschnittliche Erfolge an der Verkaufsfront erzielt. Veranstaltungen wie diese gehören zu den „Incentives", mit denen der Chef seine Spitzenkräfte über finanzielle Provisionen hinaus belohnt. Begegnungen dieser Art sind Bestandteil des Pohl'schen Firmenverständnisses von einer „beruflichen Familiengemeinschaft".

Anneliese Pohl begleitet ihren Mann häufig zu Veranstaltungen der Deutschen Vermögensberatung. So lebt sie den Vermögensberatern eine funktionierende Partnerschaft vor. Sie wird zur Botschafterin dieser „beruflichen Familiengemeinschaft".

Wer seine Grundsatzrede damals hörte, könnte versucht gewesen sein, Reinfried Pohl grenzenlosen Optimismus zu unterstellen, vielleicht sogar Größenwahn. Tatsächlich stellt er bei dieser Rede, wie wir heute wissen, seine beeindruckende Weitsicht unter Beweis. Ohne den Glauben an sich selbst, ohne die feste Überzeugung, dass er sich mit seinem Allfinanz-Konzept durchsetzen werde, hätte er jedoch niemals erreicht, was er im Juni 1976 als „Hauptziele" benennt.

Die sind sehr ambitioniert: Reinfried Pohl will das Berufsbild des Vermögensberaters schaffen. Dieser neue Berufsstand soll von der Öffentlichkeit wie vom Staat anerkannt werden. Das eigene Unternehmen soll „zum Symbol für die in fachlicher und persönlicher Hinsicht qualifizierten Vermögensberater werden". Der Unternehmensgründer bekundet zugleich den Ehrgeiz, dass das eigene Unternehmen „eines Tages identisch mit dem Berufsstand Vermögensberatung in Deutschland" sein werde. Zudem solle die neue Aktiengesellschaft „die größte Berufsgemeinschaft von Vermögensberatern in Deutschland werden". Es sind die Worte eines Strategen und Visionärs; er wird sie umsetzen.

Die neue Gesellschaft blüht, wächst und gedeiht. Die AachenMünchener-Gruppe ist beeindruckt. Bereits ein Jahr nach ihrem Start übt sie die Option auf 50 Prozent der Anteile an Pohls Firma aus. Dass diese große Gesellschaft es plötzlich nicht mehr als Risiko betrachtet, an der neuen Vermögensberatungsgesellschaft beteiligt zu sein, ist ein großes Kompliment für den Pionier-Unternehmer. Man traut Reinfried Pohl weitere Erfolge zu, will selber am Gewinn partizipieren. Für Pohl ist es sehr bitter, dass man ihm im schwierigen Jahr des Aufbaus gern 100 Prozent des Kapitals und des Risikos überlässt, ein Jahr später aber auf der 50-Prozent-plus-1-Stimme-Beteiligung an Kapital und Chancen besteht – und das vertragsgemäß ohne finanzielle Gegenleistung.

Immerhin kann sich Reinfried Pohl an anderer Stelle ein Stückchen Unabhängigkeit zurückerobern. Ende 1978, knapp zweieinhalb Jahre nach der Gründung seines Unternehmens, zahlt er das Darlehen über 125 000 Mark, das die AachenMünchener ihm bei der Firmengründung gewährt

Zehn Jahre nach ihrer Gründung zählt die Deutsche Vermögensberatung rund 2500 Vermögensberater. Sie erreichen im Neugeschäft eine Vertragssumme von 2,8 Milliarden Mark. Die DVAG ist am Markt der privaten Vorsorge eine feste Größe geworden.

hat, vollständig zurück. Die Durchschrift des Überweisungsformulars ist für Reinfried Pohl ein so wichtiges Dokument, dass er es sein Leben lang aufbewahrte.

Ungeachtet mancher Spannungen zwischen der Allgemeinen Vermögensberatung AG und der AachenMünchener: Fünf Jahre nach der Gründung zählt die junge Gesellschaft mehr als 100 000 Kunden, die Vertragssumme der 1980 getätigten Abschlüsse beläuft sich auf stolze 1,8 Milliarden Mark. In der Vorstandsetage der AachenMünchener registriert man sehr wohl, dass die erfolgreichen DVAG-Vermögensberater den Absatz ihrer eigenen Versicherungen und

Bausparverträge kräftig steigern, dass die DVAG zur Lokomotive der Konzern-Gesellschaften wird. Was bei der AachenMünchener da noch niemand ahnt: Drei Jahrzehnte später wird die Gesellschaft vollständig von der Vertriebskraft der DVAG abhängig sein.

Am Unternehmenssitz in Aachen kann man 1980 die schnellen Erfolge der DVAG nicht mehr klein reden. Reinfried Pohl nutzt die Gunst der Stunde und erkämpft von der AachenMünchener die eine Stimme zurück, die theoretisch in jeder Hauptversammlung den Ausschlag geben kann. Die neuen Mehrheitsverhältnisse: Reinfried Pohl hält an seiner Gesellschaft 50 Prozent plus 1 Stimme, die AachenMünchener 50 Prozent minus 1 Stimme.

Drei Jahre später muss auch das Amtsgericht Frankfurt vor der DVAG-Erfolgsgeschichte kapitulieren. Das expandierende Unternehmen darf sich 1983 in „Deutsche Vermögensberatung Aktiengesellschaft" umbenennen. Weitere sechs Jahre später kauft Reinfried Pohl der AachenMünchener das Bürohaus am Rand des Frankfurter Bankenviertels, in dem 1975 in zwei gemieteten Räumen alles angefangen hat, ab. Er ist jetzt in jeder Beziehung Herr im eigenen Haus.

DVAG-Familie:
Erfolg hat man gemeinsam oder gar nicht

Als Reinfried Pohl seine neue Karriere als Chef eines eigenen Unternehmens beginnt, geht es recht familiär zu. Seine ersten Vermögensberater kennt er von der Bonnfinanz. Schon dort hat Pohl einen patriarchalischen Stil gepflegt: Er ist Chef und Seele der Kompanie, aber alle sollen sich einbezogen fühlen. Viele der ersten Gespräche, die zur DVAG führen, finden im Marburger Haus der Familie Pohl statt. Seine Frau Anneliese kennt die Männer der ersten Stunde persönlich, weil sie ihren Mann schon bei der Bonnfinanz häufig zu Treffen mit Vermögensberatern begleitet hat und jetzt bei den Planungen für einen neuen Start nicht nur dabei ist, sondern ihren Mann auch ermuntert und anspornt.

DVAG-Direktionsleiter Peter Wagner, auch er ein „Ehemaliger“ von der Bonnfinanz, ist seit 1976 dabei. Er erinnert sich gut an den Geist der Gründermannschaft. Pohls Mitstreiter waren einerseits begeistert von der bahnbrechenden Allfinanz-Idee. Andererseits bekamen sie mit, wie sie von den Banken bekämpft wurden. „Das war für uns ein Grund, mehr zu leisten, mehr zu tun, besser zu sein“, beschreibt Wagner diese Zeit. „Da haben wir einfach ein bisschen mehr gearbeitet und hatten dabei den großen Vorteil: Abends waren die Banken zu.“ Das Gefühl, gegen den Rest der Welt ankämpfen zu müssen, wirkt wie Kitt zwischen den Vermögensberatern. Obwohl es in Pohls Unternehmen nie einen Gebietsschutz gab und somit jeder selbständige Vermögensberater in Konkurrenz zu seinen Kollegen und Kolleginnen steht, schweißt der Druck von außen die Mannschaft zusammen.

Dieses „Wir-Gefühl" wird von Reinfried Pohl vom ersten Jahr an angestrebt. Damit wirkt er auch der anfänglich hohen Fluktuation unter den Vermögensberatern entgegen. Sehr früh versucht er das Motto „Wir bieten mehr als Provisionen" umzusetzen. Der Familienmensch Pohl will, dass es auch in seiner Firma familiär zugeht. Recht früh prägt er den Begriff „berufliche Familiengemeinschaft". Familiengemeinschaft ist eben mehr als Berufsgemeinschaft. Erstere schließt das gegenseitige Einstehen füreinander ein. Da mögen die Manager anderer Großunternehmen spöttisch lächeln: Reinfried Pohl hielt an diesem Leitbild fest; seine Söhne übernahmen es. Nur speist sich der Teamgeist längst nicht mehr aus dem Kampf der Außenseiter gegen die etablierten Platzhirsche. Seit die DVAG nicht nur die Angriffe von Finanzvertrieben wie MLP und AWD abgewehrt, sondern die Position als Marktführer sogar noch ausgebaut hat, fühlt sich die DVAG-Familie als „Champion". Oder wie es „der Doktor" im Kreis seiner Vermögensberater gern formulierte: „als Numero eins aller eigenständigen Finanzvertriebe".

Wie in jeder guten Familie wird auch bei der DVAG das Leben von Ritualen mitgeprägt. Die überdurchschnittlich erfolgreichen Berater werden zu besonderen Veranstaltungen eingeladen, zu Festen, Reisen, Auslandsaufenthalten und Schulungen. Wobei die Grenzen zwischen Feiern und Arbeiten oft fließend sind; auch auf Reisen, die das Unternehmen als Lohn für besonders hohe Provisionsumsätze spendiert, wird natürlich übers Geschäft gesprochen.

Wenn bei der DVAG belohnt und wenn bei der DVAG gefeiert wird, wird das Pohl'sche Leitbild der „beruflichen Familiengemeinschaft" gleich auf doppelte Weise mit Leben erfüllt. Da fühlen sich nicht nur die ausgezeichneten Top-Vermögensberater wie eine Familie. Da handelt es sich auch stets um Familientreffen im engeren Sinn. Denn bei Reinfried Pohl gehört es zur eisernen Regel, seine Besten gemeinsam mit ihren Lebenspartnern einzuladen. So wie seine Frau Anneliese, solange sie lebte, immer dabei war, so wie seine beiden Söhne Reinfried und Andreas stets ihre Ehefrauen mitbringen, so werden auch die Gewinner der DVAG-internen Wettbewerbe stets mit Lebenspartnerinnen beziehungsweise Lebenspartnern eingeladen. Daran ändert sich auch nach dem Tod des Gründers nichts.

Den erfolgreichsten Vermögensberatern winken neben verschiedenen Auszeichnungen auch Traumreisen. Im Herbst 2014 bringen vier Kreuzfahrtschiffe 3500 Vermögensberater samt Partnern in einer Sternfahrt nach Malta. Dort werden „Vier Jahrzehnte DVAG" gefeiert.

Das Prinzip, die Lebenspartner am beruflichen Geschehen teilnehmen zu lassen, wird wohl in keinem anderen größeren deutschen Unternehmen so konsequent angewendet wie bei der DVAG. Das hat zur Folge, dass die Zahl der Ausgezeichneten und Ausgewählten immer nur halb so groß sein kann wie ohne Partner. Wenn die DVAG ein Kreuzfahrtschiff für 2000 Passagiere chartert, dann nehmen die Lebenspartner der 1000 erfolgreichsten Berater den Vermögensberatern auf den Rängen 1001 bis 2000 die Plätze weg. Wettbewerber machen sich lustig über einen Unternehmenschef, der Geld für die Frauen oder Männer von Mitarbeitern „rauswirft“. Viele Journalisten haben dieses Konzept nie recht verstanden, weil sie es aus den eigenen Medienhäusern so nicht kennen.

Reinfried Pohl sieht das anders. Er zeichnet die Familienangehörigen mit aus, weil die meisten zum Erfolg seiner selbständigen Vermögensberater beitragen. Direkt, indem sie beispielsweise für den Mann oder die Frau an ihrer Seite anfallende Büroarbeiten erledigen, während die Vermögensberater auf Kundenbesuch sind. Indirekt, indem sie Verständnis dafür aufbringen, dass ein Vermögensberater gerade zu den Zeiten mit Aussicht auf Erfolg seine Kunden besuchen muss, wenn andere Familien etwas gemeinsam unternehmen, also an den Abenden und an den Wochenenden.

Wenn die Erfolgreichen gemeinsam mit ihren Frauen und Männern feiern und reisen, lernen sie sich auch untereinander kennen. Das führt zu hilfreichen Kontakten quer durch die ganze Bundesrepublik, aber auch zu engen Freundschaften zwischen Familien von Vermögensberatern. Was wiederum den Zusammenhalt innerhalb der DVAG stärkt.

Dass die überwiegend männlichen Vermögensberater bei ihren Feiern nicht unter sich sind, hat noch einen Nebeneffekt, den Reinfried Pohl zweifellos wohl bedacht hat, als er diese Familienfeste schon in den siebziger Jahren einführte: Frauen üben, gerade auf Reisen, in der Regel einen dämpfenden Einfluss auf die Herren der Schöpfung aus. Im Beisein ihrer besseren Hälfte schlagen Feiernde nicht so leicht über die Stränge. Noch eines ist in dieser familiären Berufsgemeinschaft undenkbar: Dass Vermögensberater, wie bei namhaften Versicherungen geschehen, als Belohnung für ihre Leistungen sich mit Prostituierten vergnügen dürfen, angeheuert und bezahlt vom eigenen Unternehmen.

Die Deutsche Vermögensberatung verdankt ihre Gründung unter anderem Anneliese Pohls Drängen, ihr Mann solle sein eigenes Unternehmen starten. Ohne ihren Einfluss ginge es auch innerhalb des Unternehmens weniger familiär zu. Indem sie ihren Mann, so lange sie lebte, zu Treffen mit Vermögensberatern begleitet, lebt sie diesen das „Prinzip Familienunternehmen" vor. Sie weiß aus eigener Erfahrung, wie wichtig es für den beruflichen Aufstieg eines Mannes ist, dass zu Hause alles stimmt. Und dass es bei unausbleiblichen Misserfolgen die Aufgabe des Partners ist, ihn zu trösten und neu zu motivieren.

Darüber spricht sie oft mit Vermögensberatern, nicht zuletzt mit deren Frauen. Sie erlebt es ja persönlich, dass der Ehemann und Vater abends und an Wochenenden nicht zu Hause ist. Schließlich haben Anneliese und Reinfried Pohl eine achtjährige Wochenend-Ehe hinter sich, solange der Ehemann überwiegend in Bonn tätig war. Weil sie selber vorlebt, was sie anderen Frauen rät, nämlich als aktive Partnerin zum beruflichen Erfolg beizutragen, findet sie leicht

15 000 Vermögensberater feiern im Jahr 2010 das 35-jährige Bestehen der Deutschen

Vermögensberatung in der Kölner Lanxess-Arena. Vor allem aber feiern sie ihren „Doktor“.

Zugang zu ihnen. So wird sie zur besten Botschafterin der Idee von der beruflichen Familiengemeinschaft.

Einen wichtigen Baustein im Konzept der „DVAG-Familie“ bilden gemeinsame Reisen. Schon in den Anfangsjahren belohnt Pohl besondere Leistungen mit Reisen ins Ausland. Da will er zugleich seinen Mitarbeitern ein Stück der Welt zeigen. Viele seiner Vermögensberater steigen Ende der siebziger, Anfang der achtziger Jahre zum ersten Mal in ein Flugzeug ein. Das vergessen sie „dem Doktor“ nicht.

Ganz früh in der Firmengeschichte legt der Gründer Wert auf Orte, an denen sich die Mitarbeiter treffen können, wo sie als Lohn für ihre Vermittlungserfolge mit ihren Familien Urlaub machen dürfen. Eines der ersten Ziele ist 1980 eine Ferienanlage im österreichischen Burgenland, in Pannonia am Neusiedler See. Als der Betreiber dieses familienfreundlichen Feriendorfs vor dem Konkurs steht, rettet Reinfried Pohl es 1992 ganz pragmatisch - er kauft es. Er will nicht Hotelier werden, aber er weiß, dass viele Vermögensberater und ihre Familien an dieser Begegnungsstätte hängen, dass sie ein Symbol für den inneren Zusammenhalt im Unternehmen ist.

Andere Stätten dieser Art kommen dazu. In Kalifornien kauft Reinfried Pohl Apartments, in Dinklage das „Burghotel“, in Marburg das Hotel „Rosenpark“. 2011 kommt am Plauer See, dem drittgrößten See der Mecklenburgischen Seenplatte, das nach seiner 2008 verstorbenen Frau benannte „Anneliese Pohl Seedorf“ dazu. Wie schon im strukturschwachen Burgenland hat Reinfried Pohl sich auch hier einen Ort ausgesucht, der nicht von anderen Nobelherbergen umgeben ist. Das verstärkt bei seinen Gästen das Gefühl, dass „ihre“ Anlage etwas Besonderes ist.

Im österreichischen Pannonia am Neusiedler See entdeckt Reinfried Pohl Ende der siebziger Jahre ein Feriendorf. Es wird die erste Begegnungsstätte für Vermögensberater und ihre Familien. 1992 kauft Reinfried Pohl die Anlage und baut sie zu einem Freizeit-Paradies für seine „DVAG-Familie" aus.

Einen besonderen Coup landet Reinfried Pohl mit dem „Vila Vita Parc“ an der portugiesischen Algarve. Diesen Landstrich hat er in den siebziger Jahren als Vorstand der Bonnfinanz kennen- und lieben gelernt, als er Grundstücke für deutsche Anleger in Augenschein nahm. Daran erinnert er sich, als das Feriendorf Pannonia in den achtziger Jahren erstmals in finanzielle Schwierigkeiten gerät und er für den Fall der Fälle nach Ersatz sucht. Er kauft in einer gottverlassenen Gegend an der zerklüfteten Steilküste Land und beginnt mit dem Bau einer Hotelanlage. Es entsteht ein Komplex aus Hotel, Ferienwohnungen, Ferienhäusern und Villen, der bald in die Kategorie „Leading Hotels of the World“ aufsteigt.

Ob bei Veranstaltungen und Reisen, ob Reinfried Pohl mit seinen zwei Dutzend Besten im „Admiralsclub“ zusammenkommt, 15 000 in der KölnArena zusammenruft oder Vermögensberater samt Partnern und Kindern einlädt, es gilt immer sein Credo: „Wenn mehrere tausend Menschen den gleichen Beruf ausüben, bilden sie noch lange keine Gemeinschaft. Erst wenn Kollegen einander helfen, wenn sie füreinander da sind, wenn viele von ihnen sogar befreundet sind – dann erst entsteht eine Gemeinschaft, ja sogar eine berufliche Familiengemeinschaft.“ Diesem Prinzip fühlen sich auch Andreas Pohl und Reinfried Pohl junior verpflichtet.

Wettbewerber, Kritiker, Neider:
Das Leben ist kein Wunschkonzert

Der 1. Juli 1995 ist ein strahlender Sommertag. Vor der Frankfurter Festhalle ein Fahnenmeer, drinnen 7000 Vermögensberater aus ganz Deutschland: Die Deutsche Vermögensberatung AG feiert ihren zwanzigsten Geburtstag. 12 600 Vermögensberater betreuen mehr als 2,3 Millionen Kunden. Die DVAG erzielt bei einem Umsatz von 655 Millionen Mark einen Jahresüberschuss von 35 Millionen. Zwei Jahrzehnte nach ihrer Gründung ist die Gesellschaft in Deutschland der unbestrittene Marktführer. Als Reinfried Pohl ans Rednerpult geht, wird er bejubelt wie ein Popstar. „Der Doktor" hat geschafft, was ihm kaum einer zugetraut hat, und seine Vermögensberater feiern ihn dafür frenetisch. Sie wissen, was sie ihm zu verdanken haben. Sein Erfolg schlägt sich auch auf ihren Konten nieder; nicht wenige sind durch ihn und sein Unternehmen reich geworden.

Gastredner ist Bundeskanzler Helmut Kohl, fünf Jahre nach dem Mauerfall noch immer hoch angesehen. Dass er zu dieser Geburtstagsfeier kommt, zeugt von seiner persönlichen Freundschaft zu Reinfried Pohl. Sein Auftritt macht zugleich Pohls Vermögensberater stolz: Sie betrachten es als Auszeichnung, dass der „Kanzler der Einheit" ihrem Chef und ihrem Unternehmen seine Reverenz erweist. Helmut Kohl trägt dem Rechnung, wenn er sagt: „Dr. Pohl ist aufgebrochen zum Wagnis, zum Abenteuer eines unternehmerischen Lebens. Von solchen Männern und Frauen lebt die Zukunft unseres Landes."

Cash.
MIT CASH FÄNGT MAN MÄUSE
Lire 10.000,–
Pts. 850,–
Sfr. 10,–
ÖS 80,–
DM 10,–
Nr. 1
Januar
1991
ANLAGE & ANALYSE
Das Wichtigste vom Kapital-Anlagemarkt.
Sechsmal im Jahr. Objektiv. Unabhängig. Neutral.
MAN OF THE DECADE
DER MANN, DER ALLFINANZ ERFUNDEN HAT
1981
1982
1985
1988
1989
Geld und Kapital '91
Alle Trends
Neue Tips
Wer ist in, wer ist out
DG-Bank Fonds 26:
Warnung!
und 14 weitere
Tests
Dr. Reinfried Pohl, DVAG-Chef, Frankfurt.
Mit 13 Milliarden Vermittlungsumsatz der erfolgreichste Allfinanz-Vertrieb der Welt.

Zu Beginn des Jahres 1991 kürt die Finanzzeitschrift „Cash" Reinfried Pohl zum „Man of the Decade", zum „Mann des Jahrzehnts". Die Begründung: „Der Mann, der Allfinanz erfunden hat". Kürzer geht's nicht, treffender auch nicht.

Reinfried Pohl genießt diesen Tag; er genießt auch die Beifallsstürme, mit denen die Festhallenbesucher seine Frau bedenken. Aber er denkt selbst in solchen Stunden zurück an die widrigen Umstände beim Start seines Unternehmens, an die Widersacher, an die Neider und Verleumder. So bringt „Der Spiegel“ pünktlich zum Firmenjubiläum eine Pohl-Story mit dem bösen Titel „Steinreicher Scharlatan“. Gleichwohl kommen die Autoren nicht umhin, Reinfried Pohl „zu den erfolgreichsten deutschen Unternehmern“ zu zählen. Dass es unter den DVAG-Kunden auch „Spiegel“-Mitarbeiter gibt, erwähnt das Magazin natürlich nicht.

In diesem „Geburtstagsgruß“ aus Hamburg finden sich fast alle negativen Begriffe, mit denen Pohls Wirken seit den Zeiten der Bonnfinanz bedacht worden ist: Strukturvertrieb und „Struckis“, „Drückerkolonne“ und „Kloppertruppe“, nicht zuletzt die Bezeichnung „Schrottprodukte“ für die Policen der AachenMünchener und ihrer Gesellschaften. Solche Vorwürfe trafen Reinfried Pohl mehr, als er jemals zugegeben hätte. Aber sie bestärkten den unermüdlichen Kämpfer darin, sich nicht unterkriegen zu lassen. Deshalb investiert er so viel in die Aus- und Weiterbildung seiner Vermögensberater. Außerdem weiß er: Neid muss man sich verdienen, nur Mitleid wird einem geschenkt.

Wie alle Finanzvertriebe geraten Reinfried Pohl und sein Unternehmen immer wieder ins Visier der Verbraucherschützer. Die Hauptvorwürfe: Die Vorsorgeprodukte der DVAG wie auch anderer Anbieter seien zu schwer verständlich, die Gebühren zu hoch, das Gewinnstreben der Vermögensberater zu groß. Reinfried Pohl streitet nicht ab, dass es vielen Menschen schwerfällt, die vielen, höchst komplizierten rechtlichen Vorschriften für Lebensversicherungen oder

Riester-Verträge zu verstehen. Was Kritiker aber gern verschweigen: Vieles kann und darf aufgrund staatlicher Auflagen nicht einfacher konstruiert sein. Und die DVAG bietet grundsätzlich nur an, was von staatlichen Stellen zertifiziert wurde. Dass auch Vermögensberater der DVAG Kunden schon falsch beraten haben, dass es bei sechs Millionen Kunden vereinzelt zu Rechtsstreitigkeiten kommt, räumte Reinfried Pohl immer ein. Aber er war stolz darauf, dass sein Unternehmen mit viel weniger Klagen konfrontiert war als andere Finanzvertriebe.

Vermögensberatung samt dem Abschluss von Versicherungen oder Sparverträgen ist keine karitative Angelegenheit; der Anbieter will am Verkauf verdienen. Allerdings neigen die Verbraucherschützer dazu, Gewinnstreben in der Finanzbranche besonders scharf zu verurteilen. Die Tatsache, dass zum Beispiel Bäcker und Metzger nicht in erster Linie arbeiten, um die Menschen vor dem Verhungern zu bewahren, sondern um Geld zu verdienen, scheint den Verbraucherschützern noch nicht aufgefallen zu sein; jedenfalls führen sie darüber keine Klage.

Reinfried Pohl wusste, dass der Ruf der Vermögensberater generell noch immer nicht so gut ist, wie er es für angebracht hielt. Seine Mannschaft schneidet in den Bewertungen unabhängiger Rating-Agenturen freilich meist mit „sehr gut“ ab. Unabhängig davon vertraute „der Doktor“ auf die im eigenen Unternehmen geltenden Prinzipien sowie auf die Gesetze von Angebot und Nachfrage: Wer falsch berät, erleidet selbst einen finanziellen Verlust, weil er von enttäuschten Kunden nicht weiterempfohlen wird. Obendrein können sechs Millionen Kunden, von denen die meisten im Laufe der Zeit ihre Vertragssummen erhöhen, nicht alle falsch liegen.

Als das Unternehmen 1995 sein zwanzigjähriges Bestehen feiert, ist sein Gründer 67 Jahre alt und wohlhabend. Er hat, so scheint es, den Höhepunkt seiner Karriere erreicht. Eigentlich ein idealer Zeitpunkt, sich zumindest aus dem aktiven Geschäft zurückzuziehen. Aber das kommt ihm nicht in den Sinn. Er ist mit 67 Jahren noch viel zu vital für den Lehnstuhl. Was aber noch wichtiger ist: Er arbeitet unverdrossen daran, seine Vision umzusetzen – dass Vermögensberatung und Vermögensberater ein Synonym für die DVAG werden. Hinzu kommt ein eher „sportlicher" Grund fürs Weitermachen: Reinfried Pohl bereitet es geradezu ein diebisches Vergnügen, den Wettbewerbern und den Medien zu zeigen, wer sich letztlich durchsetzt – nämlich er.

Die Erfolgsgeschichte der Deutschen Vermögensberatung geht weiter. 1997 ist abermals ein Rekordjahr. Das Volumen aller von der DVAG vermittelten Versicherungen übersteigt 100 Milliarden Mark. Mehr als 17 000 Vermögensberater steigern das Neugeschäft auf eine Vertragssumme von fast 30 Milliarden Mark, ebenfalls eine neue Höchstmarke. „Der Doktor" sprüht weiter vor Ideen und Tatkraft. Doch nicht alles läuft glatt. Der Grund: Bei der AachenMünchener steht ein Gesellschafterwechsel an.

Bis dahin hatten bei der AachenMünchener Beteiligungsgesellschaft (AMB) die französische Assurances Générales de France (AGF) in Paris mit 34 Prozent und die deutsche Allianz AG mit 8 Prozent das Sagen. Der AGF droht Ende 1997 plötzlich eine feindliche Übernahme durch die italienische Assicurazioni Generali SpA in Triest. Dabei wären die Karten auf dem europäischen Versicherungsmarkt neu gemischt worden – zu Lasten der Allianz. Die Franzosen wollen freilich unter keinen Umständen von den Italienern übernommen werden. In Allianz-Vorstand Henning Schulte-Noelle finden sie einen „weißen Ritter“, der der AGF ein gewisses Maß an Eigenständigkeit garantiert. So kommt es zu einem Deal zwischen München, Paris und Triest. Die Allianz übernimmt die Mehrheit an der AGF. Im Gegenzug überlassen AGF und Allianz den Italienern ihre 42 Prozent und damit die faktische Mehrheit an der AMB. So hat es Reinfried Pohl bei seinem wichtigsten Produktlieferanten, der AachenMünchener, über Nacht mit einem neuen Mehrheitsgesellschafter zu tun.

Reinfried Pohl wird kurz nach diesem Deal 70 Jahre alt, seine Frau 60. Sie haben gemeinsam viele Erfolge gefeiert, aber auch unzählige Kämpfe durchgestanden. Reinfried Pohl kann zufrieden Bilanz ziehen: Er hat den Krieg gesund überlebt, sich beruflich nach ganz oben gekämpft, sein Allfinanz-Konzept durchgesetzt, ist Träger hoher staatlicher Auszeichnungen. Doch restlos zufrieden ist er nicht.

Bei der Zusammenarbeit mit dem wichtigsten Produktpartner, der AachenMünchener, vermisst Reinfried Pohl auf Seiten dieser Versicherungsgruppe und ihrer wechselnden Anteilseigner häufig jene Wertschätzung, die er aufgrund seines Beitrags zum Erfolg des Konzerns verdient hätte. Gleichwohl: Das Zusammenspiel funktioniert. Man kennt einander, einschließlich der Stärken, Schwächen und Eigenheiten des anderen. Doch mit dem Einstieg der Generali könnte sich alles ändern. In dieser Situation denkt Reinfried Pohl wohl zum ersten Mal ernsthaft über einen Rückzug nach. Soll er sich unter Umständen nochmals auf einen neuen Partner einstellen? Soll er womöglich noch einmal mehr oder weniger von vorn anfangen, jedenfalls auf der Seite der Produktpartner? Will er das seiner Familie und sich selber zumuten?

Als die Generali im Jahr 2002 die AachenMünchener übernimmt, bekommt Reinfried Pohl mit dem für Europa zuständigen Generali-Manager Sergio Balbinot (Zweiter von links) einen neuen Partner. Daraus entwickelt sich eine besondere Freundschaft – beruflich wie privat.

Alle Bedenken, alle Zweifel, alle Ausstiegsgedanken sind kurz darauf wie weggewischt – dank Sergio Balbinot, damals im Konzernvorstand der Assicurazioni Generali zuständig für Europa und seit 2002 Managing Director des Konzerns. Der damals knapp Vierzigjährige spricht aufgrund früherer Deutschlandaufenthalte fließend Deutsch, hat viel über Reinfried Pohl, seine Ideen und Erfolge gelesen, ist bestens über den deutschen Markt informiert. Er ist, wie er später einräumt, vor der ersten Begegnung nervös: er, der junge Manager, und dort der große „Alte", der aus dem Nichts eine der größten Vertriebsorganisationen der Welt aufgebaut hat. Bei diesem Vier-Augen-Gespräch wird schnell klar: Balbinot kommt nicht als indirekter Anteilseigner an der DVAG, der nur an einer möglichst hohen Gewinnabführung interessiert ist. Reinfried Pohl spürt instinktiv: Dieser Sergio Balbinot kommt als Partner. Zwischen beiden Männern stimmt das Emotionale, entsteht Vertrauen. Sie sind sich auf Anhieb sympathisch, sprechen stundenlang über alles: Familie, Wirtschaft, Politik. Aber vor allem darüber, was Generali und AachenMünchener auf der einen und die Deutsche Vermögensberatung auf der anderen Seite gemeinsam noch besser machen können. Die beiden vergessen fast die Zeit, Balbinot verpasst sein Flugzeug. Es ist der Beginn einer besonderen beruflichen Freundschaft.

Viele Jahre später erinnert Reinfried Pohl vor der versammelten Führungsmannschaft der Generali Deutschland an den Beginn dieser neuen Ära. An den anwesenden Sergio Balbinot gewandt sagt er: „Wäre vor zwölf Jahren jemand anderes als du vom seinerzeitigen Management der Generali als Brücke zu mir und zur DVAG ausgewählt worden, wären wir mit hoher Sicherheit heute nicht hier." Wie sehr umgekehrt Balbinot den deutschen Partner schätzt, hat er schon 2005 bei der Feier zum dreißigsten DVAG-Jubiläum zum Ausdruck gebracht: „Dank deiner Vision und der harten Arbeit von allen Mitarbeitern hast du uns in die erste Liga gebracht", würdigt er Pohls Beitrag zum Aufstieg der AachenMünchener in die Spitzengruppe deutscher Versicherungskonzerne.

Reinfried Pohl und Sergio Balbinot können einfach gut miteinander. Dabei hilft, dass hier zwei Familienmenschen aufeinandertreffen. Der Italiener spürt sofort, dass er es bei den Pohls mit einem echten Familienunternehmen zu tun hat. Er lernt Anneliese Pohl als „sehr sympathische" und „sehr, sehr starke Frau" kennen, erkennt die „riesige Rolle", die sie spielt. Was besonders wichtig ist: Sergio Balbinot und die beiden Pohl-Söhne Reinfried und Andreas finden ebenfalls schnell einen Draht zueinander. Sie gehören, als sie sich kennenlernen, der gleichen Altersklasse an: 1998 ist Sergio 40, Reinfried jun. 39 und Andreas 34. Sie treffen sich öfter, auch privat.

Sergio Balbinot, der Chef der Generali, weiß, was er in Deutschland an der Familie Pohl hat. So sorgt er dafür, dass Reinfried jun. im Frühjahr 2010 in den Generali-Verwaltungsrat berufen wird – aufgrund seiner langjährigen Erfahrungen und „auch als ein Zeichen der Verbundenheit mit der Familie Pohl". Reinfried Pohl hat sich in dem jungen Mann aus Triest nicht getäuscht. Die Wertschätzung dieses Partners beflügelt ihn zu neuen Taten. Bis zum Tod des „Doktors" arbeiten beide vertrauensvoll und freundschaftlich zusammen. Die berufliche Verbindung zwischen Familie Pohl und Balbinot endet erst, als der Italiener Ende 2014 Generali verlässt.

Partner Deutsche Bank: Auf Augenhöhe mit Breuer, Ackermann, Fitschen & Co.

Für ihr Allfinanz-Angebot braucht die Deutsche Vermögensberatung Partner aus dem Bankensektor. Schon seit 1976 kooperiert Reinfried Pohl mit der Dresdner-Bank-Tochter „dit – Deutscher Investment-Trust, Gesellschaft für Wertpapieranlagen", hat deren Fondsanteile im Portfolio. Im Laufe der Zeit bieten seine Vermögensberater ebenfalls Fonds der Commerzbank-Gesellschaft ADIG und der Bank für Gemeinwirtschaft, die im Jahr 2000 von der SEB übernommen wird, an.

Die Zusammenarbeit mit der Dresdner Bank wird 2001 schwierig. In diesem Jahr wird das traditionsreiche Bankhaus, viele Jahre die Nummer zwei nach der Deutschen Bank, von der Allianz, Deutschlands größter Versicherungsgesellschaft, übernommen. Einer der schärfsten Konkurrenten der Allianz bei Lebensversicherungen ist aber die AachenMünchener. Das führt zu Konflikten: Pohls Vertriebsmannschaft kann ja schlecht gleichzeitig für zwei harte Konkurrenten tätig sein.

Da gelingt Reinfried Pohl im Jahr 2001 ein besonderer Coup: die Kooperation mit der Deutschen Bank. Auch die hat gerade mit Schwierigkeiten zu kämpfen. Ihr Privatkundengeschäft schwächelt. Auf diesem Markt ist die Deutsche Bank im Vergleich zu Sparkassen und Volksbanken mit einem Marktanteil von etwa fünf Prozent eher eine Randgröße. Zudem stößt die größte der Großbanken bei ihrem Versuch, nicht so vermögende Privatkunden zur „Bank 24" abzuschieben, auf Schwierigkeiten. Viele Betroffene wollen nicht plötzlich Kunden zweiter Klasse sein. Und den eigenen Vertrieb der Deutschen Bank, die einst von Reinfried Pohl gegründete Bonnfinanz, hat die Deutsche Bank wegen ausbleibender Erfolge an die schweizerische Zurich Financial Services Group abgegeben.

Im Vorstand der Deutschen Bank ist man sich im Klaren darüber, dass man für den Vertrieb der Publikumsfonds der Tochtergesellschaft Deutsche Asset Management (DWS) einen „Außendienst" braucht. Also suchen die Herren aus den

Rolf Breuer, der Vorstandssprecher der Deutschen Bank, spricht im November 2001 in der Frankfurter Jahrhunderthalle zu den „lieben Kolleginnen und Kollegen" von der DVAG. Der Topbanker setzt auf die Zusammenarbeit zweier Marktführer: Deutsche Bank und Deutsche Vermögensberatung.

„Zwei Einsen im Finanzgewerbe", Deutsche Bank und Deutsche Vermögensberatung, besiegeln ihre strategische Partnerschaft. Die DVAG wird zum „mobilen Vertrieb" von Deutschlands größter Bank. Anneliese Pohl und ihre Söhne sind stolz auf diesen „Coup" Reinfried Pohls.

Frankfurter Doppeltürmen einen Partner, um mit den „normalen" Privatkunden besser ins Geschäft zu kommen. Die „Frankfurter Allgemeine Sonntagszeitung" beschreibt die Lage der Deutschen Bank im Dezember 2001 so: „Finanzprodukte kann jede Bank und jede Versicherung entwerfen, aber losschlagen kann sie am besten Pohl, heißt es in der Branche."

Es ist die Deutsche Bank, die Reinfried Pohl anspricht und ihm eine Partnerschaft anbietet, nicht umgekehrt. So wird die Deutsche Vermögensberatung der „mobile Vertrieb der Deutschen Bank". Josef Ackermann, seit 1996 Vorstandsmitglied und von 2002 bis 2012 Vorstandsvorsitzender der Deutschen Bank, schildert den Beginn der Kooperation so: „Wir haben gesehen, dass Herr Dr. Pohl einen neuen Partner auf der Bankseite sucht, und haben uns bei ihm gemeldet. Zu unserem großen Glück ist dann diese Kooperation entstanden, die sich ja außerordentlich positiv entwickelt."

Die wirtschaftlichen Vorteile einer Zusammenarbeit zwischen den drei Marktführern Deutsche Bank, DWS und DVAG liegen auf der Hand. Reinfried Pohl erkennt zugleich mit seinem untrüglichen Gespür, dass seine Deutsche Vermögensberatung als Partner der damals noch hochangesehenen Deutschen Bank einen enormen Imagegewinn verbuchen kann. Er hat wieder einmal recht. Die Medien sind über die neue Verbindung überrascht. Der Tenor ist einhellig: „Ritterschlag für Reinfried Pohl".

Im November 2001, nach Unterzeichnung des Kooperationsvertrags, verkündet der „Doktor" die Neuigkeit vor Tausenden Vermögensberatern in der Jahrhunderthalle in Frankfurt-Höchst. Gleich darauf bittet er den damaligen Vorstandssprecher der Bank, Rolf Breuer, ans Mikrophon. Als der Topbanker seinen neuen Außendienst dann mit „Liebe Kolleginnen und Kollegen" anspricht, tobt die Halle vor Begeisterung. 5000 Vermögensberater bejubeln den Mann in Nadelstreifen. Nicht zuletzt bejubeln sie sich selbst: Die von vielen als „Drücker" und „Klopper" geschmähten Vermögensberater fühlen sich vom damals bekanntesten deutschen Banker anerkannt, sehen sich in der Hierarchie der Finanzdienstleister um mehrere Stufen auf einmal nach oben befördert.

Der Deutsche-Bank-Chef verbeugt sich in Anwesenheit von 5000 DVAG-Leuten vor Reinfried Pohl und seiner unternehmerischen Leistung. „Was hat mich an der DVAG seit jeher so interessiert? Was hat mir so viel Respekt abverlangt? Was hat in mir Wunschträume wach werden lassen?“, fragt er und gibt gleich selber die Antwort: „Ich glaube, das Wesentliche ist die Vision. Die Vision von Herrn Dr. Pohl, die dazu geführt hat, dass vor mehr als 25 Jahren diese Institution ins Leben gerufen und immer weiter kultiviert und weiterentwickelt wurde. Dazu gehörte Mut, denn damals war das kein Allgemeingut. Im Gegenteil. Dazu gehörte Kraft, durchzuhalten, auch wenn es Widerstände gab. Dazu gehörte Beharrlichkeit und der Glaube an eine Idee. Und dies hat, wie ich denke, die DVAG zu dem gemacht, was sie heute ist. [...] Der Erfolg, Herr Dr. Pohl, hat Ihnen recht gegeben.“ Auch da tobt die Halle, als wäre gerade ein entscheidendes Tor gefallen. Breuers Loblieb auf ihren „Doktor“, das macht die DVAG-Familie richtig stolz.

Josef Ackermann, von 2002 bis 2012 Vorstandsvorsitzender der Deutschen Bank, hat nie einen Hehl über die Bedeutung der Zusammenarbeit seines Hauses mit der DVAG gemacht: „Zu unserem großen Glück ist es zu dieser Kooperation gekommen.“

Mancher Wettbewerber und nicht wenige Journalisten waren sich 2001 sicher, diese Zusammenarbeit werde an den unterschiedlichen Kulturen in beiden Unternehmen scheitern. Hier die „Deutschbanker“ in Nadelstreifen und mit einem hohen Akademikeranteil, da die eher praxisorientierten DVAG-Vermögensberater, von denen die meisten nie eine Universität von innen gesehen haben. Doch das Zusammenspiel klappt. Das hängt auch damit zusammen, dass die DVAG-Vermögensberater durch diesen Coup „des Doktors“ zusätzlich motiviert sind. Sie vertreiben jetzt neben DWS-Fonds auch Baufinanzierungen und Ratenkredite, sie bieten zum Teil dieselben Produkte an wie die „Kollegen“ in den Bankfilialen.

Und bei der Deutschen Bank? Auch dort weicht die anfängliche Skepsis schnell angesichts der DVAG-Erfolge im Vertrieb. Schließlich bringt die DVAG-Mannschaft der Deutschen Bank neue Kunden in die Filialen. Denn die raten ihrer Klientel, in bestimmten Finanzfragen doch zur Deutschen Bank zu gehen, machen für sie Termine, begleiten sie bisweilen zum ersten Gespräch in der Bank. Josef Ackermann sagt zehn Jahre nach Beginn der Zusammenarbeit, die Deutsche Vermögensberatung sei der „primäre“ Vertriebspartner der Deutschen Bank, und daran wolle sein Institut auch festhalten.

Auch unter Führung von Jürgen Fitschen und Anshu Jain, seit Juni 2012 als Ackermann-Nachfolger die neue Doppelspitze der Deutschen Bank, wird diese Kooperation fortgesetzt. Rainer Neske, das unter anderem für das Privatkundengeschäft zuständige Vorstandsmitglied, stand in ständigem Kontakt „zum Doktor“. Als Paul Achleitner im Mai 2012 Aufsichtsratsvorsitzender der Deutschen Bank wird, macht er sehr bald einen Antrittsbesuch bei Reinfried Pohl. Achleitner muss man über die Vertriebskraft der Deutschen Ver-

Rainer Neske (links) – hier mit Andreas Pohl – ist im Vorstand der Deutschen Bank für das Privatkundengeschäft verantwortlich. Folglich steht er in engem Kontakt mit der DVAG, dem „mobilen Vertrieb" der Deutschen Bank.

mögensberatung nicht erst aufklären. Als langjähriger Finanzvorstand der Allianz AG hat er die DVAG-Vermögensberater als schärfste Konkurrenten des Allianz-Außendienstes kennengelernt.

Die Deutsche Bank weiß, was sie an der DVAG hat. Seit Beginn der Kooperation hat die DVAG als „mobiler Vertrieb" der Deutschen Bank mehr als 1,2 Millionen Konten und Depots zugeführt. Insgesamt haben DVAG-Kunden bei der Deutschen Bank Darlehen in einem Volumen von 5,5 Milliarden Euro aufgenommen. Zugleich hat die DVAG bisher DWS-Papiere im Wert von 12,8 Milliarden Euro an ihre Kunden vermittelt. So ist eingetreten, was Bankchef Breuer am 15. November 2001 vor den DVAG-Vermögensberatern vorausgesagt hat: „Eins und eins, in unserem Fall macht das mehr als zwei."

Partner AachenMünchener:
Der erste Finanzvertrieb mit eigener Versicherung

2006 blickten die AachenMünchener und die Deutsche Vermögensberatung auf eine 31-jährige Beziehung zurück – als Partner und Konkurrenten zugleich. Denn die AachenMünchener lebt bei ihrem Kerngeschäft, den Lebensversicherungen, zu 90 Prozent davon, dass die Vermögensberater der DVAG ihre Kunden von der Qualität der AM-Angebote überzeugen und die entsprechenden Abschlüsse liefern. „Schrankfertig" liefern, wie Reinfried Pohl gern und selbstbewusst betont.

Dasselbe galt übrigens auch für andere Gesellschaften der AachenMünchener wie die Bausparkasse Badenia oder die Central-Krankenversicherung. Ohne die DVAG und ihre Vertriebskraft hätte die AachenMünchener wohl niemals die einst viel größere Volksfürsorge hinter sich lassen und den Aufstieg in die Spitzengruppe der deutschen Lebensversicherer schaffen können.

AachenMünchener und Deutsche Vermögensberatung sind von 1975 bis 2006 aber nicht nur Partner, sondern zugleich Konkurrenten. Denn bis dahin hatte die Versicherungsgesellschaft neben dem Vertriebspartner DVAG noch ihren eigenen Vertrieb. Das Problem war nur, dass die Versicherungsvertreter der AachenMünchener längst nicht so erfolgreich waren wie die Pohl'schen Vermögensberater. Das führte zu manchen Friktionen, nicht zuletzt zwischen der Versicherungsgesellschaft und ihrem eigenen Vertrieb.

Doch im Herbst 2006 schreibt Reinfried Pohl nach der Realisierung seines Allfinanz-Konzepts zum zweiten Mal Finanzgeschichte: Die AachenMünchener gibt ihren eigenen Vertrieb auf, baut von Stund' an nur noch auf die Vertriebskraft der DVAG-Vermögensberater. Das hat es in der fast zweihundertjährigen Geschichte des deutschen Versicherungswesens noch nicht gegeben: Ein Großer der Branche verlässt sich hundertprozentig auf den Vertrieb einer anderen Gesellschaft. Kein Wunder, dass diese Nachricht in der Finanzbranche wie eine Bombe einschlägt.

Am 27. November 2006 präsentiert Reinfried Pohl zusammen mit Walter Thießen, Deutschland-Chef der AMB Generali, und Michael Westkamp, Vorstandsvorsitzender der AachenMünchener, vor der Presse das Ergebnis dieser neuen Form der Zusammenarbeit. Das ist schon deshalb eine Sensation, weil es gemeinsame Pressekonferenzen der AachenMünchener mit der Deutschen Vermögensberatung bis dahin nie gegeben hat. Denn auf eine gewisse Distanz zum Vertriebspartner DVAG legt man am Unternehmenssitz in Aachen schon Wert.

Jetzt aber tritt man gemeinsam auf und wählt dafür ein besonderes Ambiente – das der AachenMünchener gehörende „Schlosshotel Bensberg" in der Nähe von Köln. Den Beobachtern ist sofort klar, wer hier die Hauptperson ist – Reinfried Pohl. „Der 78-Jährige feierte seinen Sieg", berichtet die „Financial Times Deutschland" am nächsten Tag. Die „Süddeutsche Zeitung" stellt schon in der Überschrift klar, wer hier was zustande gebracht hat, und bezeichnet Pohl als „Revolutionär des Versicherungsmarktes". Weiter schreibt die „Süddeutsche": Mit dem exklusiven Vertrieb der AM-Policen durch die DVAG „macht sich ein

Versicherer in Deutschland erstmals von einem Finanzvertrieb abhängig". Zudem verfüge Reinfried Pohls Finanzvertrieb „als Erster in Deutschland über einen exklusiven Produktlieferanten". Mehr Lob von der meist kritischen Presse kann der „Revolutionär" Pohl nicht erwarten.

Bei ihrer Begeisterung für diesen Coup des „Doktors" übersehen die Kommentatoren, dass Reinfried Pohl hier endlich umsetzt, was er schon seit den negativen Erfahrungen der IOS mit eigenen Produkten stets gefordert hat, nämlich die klare Trennung von „Produktion" und Vertrieb. Das hat er bei seinem Unternehmen stets so gehalten und ist damit sehr gut gefahren. Jetzt schließt sich die AachenMünchener der Pohl'schen Strategie an. Konsequenterweise löst die AachenMünchener noch im selben Jahr den Vertrieb ihrer in großen Schwierigkeiten steckenden Tochtergesellschaft Badenia Bausparkasse ebenfalls auf. 2012 folgt derselbe Schritt bei der Central-Krankenversicherung. Seither werden die Produkte beider Gesellschaften nur noch über die DVAG vertrieben.

Die Einstellung des eigenen Vertriebs ist für die 1800 Außendienstmitarbeiter der AachenMünchener zunächst einmal ein Schock. Mancher leitet seine AM-Agentur oder AM-Direktion bereits in der dritten Generation, nicht wenige bangen um ihre Zukunft. Gleichzeitig umwerben andere Versicherungen, allen voran der Branchenführer Allianz, die scheinbar heimatlos gewordenen Außendienstler.

Die Sorgen der einen sind ebenso unbegründet wie die Hoffnungen der anderen. Reinfried Pohl macht allen Betroffenen das Angebot, zu sehr guten Bedingungen künftig für die DVAG zu arbeiten. Er rechnet mit 80 Prozent Zusagen – am Ende sagen 92 Prozent ja zur DVAG. Sie bereuen es nicht.

Wenn Reinfried Pohl damals im Gespräch mit ehemaligen AM-Mitarbeitern diese fragt, ob sie den Wechsel bereut hätten, bekommt er oft zu hören, es sei eigentlich schade, das DVAG-Angebot nicht schon viel früher bekommen zu haben. Reinfried Pohl genießt solches Lob: „Mit solchen ‚Vorwürfen' kann ich gut leben." Zeigt sich doch daran, dass seine Idee von der familiären Berufsgemeinschaft diejenigen am schnellsten überzeugt, die dazugehören.

Der erste Finanzvertrieb mit eigener Versicherung zu sein, ist für Reinfried Pohl der ultimative Triumph. Bei der DVAG-Gründung war er von der AachenMünchener abhängig; und die Konzernherren ließen ihn das deutlich spüren. Jetzt ist es genau umgekehrt: Der unternehmerische Erfolg der

Im Herbst 2006 schreibt „der Doktor" ein weiteres Kapitel Finanzgeschichte. Zusammen mit Walter Thießen (AMB Generali/links) und Michael Westkamp (AachenMünchener) verkündet er, dass die Versicherung ihren Vertrieb aufgibt und künftig allein auf die DVAG baut. Die Presse lobt den „Revolutionär Pohl".

AachenMünchener ruht nun überwiegend auf der Vertriebskraft der Deutschen Vermögensberatung. Denn was nutzten die besten Produkte und die attraktivsten Policen, wenn die Mannschaft des „Doktors" sie nicht verkaufen würde. Es war, wie Reinfried Pohl im Rückblick urteilte, „eine der schwierigsten Operationen in meiner beruflichen Tätigkeit". Obendrein ein einzigartiger Vertrauensbeweis von Seiten der AachenMünchener: Der Versicherer macht sich bewusst von der DVAG abhängig – und schätzt diese Abhängigkeit geradezu als Erfolgsgarantie.

Der heutige Vorstandsvorsitzende Michael H. Westkamp macht keinen Hehl daraus, wie viel sein Unternehmen „dem Doktor" und seiner DVAG zu verdanken hat. Als Westkamp 1978 zur AachenMünchener kommt, liegt sie unter den Lebensversicherern auf Platz 17. Ihr Aufstieg zu einem der größten Unternehmen der Branche beginnt erst mit den Vertriebserfolgen der DVAG. Westkamp schätzt, ohne Reinfried Pohl läge die AachenMünchener heute vielleicht auf Platz 30 oder 35. Er geht sogar noch weiter: „Wahrscheinlich gäbe es die AachenMünchener Leben ohne die DVAG heute gar nicht mehr."

Heute wäre die AachenMünchener ohne die Deutsche Vermögensberatung nicht mehr lebensfähig – jedenfalls nicht als wichtiger „Player" am Markt. Selbst der wirtschaftliche Erfolg der Muttergesellschaft der AachenMünchener, der Generali in Triest, hängt in hohem Maße von der DVAG ab. Zum Gesamtumsatz dieses weltweit tätigen, drittgrößten Versicherungskonzerns Europas trägt die DVAG mehr als 10 Prozent bei, ohne Berücksichtigung des Bauspargeschäfts. Was für die Italiener mindestens ebenso wichtig ist: Zwei Drittel des Gewinns der deutschen Generali-Holding kommen von der DVAG.

Michael Kalka (links) war schon 1975 von Pohls Fähigkeit beeindruckt, „über die Grenzen hinaus zu denken". Der ehemalige Vorstandsvorsitzende der AachenMünchener gehört heute noch dem DVAG-Aufsichtsrat an.

Schaut man auf das jahrzehntelange Miteinander von AachenMünchener und Deutscher Vermögensberatung zurück, so galten der „Doktor" und seine Vermögensberater aus der Sicht des Versicherers zunächst als eine Art Fremdkörper. Erst mit zunehmenden Erfolgen des DVAG-Vertriebs wurde aus dem Gegeneinander ein Nebeneinander, schließlich ein konstruktives Miteinander. Der Kämpfer und „Revolutionär" Reinfried Pohl hat auch diesen Kampf gewonnen.

Auszeichnungen, Orden, Titel: Ehre, wem Ehre gebührt

Die Etablierung der Deutschen Vermögensberatung als „mobiler Vertrieb der Deutschen Bank“ und die Auflösung der eigenen Vertriebsorganisation der AachenMünchener zugunsten der DVAG versetzen die Branche in Erstaunen, machen aus manchem Pohl-Skeptiker endgültig einen Pohl-Bewunderer. Diese beiden Coups sorgen darüber hinaus für ein gewisses Umdenken in den Medien. Die meisten Wirtschaftsredaktionen geben ihre bisherige Zurückhaltung bei der Würdigung der unternehmerischen Lebensleistung Reinfried Pohls auf.

Im Gegensatz zu den Medien sind Politik und Wissenschaft viel früher auf Pohls Leistungen aufmerksam geworden und haben ihn mit Ehrungen überhäuft. Dabei gab nicht der unternehmerische Erfolg den Ausschlag, sondern das vielfältige mäzenatische Engagement der Familie Pohl und der Deutschen Vermögensberatung. Denn der deutsche Staat zeichnet nie nur berufliches Wirken, und sei es noch so hervorragend, mit einem Orden aus. Dazu bedarf es immer auch eines außergewöhnlichen Einsatzes für Staat und Gesellschaft.

Reinfried Pohl ist mehr als ein Dutzend Mal mit hohen und höchsten Auszeichnungen bedacht worden. Dreimal wird er im Ausland dafür geehrt, dass er durch seine Schulungs- und Begegnungsstätten der regionalen Wirtschaft wichtige Impulse gegeben hat und gibt. So zeichnet ihn Österreich, wo in Pannonia die erste Anlage dieser Art entstand, gleich zweimal

Österreich zeichnet Reinfried Pohl für sein unternehmerisches Engagement in Pannonia gleich zweimal aus: 1997 mit dem Komturkreuz des Burgenlandes und 2003 mit dem Großen Goldenen Ehrenzeichen für die Verdienste um die Republik Österreich. Für Bundeskanzler Wolfgang Schüssel ist Reinfried Pohl „eine der einflussreichsten Unternehmerpersönlichkeiten Europas".

aus: 1997 mit dem Komturkreuz des Burgenlandes und 2003 mit dem Großen Goldenen Ehrenzeichen für die Verdienste um die Republik Österreich (Kommandeurkreuz 1. Klasse). Bundeskanzler Wolfgang Schüssel nennt Reinfried Pohl beim Überreichen dieser Auszeichnung „eine der einflussreichsten Unternehmerpersönlichkeiten Europas".

Portugal bedankt sich bei Reinfried Pohl für die Förderung von Wirtschaft und Tourismus durch die Fünf-Sterne-Hotelanlage „Vila Vita Parc" und „Vila Vita Village" an der Algarve mit dem Großkreuz des Verdienstordens der Republik Portugal. Staatspräsident Jorge Sampaio nennt den Geehrten 1998 „einen Freund der Portugiesen". Dieser Freund versteht die Auszeichnung als Ansporn und investiert weiter kräftig in dieser Region.

Vielfältig sind die Auszeichnungen, mit denen die Wissenschaft Reinfried Pohls Großzügigkeit würdigt. „Seine“ Marburger Universität ernennt ihn zum Ehrensenator. Am 23. Oktober 1998, fast auf den Tag 50 Jahre nach der Immatrikulation des mittellosen Zonenflüchtlings, ist es die Universität, die sich mit Reinfried Pohl in gewisser Weise schmückt, „dem erfolgreichsten Unternehmer, der in den letzten 50 Jahren aus ihr hervorgegangen ist“, wie es Professor Dr. Erich Priewasser formuliert.

Priewasser ist Dekan des Fachbereichs Wirtschaftswissenschaften, Inhaber eines Lehrstuhls für Betriebswirtschaftslehre der Banken und offenbar ein Mann mit Sinn für die betriebswirtschaftliche Praxis. Dementsprechend fällt seine Laudatio auf den neuen Ehrensenator aus: „Wir feiern heute

Portugal verleiht Reinfried Pohl für die Förderung von Wirtschaft und Tourismus durch die Fünf-Sterne-Hotelanlage „Vila Vita Parc“ und „Vila Vita Village“ an der Algarve das Großkreuz des Verdienstordens der Republik Portugal. Staatspräsident Jorge Sampaio überreicht die Auszeichnung 1998 persönlich.

mit Ihnen, verehrter, lieber Herr Dr. Pohl, einen der bedeutendsten Unternehmensgründer der zweiten Hälfte unseres Jahrhunderts. Sie haben das erfolgreichste Unternehmen seiner Art in Europa aufgebaut. Mit der Vision und Umsetzung des Allfinanz-Konzepts haben Sie Geschichte geschrieben. Ihre Heimatuniversität, im Besonderen die Vertreter der ehemaligen rechts- und staatswissenschaftlichen Fakultät, ist stolz auf Sie.“

Der Titel Ehrensenator ist nur der Auftakt für weitere akademische Ehrungen. Reinfried Pohl kann zu seinem „Dr. jur.“ gleich drei „Dr. h. c.“, drei Ehrendoktorwürden, hinzufügen – und zwar alle innerhalb des Jahres 2003. Seine alte Fakultät ehrt ihn mit dem Ehrendoktor des Fachbereichs Rechtswissenschaften. Dem schließt sich der Fachbereich Medizin der

Im Jahr 1998, 50 Jahre nach Beginn seines Studiums, wird Reinfried Pohl Ehrensenator „seiner“ Universität. Professor Dr. Erich Priewasser (links) würdigt ihn als „den erfolgreichsten Unternehmer“, der seit 1945 aus dieser Hochschule hervorgegangen ist.

Seine alte Fakultät ernennt Reinfried Pohl im Jahr 2003, 50 Jahre nach seiner Promotion, zum „Ehrendoktor des Fachbereichs Rechtswissenschaften". Dekanin Professor Dr. Monika Böhm überreicht dem „doppelten Doktor" die Urkunde.

Philipps-Universität an. Es ist ein Dankeschön für den Marburger Alumnus mit dem größten Herzen für seine alte „Alma Mater" unter allen Ehemaligen.

Da die Universität Marburg eine Partnerschaft mit der Lucian-Blaga-Universität im rumänischen Hermannstadt (Sibiu) eingegangen ist, ergibt es sich geradezu automatisch, dass Reinfried Pohl auch diese Hochschule unterstützt. Die wiederum würdigt diese grenzüberschreitende Hilfsbereitschaft ebenfalls im Jahr 2003 mit der Verleihung der Ehrendoktorwürde.

Lebte Reinfried Pohl in der Schweiz, bekäme er jedes Jahr vom Finanzamt einen freundlichen Brief, mit dem sich der Fiskus bei guten Steuerzahlern bedankt. In deutschen Finanzämtern weht dagegen noch der Geist des Obrigkeitsstaats: Der Untertan hat zu zahlen – Punkt. Der deutsche Staat geizt hingegen nicht mit Anerkennung, wenn jemand sich

Der Fachbereich Medizin der Philipps-Universität verleiht dem Alumnus mit dem großen Herzen 2003 den Titel „Dr. med. h.c.". Dekan Professor Dr. Bernd Maisch dankt Reinfried Pohl für seine Hilfe bei der Verwirklichung von „Visionen im Bereich der Medizin".

freiwillig fürs Gemeinwohl engagiert. Weil er das so generös tut, wird Reinfried Pohl seit 1988 viermal mit dem Bundesverdienstkreuz geehrt – mit einer immer höheren Stufe dieses vom ersten Bundespräsidenten Theodor Heuss persönlich entworfenen Verdienstordens.

Es ist eine kleine, aber illustre Gesellschaft, die der hessische Ministerpräsident Roland Koch kurz vor Weihnachten 2006 in der Staatskanzlei in Wiesbaden begrüßt: Neben Reinfried Pohl und seiner Familie auch Altbundeskanzler Helmut Kohl und dessen frühere Kabinettsmitglieder Theo Waigel und Friedrich Bohl. Der Anlass ist ebenfalls ein besonderer: Bundespräsident Horst Köhler hat das Große Verdienstkreuz mit Stern an Reinfried Pohl verliehen, und Koch wird es überreichen. Es ist die zweithöchste Stufe des Verdienstordens, und der hessische Regierungschef räumt ein, dass die Überreichung einer „Auszeichnung dieser Größenordnung" für ihn selbst nach fast achtjähriger Amtszeit ein außergewöhnliches Ereignis ist.

Der Bundespräsident hat die Verleihung mit Reinfried Pohls großzügiger Förderung der Universität Marburg, aber auch vieler Marburger Einrichtungen außerhalb des Wissenschaftsbetriebs begründet. Roland Koch nennt den zu Ehrenden „einen der sicherlich erfolgreichsten Unternehmer seines Genres und seiner Branche, die wir in Europa haben". Obwohl beruflicher Erfolg allein, wie Koch betont, kein Grund für ein Bundesverdienstkreuz sein kann, weist er auf einen für die Gesellschaft wichtigen Aspekt des Pohl'schen Erfolgs hin: „[...] dass es dank dieses erfolgreichen Unternehmers neue Strukturen im Bereich

Da die Universität Marburg eine Partnerschaft mit der Lucian-Blaga-Universität im rumänischen Hermannstadt (Sibiu) eingegangen ist, unterstützt Reinfried Pohl auch diese Hochschule. Die bedankt sich im Jahr 2003 mit der Verleihung der Ehrendoktorwürde.

Die Bundesrepublik Deutschland ehrt den Finanzmarktpionier und Mäzen Reinfried Pohl viermal mit einer immer höheren Stufe des Bundesverdienstkreuzes. 1993 überreicht ihm Helmut Kohl das Bundesverdienstkreuz Erster Klasse.

Bundespräsident Roman Herzog verleiht Reinfried Pohl 1998 das Große Verdienstkreuz des Verdienstordens der Bundesrepublik Deutschland. Helmut Kohl überreicht es seinem Freund.

der Finanzdienstleistungen gibt, die mehr Menschen als bisher den gleichberechtigten Zugang zu entsprechenden Produkten ermöglichen, weil diese im klassischen Sinn popularisiert worden sind.“ Eine prägnante Darstellung der gesellschaftspolitischen Leistung des Pionierunternehmers Pohl.

Von den Erfolgen des Unternehmers Pohl profitieren viele, von seinen Steuern vor allem Frankfurt und Marburg, von seiner mäzenatischen Haltung in erster Linie die Stadt und die Universität Marburg und damit auch das Land Hessen. Das würdigt das Land im Frühjahr 2007, kurz nach Pohls neunundsiebzigstem Geburtstag, auf Antrag des Präsidenten der Marburger Universität mit der Ehrenprofessur. Hier werde nicht die Förderung bestimmter Projekte ausgezeichnet, betont Wissenschaftsminister Udo Corts in seiner Laudatio, sondern eine Haltung, gewissermaßen

Bundespräsident Horst Köhler zeichnet Reinfried Pohl 2006 mit dem Großen Verdienstkreuz mit Stern aus. Der hessische Ministerpräsident Roland Koch weist bei der Überreichung darauf hin, dass diese Stufe des Ordens nur ganz selten verliehen wird.

„die Wahrnehmung der Mitbürgerschaft". Corts wörtlich: „Es passt meines Erachtens kein Wort besser als der französische Ausdruck: Sie, Herr Dr. Pohl, sind ein echter Citoyen! [...] Indem die Landesregierung Ihnen diesen Ehrentitel verleiht, will sie sagen: Sie sind für uns alle ein Vorbild." Dass Corts noch vor der Landtagswahl 2008 seinen Rückzug aus der Politik ankündigen und er später ein Angebot Pohls erhalten wird, in den Vorstand der DVAG einzutreten, können beide damals noch nicht ahnen, geschweige denn wissen.

Wer in Hessen mit der Ehrenprofessur ausgezeichnet wird, hat das Recht, den Ehrentitel zum Bestandteil seines Namens zu machen. So kann sich Reinfried Pohl seit 2007 „Professor Dr. Pohl" nennen. Doch innerhalb seines Unternehmens legte er Wert darauf, zu bleiben, was er seit 1975 war: „der Doktor". Denn diesem ausgemachten Verkaufsgenie war sofort klar: Eine so gut eingeführte „Marke" wie „der Doktor" ändert man nicht einfach so.

Sollten Regierende nicht ganz frei von dem Gedanken sein, der Geehrte werde durch eine staatliche Auszeichnung in seinem Tun bestärkt, so ist diese Rechnung bei Reinfried Pohl voll aufgegangen. Öffentliche Anerkennung war für ihn stets Ansporn, weiterhin ein offenes Ohr für förderungswürdige Wünsche und Anliegen zu haben. Volker Bouffier, der Nachfolger Kochs als hessischer Regierungschef, hatte viele neue und gute Gründe, um dem vorbildlichen Staatsbürger, Förderer und Spender Reinfried Pohl Ende des Jahres 2012 abermals danke zu sagen. Er tat dies durch die Verleihung des Hessischen Verdienstordens.

Seit Mai 2007 darf „der Doktor" den Ehrentitel Professor tragen. Der hessische Wissenschaftsminister Udo Corts sagt zu dem Förderer von Wissenschaft und Kunst: „Sie sind für uns alle ein Vorbild."

Volker Bouffier, 2010 zum hessischen Ministerpräsidenten gewählt, fügt Ende des Jahres 2012 den vielen Ehrungen Reinfried Pohls eine weitere hinzu: Er dankt „dem vorbildlichen Staatsbürger" durch die Verleihung des Hessischen Verdienstordens.

Von dem mehr als einem Dutzend nationaler und internationaler Orden und Ehrenzeichen liegt eine Auszeichnung Reinfried Pohl besonders am Herzen: die Ehrenbürgerwürde der Stadt Marburg. Sie wird ihm im Dezember 2006 im Historischen Saal des gotischen Rathauses verliehen.

Das imposante Bauwerk aus dem 16. Jahrhundert bildet zusammen mit dem Marktplatz den Mittelpunkt der Oberstadt. Für Reinfried Pohl hat es darüber hinaus eine ganz besondere Bedeutung. Es war das erste Marburger Gebäude, das er im Oktober 1948 betrat, als er den Nachkriegsoberbürgermeister Bleek aufsuchte, um ihn um eine Empfehlung für die Universität zu bitten. Ende der fünfziger Jahre begrüßte Pohl als stellvertretender Stadtverordnetenvorsteher in demselben Saal Gäste der Stadt oder nahm Ehrungen vor. Fünf Jahrzehnte später begeht er hier einen großen Tag, seinen großen Tag. Und macht keinen Hehl daraus, wie sehr ihn das erfreut und bewegt.

Magistrat und Stadtverordnetenversammlung gehen mit der Ehrenbürgerwürde äußerst sparsam um. Reinfried Pohl ist 2006 erst der fünfte Marburger, der seit 1945 mit dieser Auszeichnung bedacht wird. Ein weiteres Novum: Er ist auch der bisher einzige Unternehmer unter den Nachkriegs-Ehrenbürgern der Universitätsstadt. Seine vier Vorgänger waren alle Politiker. Aber Reinfried Pohl erfüllt das entscheidende Kriterium für diese hohe Würde, wie Oberbürgermeister Egon Vaupel in der Feierstunde im historischen Rathaus erläutert: Es liegen „besondere Verdienste" vor, nicht nur um einzelne Institutionen, sondern „um die Kommune, die Stadt selbst".

Ehrenbürger der Stadt zu sein, die ihm, dem mittellosen Flüchtling, nach 1948 zur neuen Heimat geworden ist, ist für Reinfried Pohl eine sehr emotionale Sache. „Ich habe hier Wurzeln geschlagen und eine wunderbare neue Heimat gefunden", lautet die Liebeserklärung Pohls an sein Marburg. In der Stadt an der Lahn hat er eben nicht nur studiert, die ersten Schritte auf dem Weg zu seinem ganz persönlichen Wirtschaftswunder getan und sie später zum Sitz wichtiger Teile seines Unternehmens gemacht. Marburg ist auch der „Geburtsort" seiner Wirklichkeit gewordenen Vision vom Allfinanz-Konzept und dem Berufsbild des Vermögensberaters. Hier hat er – was für den durchaus weich besaiteten Unternehmer noch wichtiger ist – die Frau seines Lebens, eine Marburgerin, gefunden, seine Familie gegründet, sein Haus gebaut. Hier hat er sich immer zu Hause gefühlt, hier leben seine beiden Söhne mit ihren Frauen und Kindern. Marburg ist für Reinfried Pohl nicht der Nabel der Welt, aber der für ihn persönlich wichtigste und liebenswerteste Ort auf diesem Planeten.

Der Magistrat und die Stadtverordnetenversammlung haben Reinfried Pohl über alle Parteigrenzen hinweg zum Ehrenbürger ernannt – bei Stimmenthaltung der Vertreter der Linkspartei. Das passt zum politischen Reizklima Marburgs. Oberbürgermeister Egon Vaupel erinnert bei der Feierstunde im Rathaussaal an die Begründung der Linken für ihre Stimmenthaltung: „Er ist halt ein Kapitalist." Den Satz nimmt der Sozialdemokrat auf und ergänzt die Charakterisierung Pohls als „Kapitalisten" um den entscheidenden Zusatz: „mit menschlichem Antlitz und einer ausgeprägten gesellschaftlichen Verantwortung".

Ehrensenator, Ehrendoktor, Ehrenbürger, Großes Verdienstkreuz mit Stern, Professor – Reinfried Pohl war zweifellos stolz auf die hohen Auszeichnungen. Er selbst sprach davon, er sei „schon etwas stolz". Sein Sohn Andreas ist hingegen überzeugt, dass diese Ehrungen für seinen Vater „sehr, sehr wichtig waren, weil das eine Bestätigung seiner Lebensleistung war".

Ob „etwas stolz" oder „sehr stolz": Reinfried Pohl vergaß bei keiner Ehrung den Hinweis, er werde in gewisser Weise stellvertretend auch für die Leistungen seiner Mitarbeiter ausgezeichnet. Das sagte er in jeder Dankesrede, unabhängig, ob die Ehrung im kleinen Kreis oder im großen Rahmen stattfindet. Er wollte auch, dass seine Mitarbeiter ebenfalls stolz sind, wenn ihr „Doktor" einen weiteren Orden oder Titel bekommt. Sie waren und sind es auch.

Ehemann und Vater:
Familie über alles

„Im Grunde genommen ist unser ganzes Leben ein Kampf." Dieses Resümee Reinfried Pohls wurde durch sein privates wie sein berufliches Leben belegt. Doch es gab eine große Ausnahme, eine einzige „kampffreie Zone": seine Familie. Seine Frau Anneliese und die beiden Söhne Reinfried junior und Andreas waren für ihn stets wie eine Insel in stürmischer See, eine uneinnehmbare Trutzburg.

Anneliese Pohl (1938–2008) war für Reinfried Pohl viel mehr als „die Frau an seiner Seite": Sie war Dreh- und Angelpunkt der Familie, seine wichtigste Beraterin und Vorbild für viele Partnerinnen von Vermögensberatern.

Wie wichtig eine intakte Familie ist, was Liebe, Vertrauen und Füreinander-Einstehen bewirken können, erfährt Reinfried Pohl schon als Junge im Sudetenland. Die Verschleppung des Vaters schweißt ihn, seine Mutter und seine Brüder noch enger zusammen. Seine Frau Anneliese kam ebenfalls aus einer intakten, glücklichen Familie. Diese Erfahrungen aus Kindheit und Jugend haben die Eheleute Pohl in den fünf Jahrzehnten ihres gemeinsamen Lebenswegs darin bestärkt, dem Familienleben einen besonderen Stellenwert einzuräumen.

Die Basis der Familie Pohl war die Liebe und Zuneigung der beiden. In den Worten des jüngeren Sohnes Andreas schwingt geradezu Begeisterung mit, wenn er seine Eltern als „sensationelles Gesamtpaket" beschreibt: zwei „Kämpfertypen", verbunden durch „grenzenlose Liebe und grenzenloses Vertrauen". Der ältere Sohn Reinfried spricht von einer „Seelenverwandtschaft" seiner Eltern, die sich auf ideale Weise ergänzten. Es war auch für Außenstehende stets beeindruckend, die beiden Pohls und ihren liebevollen Umgang miteinander zu beobachten, wenn sie sich beispielsweise während einer Veranstaltung kurz bei der Hand fassten oder sich anlächelten. Das wirkte nie aufgesetzt oder gar peinlich, sondern grundehrlich.

Die junge Familie Pohl entspricht weitgehend dem Familienbild der Wirtschaftswunderjahre: Vater, Mutter, zwei Kinder. Anneliese Pohl arbeitet nach der Hochzeit noch vier Jahre im elterlichen Betrieb mit. Aber die meiste Zeit während ihres fünfzigjährigen Zusammenlebens hält sie ihrem beruflich überdurchschnittlich beanspruchten Mann, dem „Geldranschaffer" (Reinfried Pohl junior), den Rücken frei und sorgt dafür, dass sich zu Hause alle wohl fühlen.

Reinfried und Anneliese Pohl in den sechziger Jahren.

Gleichwohl verkörpern die Eheleute Pohl nicht das damalige „klassische Modell", wonach „die züchtige Hausfrau" nur für Küche und Kinder zuständig ist und gar nicht so genau weiß, wie der Herr Gemahl eigentlich sein Geld verdient. Nein, Anneliese Pohl ist stets bestens über die unternehmerischen Aktivitäten ihres Mannes informiert; sie ist nämlich seine wichtigste Ratgeberin.

Man braucht nicht allzu viel Phantasie, um sich auszumalen, dass das Familienoberhaupt nicht allzu oft zu Hause ist. Zu Beginn ihrer Ehe ist Reinfried Pohl noch politisch aktiv und deshalb abends häufig unterwegs. Von 1967 bis 1975 – der Zeit beim Deutschen Herold und der Bonnfinanz – führen

Anneliese und Reinfried Pohl eine Wochenend-Ehe. Der Ehemann und Vater verlässt Sonntagabend das Marburger Heim, fährt mit dem Auto nach Bonn und kehrt erst am Freitagabend wieder nach Hause zurück.

Für die beiden Jungen bedeutet das, dass sie den Vater eher selten sehen. Fest eingeplant sind jedes Jahr ein längerer Sommerurlaub an der Nordsee und mehrere Wochenendaufenthalte in einer kleinen Ferienwohnung im Sauerland auf 600 Meter Höhe. Beide Orte sind mit Bedacht gewählt. Da Andreas Pohl als Kind und Teenager unter Asthma leidet, tut ihm das Reizklima an der Nordsee ebenso gut wie die raue Luft im Sauerland.

Dass der Vater für sie als Kinder weniger Zeit hatte als andere Väter, daraus machen die Söhne im Rückblick keinen Hehl, halten es ihm aber auch nicht vor. Im Gegenteil: Reinfried und Andreas betonen, wie intensiv sie die begrenzte Zeit mit ihrem Vater genossen haben, besonders in den Urlauben. Da hat der Vater mit ihnen am Strand Sandburgen gebaut oder ihnen als Teenager beigebracht, wie man mit dem Luftgewehr schießt. Allerdings haben Reinfried und Andreas schon gespürt, dass ihr Vater selbst in den Ferien mit den Gedanken bei seiner Deutschen Vermögensberatung war. Reinfried Pohl junior: „In den Urlauben hat er sich schon Zeit genommen. Aber wir haben auch wahrgenommen, dass er mit einer Gehirnhälfte immer am Tüfteln, am Machen und Tun war.“

Ständig Spielkamerad seiner Söhne zu sein, dafür hat der vielbeschäftigte Vater keine Zeit. Wann immer es geht, nimmt er jedoch seine ganze Familie an den Wochenenden mit auf Treffen mit Vermögensberatern, auf Direktions-Feiern, zu Ehrungen. So ist die Familie wenigstens zusammen unterwegs. „Wir sind gern mitgefahren“, urteilt Andreas im Rückblick, „weil wir da alle zusammen waren.“ Dieser enge Zusammenhalt hilft, als Reinfried Pohls Zeit bei der Bonnfinanz endet, er um seine Existenz bangen muss, nicht weiß, wie es weitergehen soll. Die beiden Söhne sind fünfzehn und zehn Jahre, also alt genug, um zu spüren, dass etwas schiefgelaufen ist. Das bringt die Söhne dem Vater noch näher. In dieser Zeit wählen die vier das vierblättrige Kleeblatt zum Symbol ihrer familiären Eintracht.

Wie fast alle Unternehmer an der Spitze von Familienunternehmen hoffte Reinfried Pohl, dass die Jungen eines Tages in seine Fußstapfen treten werden. Indem er sie früh zu geschäftlichen Veranstaltungen mitnimmt, führt er sie an sein Unternehmen heran. Aber es widerspricht seinem Naturell, sie auf einen bestimmten Berufsweg zwingen zu wollen. Da vertraut der Vater lieber auf seine Fähigkeit, andere zu überreden und zu überzeugen. Reinfried liebäugelt mit einem Kunst- oder Architekturstudium, Andreas will als Kind zuerst Konditor und später Koch werden.

Doch der Vater schafft es, beide für das eigene Unternehmen zu interessieren. Er vertraut darauf, dass die Kinder das tun werden, was er ihnen vorlebt. Beide Söhne versichern auch übereinstimmend, der Vater habe keinerlei Druck ausgeübt, aber schon „das eine oder andere Rädchen gedreht“ (Andreas). „Er hat es irgendwie geschafft, uns für die Firma zu begeistern“, berichtet Reinfried. Der entscheidet sich schließlich zur Vorbereitung auf die Arbeit bei der DVAG für ein betriebswirtschaftliches Studium. Ebenfalls Jura studieren, wie der Vater, das will er dann doch nicht.

Bei Andreas muss Vater Pohl sich etwas mehr einfallen lassen, um den jüngeren Sohn vom „Fremdgehen“ abzuhalten. Als Andreas von seinem Wunsch erzählt, Konditor zu werden, erschreckt ihn sein Vater mit der Aussicht, als Konditor um zwei Uhr aufstehen und um drei Uhr in der Backstube stehen zu müssen. Den Beruf des Kochs vergällt er ihm, indem er ihm klarmacht, er müsse dann abends und an Wochenenden am Herd stehen – also dann, wenn die meisten frei haben. Andreas findet beide Perspektiven nicht gerade attraktiv und nimmt Kurs auf eine Karriere bei der DVAG. Ohnehin fünf Jahre jünger als Reinfried, will er diesen „Rückstand“ abkürzen. Weil er zudem wenig Lust auf ein langes Studium hat, absolviert er auf Vorschlag des Vaters bei der AachenMünchener eine Ausbildung zum Versicherungskaufmann.

Um die Erziehung kümmert sich, was nicht verwunderlich ist, in erster Linie die Mutter. Der Vater versucht, seinen Söhnen zu vermitteln, wie wichtig der Zusammenhalt in der Familie und insbesondere zwischen ihnen beiden ist. Er ist überzeugt, nur wenn beide an einem Strang ziehen, können sie eines Tages das Erbe zusammenhalten und die Unabhängigkeit des Unternehmens erhalten. Auch wenn es schwierig ist, zwei Söhne, die altersmäßig fünf Jahre auseinander sind und zwei sehr verschiedene Ausbildungen absolviert haben, gleich zu behandeln, hält der Vater das Prinzip der Gleichbehandlung hoch. Am 1. Juli 1984 treten beide – Reinfried ist 25 Jahre alt, Andreas gerade 20 – in die Deutsche Vermögensberatung ein. 1991 werden beide Generalbevollmächtigte. Später beteiligt Reinfried Pohl jeden Sohn mit 12 Prozent am Aktienkapital der DVAG. Das Urteil des Vaters: „Jeder ist auf seine Art gleich gut.“

Seit dem 1. Juli 1984 arbeiten die Söhne Reinfried Pohl (links) und Andreas Pohl (rechts) in der Deutschen Vermögensberatung mit.

Als Anneliese Pohl stirbt, ordnet der Witwer die Beteiligungsverhältnisse neu. Er behält die 48 Prozent, die er schon zu Lebzeiten seiner Frau besitzt. Auf den ihm im Wege der Erbfolge zustehenden 28-Prozent-Anteil seiner verstorbenen Frau verzichtet er zugunsten der Söhne. Danach verfügte jeder von ihnen über 26 Prozent. Diese Transaktion sollte unterstreichen, dass der Vater in den Söhnen die künftigen Verantwortlichen des Unternehmens sieht: „Das war ein Zeichen des Dankes an meine Söhne."

Über die Frage, wer Reinfried Pohl einmal nachfolgen könnte, wurde in der Branche und in den Medien viel spekuliert. Er verwies da gern auf seinen bis 2016 laufenden Vorstandsvertrag und auf seine zwei Söhne, die seit langem im Unternehmen seien. Ob beide ihn einmal in der Unternehmensführung beerben werden oder nur einer? Da schwieg der „Patriarch". In einem Punkt ließ Reinfried Pohl jedoch keinen Zweifel zu: bis zum letzten Atemzug alles zu tun, um die DVAG als Familienunternehmen zu erhalten. Was er auch tat.

Seine Söhne enttäuschten ihn nicht. Nach dem Tod ihres Vaters stellten Reinfried jun. und Andreas Pohl die Weichen so, dass die Deutsche Vermögensberatung AG ein Familienunternehmen bleibt. Dies gab und gibt gerade den Vermögensberatern Sicherheit. Hatten sie doch genau verfolgt, wie AWD-Gründer Carsten Maschmeyer zweimal Kasse machte – erst beim Börsengang und dann bei der Veräußerung seiner Anteile an SwissLife – und schließlich dem Unternehmen ganz den Rücken kehrte.

Gegen feindliche Übernahmen ist die Deutsche Vermögensberatung AG ohnehin gefeit, da sie nicht börsennotiert ist.

Reinfried Pohl war ein stolzer Großvater. Seine acht Enkelkinder sind Garanten, dass die Deutsche Vermögensberatung noch sehr lange ein Familienunternehmen bleiben kann.

Bei der DVAG ist der Generali-Konzern mit 40 Prozent der einzige außenstehende Aktionär. Der aber kann seine Anteile nicht an konzernfremde Gesellschaften verkaufen, jedenfalls nicht ohne Zustimmung der Familie Pohl. Umgekehrt kann die Familie ihre Anteile allenfalls an Generali beziehungsweise die AachenMünchener abgeben und sonst an niemanden. Es gibt nur eine Ausnahme: Falls auch nur eine einzige DVAG-Aktie nicht mehr im Besitz eines Mitglieds der Familie Pohl wäre, hätte die AachenMünchener das Recht, die Anteile der DVAG zu erwerben. Das alles ist bereits in den achtziger Jahren vereinbart worden. Über seine eigene Weitsicht in dieser Frage scherzte Reinfried Pohl: „Da kann man sehen, dass ich das Motto ‚Früher an später denken‘ selber beherzige.“

In der entsprechenden Vereinbarung ist festgelegt, dass grundsätzlich nur leibliche Abkömmlinge als Familienmitglieder gelten. Da die Familien der beiden Söhne zusammen acht Kinder haben, können die Pohls, wenn sie nur wollen, die DVAG noch sehr lange als Familienunternehmen weiterführen. Darauf wies Reinfried Pohl bisweilen indirekt hin, wenn er einen seiner Enkel zu Terminen bei der AachenMünchener mitnahm: „Damit die Herrschaften sehen, wie jung wir sind, und dass sie nicht meinen, der Doktor ist schon alt, da werden wir den Laden eines Tages schon bekommen.“

Die Frau an seiner Seite:
„Ohne meine Frau gäbe es die DVAG nicht“

Das Jahr 2008 verspricht ein Jahr mit gleich drei familiären Höhepunkten zu werden: Am 26. April wird Reinfried Pohl 80 Jahre alt, am 21. Juni kann er mit seiner Frau Anneliese die Goldene Hochzeit feiern, und am 7. September steht der 70. Geburtstag seiner Frau an. Doch auf das Jahr fällt ein dunkler Schatten: Anneliese Pohl stirbt am 9. Juli 2008 an den Folgen ihrer schweren Krebserkrankung.

Die Krankheit war bereits im Herbst 2007 diagnostiziert worden. Ihr Tod kommt also nicht überraschend. Gleichwohl ist es für Reinfried Pohl, die Söhne und ihre Familien ein schwerer Schlag, ein äußerst schmerzlicher Einschnitt. Das ist eben der Preis für eine besonders gute Ehe: dass der überlebende Partner umso größeren Schmerz empfindet, umso mehr unter dem Tod des anderen leidet.

Anneliese Pohl nimmt die Diagnose Krebs hin, wie sie manch anderen Schicksalsschlag in ihrem Leben hingenommen hat: Sie verzweifelt nicht, sie kämpft. Ihr Mann und ihre Söhne unterstützen sie darin, machen ihr Mut, bestärken sie in der Haltung, dass die Diagnose Krebs heute nicht mehr gleichzusetzen sei mit einem Todesurteil. Aber es zeigt sich bald, dass ärztliche Kunst in diesem Fall an ihre Grenzen stößt. Selbst in diesen schweren Monaten steht Anneliese Pohl ihrem Mann zur Seite, so gut sie kann. Sie weiß, wie wichtig es für ihn ist, sie bei öffentlichen Auftritten bei sich zu haben. So begleitet sie ihn auch kurz vor Weihnachten 2007 nach Berlin zur gemeinsamen Spendengala von ZDF und BILD: „Ein Herz für Kinder“. Denn Reinfried Pohl übergibt in dieser Live-Sendung eine Großspende über eine Million Euro.

Drei Stunden Live-Sendung in einer vom Scheinwerferlicht aufgeheizten Halle ist kein Wellness-Programm, schon gar nicht für Anneliese Pohl. Sie ist bereits von der Krankheit gezeichnet, ist schmaler, wirkt nicht mehr so vital wie früher. Aber es ist für sie eine Selbstverständlichkeit, dabei zu sein – wie schon auf unzähligen früheren Veranstaltungen. Als Reinfried Pohl vor einem Millionenpublikum den Scheck überreicht hat, setzt er sich neben seine Frau und greift als Erstes unauffällig nach ihrer Hand. Wer das beobachtet, spürt auch als Außenstehender: Diese beiden gehören einfach zusammen. Dass Anneliese Pohl die Reise nach Berlin auf sich nimmt, das macht zwei herausragende Eigenschaften dieser starken Frau deutlich: ihr Pflichtbewusstsein sowie die Liebe zu ihrem Mann.

Reinfried Pohl hat es unzählige Male gesagt: „Ohne meine Frau gäbe es die DVAG nicht.“ Mit diesem Satz erinnert er daran, wie sehr seine Frau ihn nach seinem Ausscheiden bei der Bonnfinanz gedrängt hat, „die auf der Straße stehenden ehemaligen Mitarbeiter“ nicht im Stich zu lassen und mit besonders treuen Bonnfinanz-Beratern einen eigenen Finanzvertrieb auf die Beine zu stellen.

Seine Frau spürt damals, dass er im Inneren unverändert von seinem Allfinanz-Konzept überzeugt ist. Deshalb macht sie ihm Mut, trotz des unschönen Endes bei der Bonnfinanz seinen Weg unbeirrt weiterzugehen. Sergio Balbinot von der Generali ist mit Familie Pohl nicht nur geschäftlich verbun-

Die junge hübsche Anneliese Pohl: Reinfried Pohl ist heute noch stolz, dass er damals erfolgreich um seine große Liebe gekämpft hat.

den, sondern auch persönlich befreundet. Er schwärmt geradezu von der Frau an Reinfried Pohls Seite: „Frau Pohl war eine sehr, sehr starke Frau, die Herrn Dr. Pohl sehr viel geholfen hat. Die Anneliese hat eine riesige Rolle gespielt für die Deutsche Vermögensberatung."

Wahrscheinlich wäre die Deutsche Vermögensberatung nicht so erfolgreich geworden, wenn Reinfried Pohl nicht seine Frau Anneliese an seiner Seite gehabt hätte. Der Kämpfer Pohl, der austeilen und einstecken kann, hat nämlich auch eine weiche Seite: Im Grunde seines Herzens ist er ein auf Ausgleich und Harmonie bedachter Mensch, dem ein konfliktfreies Miteinander im Beruf wichtig ist und ein glückliches Familienleben über alles geht. Zu diesem glücklichen Familienleben, das Reinfried Pohl fünfzig Jahre lang genießen durfte, hat Anneliese Pohl das Meiste beigesteuert. Da war sie mehr Gebende als Nehmende, wofür ihr Reinfried Pohl immer dankbar war.

Anneliese Pohl ist in einem Geschäftshaushalt aufgewachsen. Im Leben ihrer Eltern drehte sich alles um die Konditorei und das dazugehörige Café. Geschäft ist Geschäft, es gibt keine Ferien- und Urlaubsreisen, es gibt immer viel Arbeit. In dieser Atmosphäre ist es selbstverständlich, dass Anneliese und ihr Bruder Johannes von klein auf mitarbeiten. Morgens vor Schulbeginn tragen sie Brötchen aus, nachmittags helfen sie überall mit, wo Hilfe gebraucht wird. Zu ihren Aufgaben gehört es, im Sommer und Herbst das Obst im eigenen Garten zu ernten und einzukochen. Nach der Volksschule besucht Anneliese die Handelsschule; sie schließt sie mit der Ausbildung zur Kauffrau ab. Daneben bedient sie im Café, wobei die Eltern mit eine Mischung aus Stolz und Sorge registrieren, dass viele männliche Café-

Besucher sich besonders gern von dieser attraktiven jungen Frau bedienen lassen.

Diese Zeit prägt die junge Anneliese Klingelhöfer auf zweifache Weise. Sie ist es gewohnt, dass die Familie bisweilen zugunsten des Geschäfts zurückstehen muss, lernt aber auch, dass gemeinsame Anstrengungen und gemeinsame Erfolgserlebnisse eine Familie zusammenschweißen. Diese Einstellung erweist sich später als eine für Reinfried Pohl noch wertvollere „Mitgift" als die Großzügigkeit der Schwiegereltern bei der Ausstattung des ersten Haushalts des jungen Paares.

Wie schon bei der Bonnfinanz begleitet Anneliese Pohl auch bei der Deutschen Vermögensberatung ihren Mann, so oft es geht. Er ist der Kopf des Unternehmens, sie die Seele.

Die Idee zu den Begegnungsstätten in Österreich und Portugal hat Reinfried Pohl. Die Gestaltung bestimmt seine Frau. Sie sorgt – wie hier an der Algarve – für das besondere Flair dieser Anlagen, setzt ihre Vorstellungen von einer familiären Atmosphäre durch.

Die Rollenverteilung bei den Eheleuten Pohl ist von Anfang an klar: Er ist der Ernährer der Familie, sie in erster Linie Hausfrau und Mutter. Das hindert die junge Ehefrau aber nicht, in den ersten Jahren mitzuarbeiten. Selbst als sie hochschwanger ist, geht sie täglich ins Café ihrer Eltern, setzt diese Tätigkeit auch nach der Geburt von Reinfried junior fort. Die Mitarbeit im elterlichen Betrieb endet erst, als die Eltern 1961 Konditorei und Café aufgeben und sich zur Ruhe setzen. In all diesen Jahren stellt die junge Frau ihre Belastungsfähigkeit unter Beweis: Schließlich betreut sie zudem Reinfried Pohls Mutter, die nach der Heirat bei ihrem Sohn bleibt.

Weil Anneliese Pohl um die enge Beziehung zwischen Mutter und Sohn weiß, ist es für sie eine Selbstverständlichkeit, Maria Pohl als Familienmitglied zu akzeptieren. Reinfried Pohl hat das seiner Frau nie vergessen: „Es ist bekanntlich nicht immer leicht, mit der Schwiegermutter unter einem Dach zu leben. Aber meine Frau hat das wunderbar hingekriegt. Ich bin ihr dafür unendlich dankbar, denn ich habe meiner Mutter sehr viel zu verdanken."

Anneliese Pohl ist bis zu ihrem Tod Dreh- und Angelpunkt der Familie, auch für die Schwiegertöchter und Enkel. Für ihren Mann ist sie der wichtigste Ratgeber und Motivator. Er ist der Vordenker und Stratege. Aber er setzt keine einzige seiner zahlreichen Ideen um, ohne nicht zuerst mit seiner Frau darüber zu sprechen, ohne seine Argumente im Gespräch mit ihr gleichsam auf den Prüfstand zu stellen. Bei schweren Auseinandersetzungen und gelegentlichen Misserfolgen ist sie es, die ihren Mann wieder aufbaut und neu motiviert.

Schon zu Zeiten der Bonnfinanz begleitet Anneliese Pohl ihren Mann häufig zu Veranstaltungen und lebt so dessen Mitarbeitern eine funktionierende Partnerschaft vor. In der neu gegründeten Deutschen Vermögensberatung AG gewinnt ihre Rolle als Botschafterin der „beruflichen Familiengemeinschaft" von 1975 an noch an Gewicht. Wann immer Frauen von Vermögensberatern klagen, ihre Männer seien häufig an Abenden und Wochenenden nicht zu Hause, greift sie deren Sorgen auf und berichtet von ihren eigenen, ähnlichen Erfahrungen. Sie erklärt aber auch, dass diese Vermögensberater im Gegensatz zu anderen sich beispielsweise an Vormittagen um familiäre Angelegenheiten kümmern könnten.

Anneliese Pohl wird von den Vermögensberatern ähnlich verehrt wie „der Doktor“ – und ebenso gefeiert.

Zudem weist sie in solchen Gesprächen von Frau zu Frau gern darauf hin, dass erfolgreiche Vermögensberater mit ihren ungewöhnlichen Arbeitszeiten ihren Familien häufig einen höheren Lebensstandard bieten als Angehörige anderer Berufe. Die Frau „des Doktors“ ermuntert die Frauen der Vermögensberater, ihren Männern zur Hand zu gehen, indem sie zum Beispiel Büroarbeiten für sie erledigen oder Termine vereinbaren. Dies alles kommt bei den Betroffenen gut an, weil Anneliese Pohl vorlebt, was sie anderen empfiehlt. Ihre Glaubwürdigkeit ist ihre größte Stärke. Sie demonstriert, wie wichtig es ist, dass der eine Partner den anderen unterstützt. Für Reinfried Pohl war die eigene Ehe „der lebendige Beweis für meine These, dass eine intakte Familie die beste Basis für Leistung und Erfolg ist“.

Bei der Verleihung der Ehrenbürgerwürde der Stadt Marburg sagt Helmut Kohl zu Anneliese Pohl: „Wenn du diesen Weg mit deiner Liebe und Zuneigung zu deinem Mann nicht mitgegangen wärst, dann hätte er diesen Weg so nicht gehen können.“

In den achtziger Jahren – die Schwiegermutter stirbt 1981 im Alter von 81 Jahren, und die Söhne sind aus dem Haus – wird Anneliese Pohls Engagement in und für die DVAG noch sichtbarer und noch spürbarer. Sie ist jetzt freier, ihren Mann zu den vielen Tagungen und Konferenzen zu begleiten, auf denen er seine Vermögensberater motiviert oder mit ihnen und ihren Partnerinnen errungene Erfolge feiert. Reinfried Pohl möchte seine große Liebe möglichst oft bei sich haben. Er weiß auch, wie seine attraktive, stets dezent gekleidete, bescheiden und doch selbstbewusst auftretende Frau auf seine Berater und deren Frauen wirkt. Zur „beruflichen Familiengemeinschaft“ gehört eben auch eine Familie an der Spitze, und deshalb treten die Pohls fast immer zu viert auf. Im Laufe der Jahre vervollständigen dann die Ehefrauen der Söhne das Bild der „ersten Familie“ an der Spitze dieses Unternehmens.

Anneliese Pohl ist an der Dachgesellschaft der DVAG, der Deutschen Vermögensberatung Holding, mit 28 Prozent beteiligt, hat aber nie eine formale Position in der Aktiengesellschaft inne, ist zu keiner Zeit in das Tagesgeschäft involviert. Dessen ungeachtet wächst ihr im Laufe der Jahre im Unternehmen eine wichtige Aufgabe zu: die Ausgestaltung der vielen Ausbildungs- und Begegnungsstätten. Ob bei Schulungsstätten in Deutschland, in der Ferienanlage in Pannonia, beim Hotel „Rosenpark“ in Marburg oder in der Luxusanlage an der Algarve – es ist Anneliese Pohl, die die Inneneinrichtung dieser für die DVAG-Familie so wichtigen Gebäude und Anlagen gestaltet. „Sie hat diesen Begegnungsstätten eine Seele gegeben“, rühmt Reinfried Pohl in seinem Nachruf die Leistungen seiner Frau.

Anneliese Pohl nimmt diese Aufgaben sehr ernst, scheut nicht vor 14- und 16-Stunden-Tagen zurück, wenn es not-

Reinfried und Anneliese Pohl: Sie gehörten fünfzig Jahre zusammen,
sie hielten fünfzig Jahre zusammen.

wendig ist. Sie erweist sich als Perfektionistin und weiß ihre Vorstellungen durchzusetzen. In Portugal bringt ihr das bei den einheimischen Mitarbeitern den Namen „Dona Annalisa“ ein, Ausdruck des Respekts vor dieser zielstrebigen Frau. Von den Vermögensberatern und ihren Partnern wird Anneliese Pohl ähnlich verehrt wie „der Doktor“. Diese Männer und Frauen spüren sehr wohl, wie wichtig die Frau ihres Chefs ist. Auf Veranstaltungen wird sie ebenso umjubelt wie er. Wer solche Treffen der beruflichen Familiengemeinschaft miterlebt hat, kann Reinfried Pohl nur zustimmen: „Sie wurde geradezu geliebt.“

Direktionsleiter Peter Wagner, seit 1976 bei der DVAG, spricht voller Hochachtung von der Frau des „Doktors“: „Anneliese Pohl war die Seele des Ganzen, sie hat für den Flair in allen Begegnungsstätten gesorgt. Sie war ein Bindeglied, sie war immer dabei beim Doktor. Man hat richtig gesehen, wie er aus ihr Kraft geschöpft hat. Wenn er eine Rede gehalten hat, hat er sie öfters mal angesehen, hat Blickkontakt aufgenommen, hat sie hinterher in den Arm genommen. Die beiden waren einfach ein starkes Team. Schade, dass sie so früh gehen musste.“

Für einen anderen Direktionsleiter und Vermögensberater seit 1984, Mathias Ulrich, ist Anneliese Pohl auch nach ihrem Tod „allgegenwärtig in all unseren Schulungsanlagen“. Er berichtet von den vielen Gesprächen mit ihr, hebt ihre Liebe fürs Detail hervor. „Sie hat alles dafür getan, dass wir uns als Berufsgemeinschaft wohl fühlen, dass alles stimmig ist, die Farben, die Tapeten, die Böden, die Möbel.“ Sein Resümee: „Es war der Anspruch Anneliese Pohls, für uns alles wunderschön zu machen.“

Für Reinfried Pohl und seine Familie ist der Tod seiner über alles geliebten Frau ein schwerer Verlust. Ungeachtet seines Schmerzes und seiner Trauer zieht er sich aber nicht etwa aus dem Tagesgeschäft zurück, sondern bleibt ebenso engagiert wie immer. In einem sehr persönlich gehaltenen Brief an alle Vermögensberater und Vermögensberaterinnen verspricht er diesen, das gemeinsame Lebenswerk „auch im Sinne meiner viel zu früh verstorbenen Frau“ fortzuführen – unter noch stärkerer Einbeziehung der Söhne.

Der Patriarch:
Ein fordernder und fördernder Chef

Zu seinem 75. Geburtstag im Jahr 2003 kann Reinfried Pohl in der „Financial Times Deutschland“ über sich und die Deutsche Vermögensberatung lesen: „Ein Großunternehmen – doch immer noch geht nichts ohne ihn, den Patriarchen, so wie vor 28 Jahren, als er mit rund 20 Mitarbeitern die DVAG gründete.“ Die Überschrift dieser Laudatio: „Der letzte Patriarch“.

Der letzte Patriarch – darin schwingt Bewunderung mit für jemanden, der ein großes Unternehmen so führt, wie es in früheren Zeiten in den damals viel kleineren Betrieben möglich war: Der Chef mit der Autorität und Güte des „Vaters der Familie“. Das ist eine andere Art von Führung als der „Herr-im-Haus“-Standpunkt, der keinen Widerspruch und keine Nähe zulässt. Doch auch bei einem patriarchalischen Führungsstil ist klar, wer den Kurs vorgibt und das letzte Wort hat – der Mann an der Spitze.

Studierende der Betriebswirtschaftslehre lernen heute, die Zeit der Patriarchen sei vorbei. Der Chef, der dank seines Alters-, Wissens- und Erfahrungsvorsprungs im eigenen Haus keinen Widerspruch zu befürchten hat und deshalb eine gewisse Großzügigkeit im Umgang mit seinen Mitarbeitern an den Tag legen kann, ist demnach ein liebenswürdiges Fossil, allenfalls noch anzutreffen in völlig aus der Zeit gefallenen Familienbetrieben.

Reinfried Pohl sind von den Medien viele Titel verliehen worden: „Finanz-Papst", „Der letzte Patriarch", „Deutschlands bester Verkäufer", „Mister Allfinanz". Sie treffen alle zu.

Ein Unternehmen mit rund 37 000 Vermögensberatern lässt sich nicht führen wie eine mittelständische Maschinenfabrik mit einigen hundert Mitarbeitern. Dennoch hat Reinfried Pohl es geschafft, den Vermögensberatern das Gefühl zu vermitteln, dass er jederzeit für sie da ist. Und er ist es auch, wenn ein Mitglied der DVAG-Familie Hilfe braucht.

Uwe Geier, Direktionsleiter in der Kleinstadt Taucha nordöstlich von Leipzig, hat am eigenen Leib erfahren, was es bedeutet, wenn der Chef nicht nur auf Umsatz und Gewinn achtet, sondern auch auf das Wohlergehen seiner Mitarbeiter. Der Karfreitag 2010 ist ein wunderschöner, sonniger Tag. An ihm erfüllt sich der damals 53 Jahre alte Geier einen Kindheitstraum – die erste Fahrt mit einer neu erworbenen Harley. Sie dauert nicht lange. Geier genießt das Gefühl von Freiheit, kommt in einer Kurve von der Straße ab, verliert die

Reinfried Pohl: „Erfahrung ist die Summe der Fehler, die man hinter sich hat. Je älter man ist, umso mehr hat man Erfahrung, damit auch mehr Chancen als Unerfahrene. Das ist auch der Grund dafür, dass schon bei den Indianern immer die Ältesten die Häuptlinge waren."

Herrschaft über seine „Road King Classic", verunglückt schwer. Als er wieder zu sich kommt, stellt er sich selbst die leider zutreffende Diagnose: Querschnittslähmung. Während der Notarzt ihn versorgt, fällt Geier ein, was „der Doktor" ihm und seinen Kollegen häufig gesagt hat: „Wenn Sie Hilfe brauchen, dann rufen Sie mich an." Reinfried Pohl befindet sich im Urlaub, ist nicht sofort zu erreichen. Doch er ruft noch am selben Tag zurück und hält Wort: „Der Doktor" lässt seine Verbindungen spielen, sorgt dafür, dass der Schwerverletzte in eine Spezialklinik in Bad Wildungen und in die Hände der besten Spezialisten kommt.

Was Geier heute noch beeindruckt: Obwohl Pohl damals selber an einer Schenkelhalsfraktur laboriert, besucht er den Verunglückten viermal an Krücken im Krankenhaus, spricht ihm Mut zu, bietet ihm weitere Hilfe an. Pohls Söhne besuchen Geier ebenfalls zusammen mit ihren Frauen. Geier ist seinem früheren Chef bis heute „unendlich dankbar" für diese Zuwendung, für seine Unterstützung bei der Reha und dem Wiedereinstieg in seinen Beruf. Es macht ihn zudem „so stolz, bei einem Unternehmen zu sein, in dem es dem Chef in erster Linie um die Menschen, um seine Vermögensberater, geht".

Als Ratgeber in medizinischen Notfällen war „der Doktor" häufig gefragt. Schließlich verfügte er als großzügiger Förderer der medizinischen Fakultät an der Marburger Universität über die besten Kontakte. Sie nutzt er gern, wenn er damit seinen Vermögensberatern oder deren Angehörigen helfen kann. Sein Verständnis von Fürsorgepflicht schließt die Vorsorge ein. Jedes Jahr können sich rund 1000 Führungskräfte und besonders erfolgreiche Vermögensberater in Marburg einem zweitägigen Gesundheitscheck unterziehen – auf Kosten des Unternehmens. Mit Rat und Tat steht

Reinfried Pohl seinen Leuten ebenfalls bei, wenn diese privat in finanzielle Schwierigkeiten geraten. Es sind zugleich die kleinen Gesten, mit denen Reinfried Pohl die Herzen seiner Mannschaft erobert. Verdiente Mitarbeiter rief er bei Geburtstagen an. Er überraschte zudem schon manchen Vermögensberater, wenn er sich persönlich am Telefon für einen besonders netten Brief oder eine Aufmerksamkeit bedankte.

Stieg ein Vermögensberater zum Direktionsleiter auf, rief Reinfried Pohl bei dem oder der Betreffenden an und gratulierte als Erster. Dann beglückwünschten auch seine beiden Söhne den neuen Direktionsleiter. Solange sie lebte, reihte sich Anneliese Pohl ebenfalls in die exklusive Schar der Gratulanten ein. Kaum vorstellbar, dass Spitzenmanager in Unternehmen vergleichbarer Größe sich diese Mühe ma-

Reinfried Pohl wusste immer, was er wollte. Und ließ sich nie von seinem Ziel abbringen.

chen, um ihre besten Mitarbeiter bei ihrem Aufstieg durch eine solche Geste der Zuwendung auszuzeichnen und zugleich zu weiterem Einsatz zu motivieren.

Reinfried Pohl wird von seinen Leuten bis heute bewundert. Aus gutem Grund: Die meisten Vermögensberater und Vermögensberaterinnen sind keine Akademiker, kommen aus ganz unterschiedlichen Berufen. Ehemalige Bankangestellte oder Versicherungsvertreter sind ebenso darunter wie Verkäufer, Handwerker oder Soldaten. Ihnen allen bot „der Doktor" Chancen, wie sie sie in ihren angestammten Professionen nicht hatten: eine selbständige Tätigkeit, bis zu sechsstellige Jahreseinkommen mit einem entsprechenden Lebensstandard und zudem Aufstiegsmöglichkeiten, die ausschließlich von der eigenen Leistung abhängen und nicht vom Wohlwollen eines Vorgesetzten. Dafür schätzen und verehren sie ihn – auch noch nach seinem Tod.

Reinfried Pohl war bei seinen Vermögensberatern „einfach Kult", wie „Die Welt" im Jahr 2003 feststellt. Bei den Großveranstaltungen mit mehreren tausend Teilnehmern wurde Pohl gefeiert wie ein Star. Ob 8000 in der Frankfurter Festhalle oder 15 000 in der KölnArena: Wenn Reinfried Pohl zusammen mit seiner Familie die Halle betrat, herrschte eine Atmosphäre wie bei einem Fußballspiel. Da wurde er bereits mit „standing ovations" gefeiert, noch ehe er ein Wort gesagt hatte. Hätte er anschließend am Rednerpult aus dem Telefonbuch vorgelesen, er hätte selbst dafür Beifallsstürme geerntet.

Es gibt wohl kein zweites Unternehmen in Deutschland, in dem die Mitarbeiter so sehr auf ihren Chef fixiert waren wie bei der DVAG. Für seine Berater war er der lebendige Beweis, dass man es von unten nach ganz oben schaffen kann. Sie waren stolz auf ihn, sie bewunderten ihn, er war ihr Hoffnungsträger. Denn die Berater wussten um den engen Zusammenhang zwischen den strategischen Entscheidungen des Vorstandsvorsitzenden und ihrer eigenen beruflichen Situation. Oder um es in der Fußballsprache zu sagen: Er war der Spielmacher. Wenn er keine Vorlagen gab, konnten seine „Mitspieler“ keine Tore schießen.

„Dem Doktor“ auf Großveranstaltungen zuzuhören ist das eine: Wenn er die eigenen Erfolge herausstellt, neue Ziele vorgibt, über die nicht so erfolgreiche Konkurrenz lästert und jedem Teilnehmer das Gefühl gibt, er gehöre dazu, sei Teil einer großen, erfolgreichen und unschlagbaren Gemeinschaft. Ein noch größeres Erlebnis war es für die Berater, Reinfried Pohl persönlich zu erleben. Es handelte sich meist um Zufallsbegegnungen in den Schulungs- und Begegnungsstätten.

Direktionsleiter Mathias Ulrich zählt solche Treffen mit Reinfried Pohl „ein bisschen zu den Highlights meiner beruflichen Karriere“. Denn in Pannonia etwa war ein ganz lockerer, entspannter, krawattenloser Reinfried Pohl zu erleben, der auf seine Leute zugeht, ihnen auf die Schulter klopft, alte Bekannte auch mal in den Arm nimmt. Wenn er bei solchen Treffen eines der Restaurants besuchte, kam er meistens nicht zum Essen. Da ließ er sich gern in Gespräche verwickeln, musste Hände schütteln, sich mit seinen Vermögensberatern und ihren Partnern fotografieren lassen. Diese schwärmen noch heute von dieser persönlichen Begegnung mit Reinfried Pohl.

Die Wirkung der „Kultfigur“ Reinfried Pohl war bei jungen Vermögensberatern kaum anders als bei altgedienten.

Anna Kunz, erst seit 2009 dabei, erinnert sich an das erste Mal, als sie Reinfried Pohl persönlich sah. Sie ist bei einer Schulung in Marburg, und Pohl macht einen Überraschungsbesuch. Die junge Frau kann es zuerst kaum glauben, dass „der Doktor" plötzlich im selben Raum sitzt wie sie. Auch seine Rede ist ihr noch sehr gegenwärtig: „Er strahlte so eine Ruhe und Vertrauenswürdigkeit aus. Da habe ich gedacht, den kann wohl keiner von seinem Weg

Wegen eines nicht diagnostizierten Bruchs des Oberschenkels muss Reinfried Pohl Anfang 2010 „am Stock" gehen. Trotz Krücke tritt der Kämpfer bei seinen Vermögensberatern auf – und wird umso lauter umjubelt.

abbringen. Er strahlt aus, dass er schon so viel erreicht hat, ist aber nicht abgehoben."

Direktionsleiterin Christine Wozniak, schon mehr als zwei Jahrzehnte bei der DVAG, kannte Reinfried Pohl persönlich und war immer aufs Neue fasziniert, wenn sie ihn traf: „Er war immer so warmherzig und so herzlich. Er kannte fast jeden mit Namen. Der Mann war ein Phänomen." Nicht anders sah es der DVAG-Veteran Peter Wagner: „Ich bin seit 1976 im Unternehmen. Mein Chef, der Doktor, ist immer da, wenn man ihn braucht. Er hielt hundertprozentig sein Wort."

Reinfried Pohl, der „Patriarch", genoss die Zuneigung seiner Mannschaft. Er wusste aber auch um die Verpflichtung, die aus diesem Vertrauen resultiert. Und beides war ihm Ansporn. Mancher Betriebswirtschafts-Professor hätte wohl nicht „den Tod" des patriarchalischen Führungsstils verkündet, wenn er Reinfried Pohl und die DVAG gekannt hätte.

Der Kommunikator:
„Der Doktor“ braucht keine „Kreativen“

Reinfried Pohl hat immer kämpfen müssen. Einen Kampf aber hat er nie aktiv geführt, nämlich den um gesellschaftliche Anerkennung und öffentliche Aufmerksamkeit, um Schlagzeilen auf den Wirtschaftsseiten seriöser Zeitungen oder gar um Titelfotos der Klatschblätter. Folglich blieb einer der erfolgreichsten deutschen Unternehmer der breiten Öffentlichkeit weitgehend unbekannt. Das gilt selbst für die Finanzmetropole Frankfurt, wo sein Unternehmen seinen Sitz hat und einer der größten Steuerzahler der Stadt ist.

Es ist schwer vorstellbar, aber wahr: Dort, wo „man“ sich in Frankfurt unter dem Motto „Sehen und gesehen werden“ trifft – bei den großen Empfängen von Stadt, Börse oder Industrie- und Handelskammer, bei Opernpremieren, glanzvollen Bällen, Veranstaltungen der „Frankfurter Gesellschaft für Wirtschaft, Handel und Wissenschaft“ oder in den VIP-Logen der „Eintracht“ – dort tauchte Reinfried Pohl nie auf. Er beschäftigte auch keine PR-Agenturen, um sich Einladungen zum Deutschen Filmpreis oder zur Bambi-Verleihung zu verschaffen. Er hat sich nicht einmal von seinem guten Freund Helmut Kohl einladen lassen, um den Langzeitkanzler auf seinen Auslandsreisen zu begleiten. Was würde mancher DAX-Vorstand geben, um sich damit brüsten zu können, was „ich und der Kanzler“ oder „ich und die Kanzlerin“ in Washington, Rio oder Peking so alles erlebt haben?

Nein, das war nicht die Welt des Reinfried Pohl. Sein Ehrgeiz bestand darin, mit betriebswirtschaftlichen Kennziffern zu glänzen, nicht mit der Zugehörigkeit zur Schampus-Klasse. Seine Pressearbeit war eher defensiv ausgerichtet. Zu Pressekonferenzen und Hintergrundgesprächen mit Journalisten lud Reinfried Pohl nicht allzu häufig. Bei seinen Großveranstaltungen mit Tausenden von Vermögensberatern hatten Journalisten nur in Ausnahmefällen Zutritt.

In dieser Zurückhaltung spiegelte sich einmal ein wesentlicher Charakterzug wider, der in seiner Generation weitaus verbreiteter ist als bei den jüngeren, ach so dynamisch auftretenden Managern: mehr sein als scheinen. Zugleich hatten die vielen abträglichen Veröffentlichungen, die er im Laufe seiner Karriere über sich ergehen lassen musste, Reinfried Pohl misstrauisch gegenüber Journalisten werden lassen. Wie unfair er häufig behandelt worden ist, zeigt das Beispiel der „Frankfurter Allgemeinen Zeitung". Das Blatt versteht sich als Anwalt der sozialen Marktwirtschaft, macht sich für mehr private Vorsorge statt ständig zunehmender staatlicher Betreuung stark und beklagt bei jeder passenden Gelegenheit den Mangel an starken Unternehmerpersönlichkeiten, die mit eigenem Kapital haften. Aber der FAZ-Leser musste über Jahre hinweg den Eindruck gewinnen, nicht der eher biedere Reinfried Pohl, sondern der flamboyante Carsten Maschmeyer und sein AWD wären die eigentlichen Marktführer. Dabei ließ und lässt die DVAG den AWD (er firmiert seit 2013 unter dem Namen „Swiss Life Select") bei allen entscheidenden Kennziffern wie Prämienumsatz, Gewinn, Zahl der Kunden und Vermögensberater weit hinter sich. Mittlerweile sind die drei nachfolgenden Wettbewerber Swiss Life Select, MLP und Postbank Finanzberatung zusammen kleiner als die DVAG.

Sonderdruck aus
Wirtschaft aus erster Hand
manager
manager
www.manager-magazin.de
magazin
Die unglaubliche Karriere des Reinfried Pohl
DEUTSCHLANDS BESTER VERKÄUFER
Und was Sie von ihm lernen können

Kurz nach seinem achtzigsten Geburtstag erhält Reinfried Pohl vom „Manager Magazin“ den publizistischen Ritterschlag: „Deutschlands bester Verkäufer“. In der Titelgeschichte heißt es treffend: „Reinfried Pohl hat eine ganze Branche revolutioniert.“

Dass die Boulevard-Medien Maschmeyer allein wegen seiner Partnerin Veronica Ferres für interessanter halten als den unternehmerisch ungleich erfolgreicheren Reinfried Pohl, bedarf keiner Begründung. Doch selbst für die Wirtschaftspresse gibt es objektive Gründe, den kleineren Wettbewerbern AWD und MLP mehr Beachtung zu schenken als der Deutschen Vermögensberatung. Der AWD war lange Zeit börsennotiert und MLP ist es immer noch, so dass sie schon aufgrund von Pflichtveröffentlichungen wie den Quartalszahlen oder Jahresergebnissen von den Wirtschaftsjournalisten beachtet werden müssen. Da kann die im Familienbesitz befindliche DVAG nicht mithalten. Es gibt aber auch noch einen anderen, aus Sicht der DVAG ausgesprochen erfreulichen Aspekt des größeren medialen Interesses an den Wettbewerbern: AWD und MLP haben aufgrund unternehmerischer Fehler und selbstverschuldeter Krisen in den vergangenen Jahren immer wieder negative Schlagzeilen produziert. Auf diese Art der Publizität verzichtete „der Doktor" freilich gern.

Um Talkshows machte Reinfried Pohl stets einen großen Bogen. Die Welt in 30 Sekunden zu erklären und sich dabei noch vom Moderator oder einem anderen Gesprächsteilnehmer unterbrechen zu lassen, ist nicht die Art von Kommunikation, die er schätzt. Solche Scharmützel sind auch nicht seine Stärke. Er weiß dies und hat von seinem Verzicht auf solche Auftritte profitiert. So wie er davon profitiert, dass er seinen Kunden keine unkontrollierten Produkte des „grauen Kapitalmarkts" anbietet.

Als Kommunikator ist Reinfried Pohl dann am besten, wenn er sich wohl fühlt. Das tut er im Kreis seiner Vermögensberater. Da läuft er als Redner zur Hochform auf. Wobei er vor

1998 wird der 1. FC Kaiserslautern Deutscher Meister. Der Sponsor DVAG gratuliert der Mannschaft und dem Meistertrainer Otto Rehhagel mit einem überdimensionalen Poster an der Firmenzentrale in Frankfurt.

200 oder 300 Zuhörern ebenso überzeugend wirkt wie vor 3000 oder gar 15 000. Den meisten Spaß hat er in vollen Hallen, wenn er spürt, wie der Funke zu seinen Vermögensberatern überspringt. Die Stärke des Redners Pohl liegt in seiner klaren Sprache. Das hat er offenbar in der politischen Arena gelernt, nicht vergessen und ständig verfeinert. Er vermeidet Fremdwörter, benutzt keine hochgestochen klingenden Anglizismen, täuscht nicht durch Zitate aus dem Zettelkasten einen intellektuellen Anspruch vor. Der Unternehmer Pohl bietet einfache, verständliche Finanzprodukte an, der Redner Pohl einfache Sätze und klare Aussagen, garniert mit humorvollen Einlagen.

Ganz wichtig: Reinfried Pohl versucht nicht krampfhaft, auf jedem Vermögensberatertag eine völlig andere Rede zu halten. Das Gegenteil ist der Fall: In ihrer Grundstruktur sind sich seine großen Reden ähnlich. Keine Rede ohne Hinweis auf vergangene Erfolge und die herausragende Stellung der DVAG. Keine Rede ohne Lob für die „berufliche Familiengemeinschaft“, die solche Erfolge erst möglich macht. Keine Rede ohne ein paar flapsige Bemerkungen über die Misserfolge von Wettbewerbern. Keine Rede ohne die Ankündigung von neuen Prämien, Vergünstigungen oder Reisen für überdurchschnittlich erfolgreiche Vermögensberater. Keine Rede ohne ein großes Dankeschön – an die Vermögensberater und ihre Partner sowie an die Mitglieder der eigenen Familie. Die Zuhörer sollen Stolz auf das eigene Unternehmen und auf ihren eigenen Beitrag empfinden. Und sie empfinden Dankbarkeit gegenüber dem Mann an der Spitze, der vielen von ihnen den Weg in Einkommenskategorien freigemacht hat, von denen die meisten vor ihrer Tätigkeit für die DVAG nicht zu träumen wagten.

Der Redner Pohl setzt bei alldem das Mittel der Wiederholung konsequent ein. Auch das darf wohl auf das Konto „politische Erfahrung“ gebucht werden. Dort gilt die Regel: Wenn der Redner es selber nicht mehr hören kann, wenn seine Mitarbeiter die Sätze mitsprechen können, wenn Journalisten nicht mehr mitzuschreiben brauchen, dann – erst dann – besteht die Chance, dass seine Thesen beim breiten Publikum angekommen sind. Dieses Rezept wendet der Redner Pohl konsequent an. Stets zählt er die Erfolge auf: Wir sind das Original der inzwischen nahezu weltweit akzeptierten Allfinanz-Konzeption. Wir haben einen neuen Berufsstand geschaffen, den des Vermögensberaters. Wir haben die Fondsgebundene Lebensversicherung am Markt durchgesetzt. Wir haben den ersten eigenständigen Finanzvertrieb aufgebaut. Wir sind auf unserem Markt die Numero 1. Wir haben Finanzgeschichte geschrieben.

Zu den ständigen Wiederholungen zählt die Betonung der Einzigartigkeit „unserer beruflichen Familiengemeinschaft“: Nirgendwo gehört die möglichst weite Einbeziehung der Lebenspartner in das berufliche Geschehen so dazu wie bei der DVAG. Nirgendwo gibt es Berufe und Arbeitsplätze, die zu mehr Freundschaften unter im Beruf miteinander verbundenen Menschen führen. Kein anderes Unternehmen investiert so viel in Begegnungsstätten im In- und Ausland.

Der Redner Pohl verzichtet nie auf den Hinweis, wie gut die Zukunftsaussichten für das Unternehmen und damit auch für die Vermögensberater sind, jedenfalls für alle, die sich anstrengen. Seine Thesen: Die allermeisten der von der DVAG angebotenen Produkte sind unverzichtbar, können nicht unmodern werden, nicht von einer Technologie ersetzt werden. Ohne Versicherungsschutz kann kein Auto fahren, kein Haus gebaut und bewohnt, keine Krankheit behandelt und keine Familie abgesichert werden. Zur Lebensversicherung gibt es keine Alternative, ebenso wenig zur Absicherung von Gefahren für die Familie und die eigene Arbeitskraft. Ein weiteres Argument, mit dem der Redner Pohl stets die glänzenden Zukunftsaussichten begründet: Vater Staat braucht uns. Der drohenden Altersarmut kann der Staat nicht mit Hilfe des Roten Kreuzes, der Johanniter, der Kirchen oder gar der Verbraucherschützer begegnen, sondern nur mit „Helfern“ wie den Vermögensberatern der DVAG.

Noch etwas will „der Doktor“ seinen Vermögensberatern immer wieder versichern: Er denkt im Traum nicht daran, das Unternehmen an die Börse zu bringen oder anderen Investoren den Einstieg zu ermöglichen. Dieses Versprechen ist quasi in Stein gemeißelt: Die Deutsche Vermögensberatung ist und bleibt ein familiengeführtes Unternehmen. Um das auch optisch zu demonstrieren, gibt es zu Lebzeiten von Anneliese Pohl keine wichtige Veranstaltung, bei der nicht seine Frau sowie die beiden Söhne mit ihren Frauen in der ersten Reihe sitzen und meist nach Pohls Rede auf die Bühne gebeten werden – ein sichtbares Zeichen familiärer Kontinuität.

Nach dem Tod seiner Frau im Sommer 2008 stellt Reinfried Pohl seine Söhne noch deutlicher in den Vordergrund. Die Vertriebskonferenz im November in der Frankfurter Festhalle ist das erste große Treffen der DVAG-Familie ohne Anneliese Pohl. Reinfried Pohl kommt hier zu Beginn nicht mehr allein auf die Bühne, sondern wird erstmals von Reinfried junior und Andreas begleitet. Ebenfalls zum ersten Mal treten Vater und Söhne abwechselnd ans Mikrofon, um die Zukunftspläne zu erläutern. So demonstriert der „Patriarch" sein Vertrauen in die nächste Generation. Ein kommunikatives Meisterstück.

Gäbe es einen Preis für die „Erfindung" einprägsamer Formulierungen, Reinfried Pohl hätte beste Chancen gehabt, in der Kategorie „Lebenswerk" ausgezeichnet zu werden. Um seine Ziele, seine Methoden, seine Erfolge zu beschreiben, verwendet er gern eingängige Lebensweisheiten, oder er übersetzt das, was er sagen will, in leichtverständliche Slogans. Viele davon verwendet das Unternehmen in seiner Werbung. Dazu braucht Reinfried Pohl keine Werbeagentur mit hochbezahlten „Kreativen". Kreativ ist „der Doktor" selber.

Die Vertriebskonferenz 2008 ist das erste Treffen der DVAG-Familie ohne Anneliese Pohl. Ebenfalls zum ersten Mal teilt der „Patriarch" das Podium mit seinen Söhnen Andreas Pohl (links) und Reinfried Pohl: eine Demonstration des Vertrauens in seine Söhne.

Den Unternehmenszweck Vorsorge und Absicherung bringt der Kommunikator Pohl auf die Formel: „Früher an später denken". Oder etwas ausführlicher: „Vermögensaufbau ohne Vermögensabsicherung gleicht einem Haus ohne Dach". Das Leitbild der DVAG-Familie fasst er so zusammen: „Erfolg hat man gemeinsam oder gar nicht". Oder: „Wir bieten mehr als Provisionen". Seine Mitarbeiter motiviert er mit dem Appell, „wir müssen immer etwas besser, etwas fleißiger und etwas ideenreicher sein als unsere Konkurrenz". Auch durch Warnungen wie „Wer aufhört, besser zu werden, hat aufgehört, gut zu sein" oder „Früher oder später führt jede schlechte Beratung zum Storno". Seine Strategie, besser solide Produkte mit geringeren Margen zu vertreiben als

Die Finanzkrise 2008 bringt auch deutsche Banken ins Wanken. Die DVAG dagegen kann ihr bestes Ergebnis aller Zeiten verkünden. Reinfried Pohl lässt das, was

hochspekulative, übersetzt er mit „Lieber ein Leben lang nur Schnitzel, Kartoffelsalat und Bier als wenige Monate Kaviar, Hummer und Champagner – und dann lebenslänglich nur noch trocken Brot und Leitungswasser". Für die Bemühungen der Wettbewerber, es der DVAG gleichzutun, hat er nur milden Spott übrig: „Zwischen kopieren und kapieren besteht ein großer Unterschied". Es sind einfache Bilder, aber ausgesprochen wirkungsvolle.

Einfach und ausgesprochen wirkungsvoll war es auch, wie Reinfried Pohl die verheerenden Folgen der Lehman-Pleite seinen Vermögensberatern darstellte. Es war auf der schon erwähnten Vertriebskonferenz im November 2008: Das

der „Finanz-Tsunami" angerichtet hat, auf einer Großleinwand bildlich darstellen. 7000 Vermögensberater in der Frankfurter Festhalle sind begeistert.

Bankhaus Lehman Brothers hatte Insolvenz angemeldet. Die Bundesregierung beziehungsweise der Steuerzahler musste HypoRealEstate retten. In den Hochhäusern rings um die DVAG-Zentrale im Frankfurter Bankenviertel waren Zweifel und Ängste zu spüren. In diesem Umfeld beruhigt und begeistert Pohl 7000 Vermögensberater mit der Bekanntgabe, die DVAG werde 2008 ihr bisher bestes Ergebnis erreichen.

Dann grenzt er die DVAG gegenüber den Finanzinstituten im Allgemeinen ab: „Einige Banken schwanken, wir aber haben ein erdbebenfestes Haus. Wir haben unseren Kunden auch nie Zertifikate verkauft", ruft er mit berechtigtem Stolz in den riesigen Saal. Zugleich lässt er das Gesagte auf der Großleinwand bildlich darstellen: Eine Zeichnung des Frankfurter Bankenviertels mit dem strahlenden DVAG-Gebäude als Mittelpunkt, umgeben von bereits zusammengefallenen oder vom Einsturz bedrohten Bankgebäuden – perfekte Kommunikation eines begnadeten Kommunikators.

Kommunikation nach innen hat für Reinfried Pohl absoluten Vorrang. Doch die Grenzen verwischen bisweilen. Das DVAG-Logo auf der Kappe der Formel-1-Legende Michael Schumacher sahen Millionen Rennsportfans vor den Bildschirmen oder als Zeitungsleser. Doch die Werbewirkung war für Reinfried Pohl zweitrangig gegenüber der Wirkung nach innen. Es soll in erster Linie seine Vermögensberater motivieren, dass eine Sportikone wie „Schumi" ihr Firmenlogo trägt: Die Nummer 1 in der Formel 1 bekennt sich zur Nummer 1 unter den Finanzvertrieben. Das sollte die ganze DVAG-Mannschaft stolz machen – und das tat es auch.

Der Mäzen:
Nein zu sagen ist nicht seine größte Stärke

Es hat auch Nachteile, wenn man erfolgreich und wohlhabend ist: Man wird ständig „angebettelt". Reinfried Pohl wusste davon ein Lied zu singen. Kaum wird bekannt, dass er eine soziale oder wissenschaftliche Einrichtung unterstützt hat, treffen bei ihm Bettelbriefe anderer Institutionen ein. Bei den wenigen gesellschaftlichen Ereignissen, auf denen er sich sehen lässt, erwähnen bürgerliche Politiker gern beiläufig, wie teuer Wahlkämpfe heute sind, oder weisen Vorsitzende von karitativen Organisationen darauf hin, warum ihr Anliegen besonders unterstützenswert ist. Es ist ein Kreislauf: Wer viel hat und viel gibt, wird immer häufiger um Hilfe gebeten.

Reinfried Pohls Problem: Er hat ein großes Herz, er hilft gern und kann nur schwer nein sagen. Folglich spendet er sehr viel. Das „Manager Magazin" ordnet ihn im Oktober 2012 mit einem Vermögen von geschätzten 2,85 Milliarden Euro auf Platz 33 unter den 500 reichsten Deutschen ein. Bei den „größten Stiftern und Spendern" der vergangenen zwölf Monate setzt ihn das Magazin mit 13,5 Millionen Euro „für den Kampf gegen Krebs, Förderung des wissenschaftlichen Nachwuchses und der Stadt Marburg" auf Platz 3.

Reinfried Pohl hat sich sein ganzes Leben lang für andere eingesetzt, weit über die eigene Familie hinaus. Das beginnt während des Studiums in Marburg, als er sich um Unterkünfte für seine Kommilitonen bemüht. Das setzt sich bei seinem politischen Engagement fort. Mit wachsendem wirtschaftlichem Erfolg und persönlichem Wohlstand hilft er direkt mit Geld – und er hilft gern. Dass einer, dem es besser geht, andere unterstützt, diese Haltung zieht sich wie ein roter Faden durch sein Leben. Als Unternehmer bekennt er sich zudem zu seiner sozialen Verantwortung über das Geschäftliche hinaus. Diese Verpflichtung ist für Reinfried Pohl mit der Überweisung der Steuern ans Finanzamt noch lange nicht erledigt.

Vom kühlen Strategen, der den Markt der privaten Vorsorge revolutionär verändert hat, ist beim Spender Pohl nicht viel zu spüren. Er nutzt die Millionen, die er Jahr für Jahr anderen gibt, nicht strategisch, indem er sich etwa auf ein Großprojekt konzentriert, das ihm bundesweit Schlagzeilen und Anerkennung einbringen und als „Nebenprodukt" zusätzlich die Aufmerksamkeit auf sein Unternehmen lenken würde. Im Gegenteil: Der Helfer Pohl spendet sehr spontan und sehr emotional. Das illustriert seine Reaktion auf das schwere Erdbeben, das am zweiten Weihnachtsfeiertag 2004 vor der Küste der indonesischen Insel Sumatra eine Welle von Tsunamis auslöst, die 230 000 Menschen das Leben kostet, 110 000 verletzt und 1,7 Millionen obdachlos macht. Einen Tag später, am 27. Dezember, tagt der Pohl'sche Familienrat und beschließt, die Hilfsaktionen von Unicef mit einer Million Euro zu unterstützen.

Die Pohls gehören damit in Deutschland zu den ersten und großzügigsten Tsunami-Spendern. Das erfüllt seine Vermögensberater mit Stolz, wie „der Doktor" aus unzähligen Briefen erfährt. In der breiten Öffentlichkeit wird die Spende dagegen kaum beachtet. Als andere, viel größere Unternehmen in den vom Fernsehen ausgestrahlten Spendenga-

DEUTSCHER FUSSBALL-BUND
Fritz Walter
Kapitän der Weltmeister-Elf von 1954
und Ehrenspielführer der
Deutschen Fußball-Nationalmannschaft.

Reinfried Pohl schwärmt schon als junger Mann für die Fußballkünste Fritz Walters. Der Kapitän der Weltmeister-Elf von 1954 wiederum war dem Unternehmer dankbar für dessen großzügige Unterstützung des 1. FC Kaiserslautern.

las vor einem Millionenpublikum Spendenschecks über viel kleinere Summen überreichen, wird der Name Pohl nicht erwähnt. Er hat spontan geholfen, ohne sich zu vermarkten.

Spontan geholfen hat Reinfried Pohl bereits Ende der neunziger Jahre dem 1. FC Kaiserslautern. Der Fußballbundesligist stand finanziell vor dem Untergang, als die Deutsche Vermögensberatung AG als Hauptsponsor einsprang. Da gab weniger die frühere Begeisterung Pohls für die Fußballlegende Fritz Walter und seine „Roten Teufel" den Ausschlag als vielmehr die Bitte seines Freundes Helmut Kohl, der dem 1. FCK emotional sehr verbunden ist. Da konnte Pohl nicht nein sagen. Natürlich erhoffte er sich als Sponsor auch wirtschaftliche Vorteile für die DVAG. Doch die blieben überschaubar. Die rund 55 Millionen Euro, mit denen die DVAG dem 1. FC Kaiserslautern und damit der ganzen Pfalz geholfen hat, hätte das Unternehmen weitaus effektiver in Öffentlichkeitsarbeit und Werbung investieren können.

Reinfried Pohl hat nicht eines Tages beschlossen, großzügig zu sein. Das ergab sich eher beiläufig. In dem Maße, in dem er wirtschaftlichen Erfolg hat und sich das herumspricht, erreichen ihn auch Bitten um Unterstützung, zuerst aus Marburg und dann aus ganz Deutschland. Der kühle Unternehmer hat eine sentimentale Seite: Bei Marburg und den Marburgern wird er regelmäßig schwach; da sitzt sein Spendengeld besonders locker. Denn Marburg ist eben nicht nur seine neue Heimat geworden, wo er studiert und seine geliebte Frau kennengelernt hat. Reinfried Pohl ist in gewisser Weise verliebt in Marburg. Zudem fühlt er sich als Ehrenbürger gegenüber seiner Stadt ebenso in der Pflicht wie als Ehrensenator gegenüber der Universität.

Marburg und den Marburgern bekommt das gut. Der Sitz der Deutschen Vermögensberatung AG ist Frankfurt. Gleichwohl lässt er Marburg an seinen wirtschaftlichen Erfolgen teilhaben, weil Reinfried Pohl einen Teil seiner unternehmerischen Aktivitäten in „seine“ Stadt verlagert hat. Hier ist der Sitz der Holding der DVAG und seiner übrigen Gesellschaften, hier betreibt die DVAG das Luxushotel „Rosenpark“, hier hat er 2011 rund 50 Millionen in sein „Zentrum für Vermögensberatung“ investiert, ein in der Finanzbranche einmaliges Informations- und Kongresszentrum mit einer Schulungs- und Begegnungsstätte für Vermögensberater aus ganz Deutschland sowie dem Firmenmuseum „Haus der Gründer“.

Die Stadt an der Lahn profitiert von dem Unternehmer Pohl, indem sie seit 1996 mehr als 100 Millionen Euro an Gewerbesteuer eingenommen hat. Sie profitiert auch davon, dass die DVAG mit ihren Marburger Gesellschaften, darunter die Holding, das Hotel „Rosenpark“ und das „Zentrum für Vermögensberatung“, insgesamt mehr als 200 Vollzeitstellen geschaffen hat. Sie profitiert zudem von den etwa 50 000 Teilnehmern, die Jahr für Jahr hier an Veranstaltungen und Tagungen teilnehmen und natürlich auch Geld ausgeben. Nicht zuletzt hat der neue Gebäudekomplex der DVAG das nicht gerade anheimelnde Nordviertel der Stadt städtebaulich deutlich aufgewertet. Was viele Marburger gar nicht wissen: Dass sie vom Bahnhofsviertel aus über eine neue Fußgängerbrücke bequem ins Nordviertel schlendern können, verdanken sie ebenfalls Reinfried Pohl.

All diese Gebäude hätte die DVAG auch in Frankfurt errichten können; insofern sind diese Investitionen samt der damit verbundenen Arbeitsplätze ein Geschenk des Marburger Ehrenbürgers an seine Stadt. Marburg profitiert zudem direkt vom Spender Pohl. 37 Vereine, soziale und kulturelle Einrichtungen durften sich im vergangenen Jahrzehnt über großzügige Hilfen ihres Mitbürgers freuen, von der ambulanten Hospiz-Arbeit über den Ruderverein bis zur freiwilligen Feuerwehr. Allein der Sportverein VfB Marburg wurde in dieser Zeit mit mehr als einer halben Million Euro bedacht. Wenn der Bach-Chor auf Unterstützung angewiesen ist oder der Verein „Marburger Tafel“ dringend ein neues Auto für Lebensmitteltransporte braucht – Reinfried Pohl sagt meistens nicht nein.

Sosehr sich Vereine und Einrichtungen über die Großzügigkeit ihres Mitbürgers Pohl freuen: Mit seiner größten Spende für die Stadt handelte sich der Spender viel Ärger ein. Kurz vor Weihnachten 2011 hat Reinfried Pohl ein Gespräch mit dem Marburger Oberbürgermeister Egon Vaupel. Der spricht mit ihm über den Plan, einen Schrägaufzug von der Altstadt zu dem hoch über der Stadt thronenden Landgrafenschloss zu bauen, einem der prägnantesten Bauwerke der Stadt und von großem kunsthistorischem wie baugeschichtlichem Interesse. Doch vor allem ältere Menschen, Einheimische wie Touristen, scheuen den steilen Anstieg zu dem 287 Meter hohen Schlossberg.

Reinfried Pohl ist von dem Plan hellauf begeistert und sagt dem Oberbürgermeister spontan eine Spende über vier Mil-

Im Dezember 2006 ehrt die Stadt Marburg ihren großen Sohn mit der Verleihung der Ehrenbürgerwürde. Es ist ein ganz besonderer Tag für den Geehrten – aber auch für Oberbürgermeister Egon Vaupel (links).

lionen Euro zu. Zugleich bittet er vorerst um vertrauliche Behandlung, weil seine Familie von dieser Absicht noch nichts weiß. Am 28. Dezember geht die Spende bei der Stadt ein, im Januar 2012 informiert das Stadtoberhaupt – vertraulich – den Magistrat und die Fraktionsvorsitzenden. Wie das im politischen Geschäft so ist, landet diese vertrauliche Information bei den Medien. Und es bricht ein Sturm los: kein Sturm der Begeisterung, wie eigentlich zu erwarten gewesen wäre. Nein, es ist ein Sturm der Entrüstung, politisch von links angefacht und medial unterstützt: Hier wolle sich einer Einfluss auf die Kommunalpolitik erkaufen, sich ein Denkmal setzen, sein schlechtes Gewissen wegen seines unermesslichen Reichtums beruhigen. So oder ähnlich lauten die Vorwürfe. Reinfried Pohl will „seinem" Marburg ein besonderes Geschenk machen. Doch in Teilen der Marburger Politik und Öffentlichkeit erntet er nur persönliche Angriffe und böse Vorwürfe.

Ein anderer Mäzen hätte die Stadt vielleicht aufgefordert, das Geld einfach zurückzugeben. Reinfried Pohl will sich von grünen Fundamentalisten und der in Marburg DKP-lastigen Linkspartei nicht vorschreiben lassen, ob er mit seinem eigenen Geld der Stadt etwas Gutes tut oder nicht. So zeigt er sich generös und ist damit einverstanden, dass zunächst ein Viertel seiner Vier-Millionen-Spende für schulische und wohltätige Projekte verwendet wird. Die Stadtverwaltung bemäntelt dieses kommunalpolitische Possen- und Trauerspiel mit dem Hinweis auf „rechtliche Hindernisse" im Haushaltsrecht. Die restlichen drei Millionen sollen in den Haushaltsplan für das Jahr 2014 eingestellt werden, zweckgebunden für den Aufzug zum Schloss. Zwei Jahre nach seiner großzügigen Spende räumt Reinfried Pohl offen ein, er fühle sich durch das Verhalten von Teilen der Politik und der Öffentlichkeit „auch heute noch gekränkt". Was ihn, den Macher, 15 Monate vor seinem Tod besonders ärgert: Der Schrägaufzug von der Altstadt zum Schloss hätte längst in Betrieb, zumindest im Bau sein können. Bis dahin wird aber noch viel Zeit ins Land ziehen. Ende des Jahres 2014 – nach dem Tod des Spenders – stellt sich heraus, dass das Vorhaben auf der vorgesehenen Route erst realisiert werden kann, wenn das Physikalische Institut der Universität in unmittelbarer Nähe der vorgesehenen Trasse umgezogen ist. Denn der Schrägaufzug könnte die elektromagnetischen Felder der Messgeräte der dort arbeitenden Forscher beeinflussen. Das wiederum schiebt eine Inbetriebnahme bis ins Jahr 2025 hinaus, weil die Physiker erst dann ihr Gebäude am Fuß des Schlossbergs geräumt haben werden. Reinfried Pohl wäre, hätte er das noch erleben müssen, sicherlich „not amused" gewesen.

Dem erfolgreichen Unternehmer Reinfried Pohl liegt neben der Stadt auch die Philipps-Universität, seine „Alma Mater", sehr am Herzen. Als er in den neunziger Jahren sieht, wie schlecht die juristische Bibliothek und das Institutsgebäude seiner alten Fakultät ausgestattet sind, „da musste ich einfach helfen". 1997 gründet er die Dr. Reinfried Pohl-Stiftung zur Förderung von Forschung und Wissenschaft, vor allem an den Marburger Fachbereichen Medizin und Rechtswissenschaften. Seitdem erfreuen sich die beiden Fachbereiche einer großzügigen Förderung. Die Marburger Mediziner und Juristen wurden in den vergangenen Jahren mit insgesamt mehr als 20 Millionen Euro gefördert. Zentrale Einrichtungen der Universität gehen ebenfalls nicht leer aus. Als die Bestuhlung der alten Aula erneuert und die Orgel restauriert werden muss, ist der Alumnus Reinfried Pohl wie selbstverständlich zur Stelle.

„Seinen" Juristen hilft Reinfried Pohl auf vielfältige Weise: bei der Ausstattung der Bibliothek, der Ausrichtung von wissenschaftlichen Tagungen, der Veröffentlichung von Fachpublikationen, Promotionsstipendien oder der Anschaffung von 500 Laptops für die Forschungsstelle Rechtsinformatik. Pragmatisch, wie er ist, finanziert Reinfried Pohl der Forschungsstelle für Finanzdienstleistungsrecht eine bundesweit einmalige Fachbibliothek. Warum auch soll seine Branche nicht Nutzen aus den wissenschaftlichen Erkenntnissen Marburger Juristen ziehen?

Bei der Unterstützung der Juristen spielen Dankbarkeit und Nostalgie eine Rolle, bei der Förderung der Mediziner kommt das berufliche Leitmotiv „des Doktors" zum Tragen: „Früher an später denken", also in diesem Fall an die Weiterentwicklung der Medizin zum Nutzen aller. So finanziert die Stiftung eine Professur für Präventive Kardiologie und eine weitere für Molekulare Kardiologie, unterstützt vielfältige Forschungsprojekte. Was Reinfried Pohl nie verschwieg: Die von ihm geförderten Marburger Herzspezialisten konnten auch schon einigen seiner Mitarbeiter helfen.

Ein Leuchtturmprojekt der Dr. Reinfried Pohl-Stiftung ist das 2011 eröffnete „Dr. Reinfried Pohl Zentrum für medizinische Lehre" in unmittelbarer Nähe zum Universitätsklinikum. Hier werden Marburger Medizinstudenten praxisnah ausgebildet. In das Zentrum integriert ist die „Anneliese Pohl-Kindertagesstätte". Sie erleichtert jungen Wissenschaftlerinnen und Wissenschaftlern die Verbindung von Beruf und Familie.

Großzügig und hilfsbereit war Reinfried Pohl sein Leben lang. Der Tod seiner Frau hat diesen Wesenszug noch verstärkt. Seitdem sprach er – auch öffentlich – öfter davon, dass er nicht wisse, wie viel Zeit ihm der Herrgott noch gebe. Diese Zeit nutzt er, nicht nur als Unternehmer, sondern ebenso als Mäzen. 2009 errichtet er im Gedenken an seine Frau die Anneliese Pohl-Stiftung; sie ist die größte Stiftung in Mittelhessen. Ihr Zweck: Unterstützung und Begleitung von an Krebs erkrankten Personen und ihren Angehörigen sowie die Förderung der medizinischen Forschung.

Die Stiftung berät seit 2010 in der „Anneliese Pohl-Psychosoziale Krebsberatungsstelle" Patienten und ihre Angehö-

rigen, gibt seelische Hilfe sowie Rat bei rechtlichen und wirtschaftlichen Fragen. Zudem fördert die Anneliese Pohl-Stiftung Nachwuchswissenschaftlerinnen finanziell, um ihnen die Vereinbarkeit von akademischer Karriere samt Habilitation mit familiären Verpflichtungen zu erleichtern. In der deutschen Medizinwelt für Aufsehen sorgt 2012 die Anschaffung eines roboterassistierten Operationssystems „da Vinci" für den Fachbereich Medizin und das Universitätsklinikum durch die beiden Pohl-Stiftungen. Damit ist Marburg als erste deutsche Universität auf dem neuesten Stand der in den USA entwickelten Roboterchirurgie.

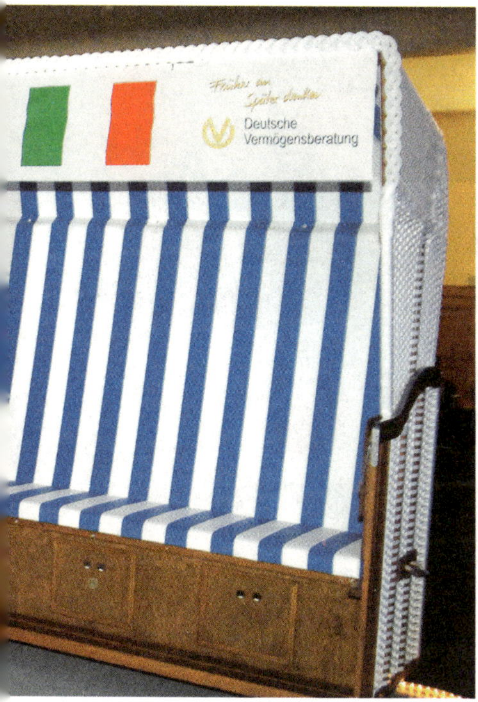

In diesem Strandkorb saßen die Großen der Welt beim G8-Gipfel im Juni 2007 in Heiligendamm. Dieses historische Stück ersteigert Reinfried Pohl für eine Million Euro zugunsten der BILD-Aktion „Ein Herz für Kinder". Darüber freuen sich Andreas und Jacqueline Pohl, Michael Schumacher, Anneliese und Reinfried Pohl, Ana und Reinfried Pohl junior (von links).

Bei nahezu allen Projekten, die Reinfried Pohl unterstützt, geht es um mehr als Geld. Er denkt auch hier „früher an später", bei der Förderung von Forschung und Lehre wie bei der Unterstützung von Familien und Gemeinschaften, in denen Menschen gemeinsam etwas bewegen wollen. Was nicht überrascht: Er überträgt Erfolgsprinzipien aus seiner Unternehmertätigkeit auf sein mäzenatisches Wirken. Folglich geht er auch als Förderer und Unterstützer bisweilen neue, spektakuläre Wege.

Ein solcher Coup gelingt ihm mit dem berühmten Strandkorb vom G8-Gipfel in Heiligendamm. Im Juni 2007 lassen die

Millionen Fernsehzuschauer sehen am dritten Adventssamstag 2007 zu, als Reinfried Pohl eine Million Euro für „Ein Herz für Kinder" überreicht. Showmaster Thomas Gottschalk und der Ministerpräsident von Mecklenburg-Vorpommern, Harald Ringstorf, sind beeindruckt.

Großen der Welt sich bei ihrem Treffen an der Ostsee in diesem XXL-Strandmöbel fürs Gruppenfoto ablichten. Die BILD-Zeitung erwirbt das gute Stück, dessen Herstellung rund 10 000 Euro gekostet hat, und versteigert es zugunsten des Hilfswerks „Ein Herz für Kinder“. Den Zuschlag für eine Million Euro erhält – Reinfried Pohl. Kurz vor Weihnachten überreicht er in der ZDF-Gala vor einem Millionenpublikum den Spendenscheck. Die ganze DVAG-Familie ist stolz auf ihn.

Für andere wäre die Aktion damit beendet gewesen. Nicht für Reinfried Pohl: Er schickt den Strandkorb quer durch Deutschland, lässt ihn in nahezu allen wichtigen Städten Station machen. Jetzt kann sich jeder dort räkeln und fotografieren lassen, wo einst George W. Bush, Tony Blair, Wladimir Putin und Angela Merkel gesessen haben. Einzige Bedingung: eine Spende für „Ein Herz für Kinder“. Hunderte von Vermögensberatern engagieren sich bei dieser Strandkorb-Tour, veranstalten Kinderfeste vor Ort, sprechen Kunden an, sammeln Geld. So zieht diese Spende eine Gemeinschaftsaktion der Vermögensberater nach sich und bringt am Ende dem BILD-Kinderhilfswerk einen weiteren sechsstelligen Betrag ein, vom Initiator großzügig auf eine Million Euro aufgerundet.

Wann immer Reinfried Pohl – bildlich gesprochen – die Brieftasche zückt, unterscheidet er sich von vielen Managern, die bei Benefizveranstaltungen großformatige Schecks überreichen: Der Spender Reinfried Pohl gibt eigenes Geld – direkt vom Privatkonto oder über die Deutsche Vermögensberatung, die ihm und seinen Söhnen zu 60 Prozent gehört. Es ist also nicht das Geld von Aktionären, mit dem er Gutes tut, sondern überwiegend das Geld der Familie Pohl. Das macht sein Mäzenatentum noch wertvoller.

Der „homo politicus“: Kein Leben für, ein Leben mit der Politik

Reinfried Pohl kommt schon als Kind in seinem Elternhaus mit der Politik direkt in Berührung. Er erlebt und erleidet noch als Heranwachsender, was ideologische Verblendung und politischer Fanatismus anrichten können, wie die Begeisterungsfähigkeit junger Menschen missbraucht werden kann und wie leicht verführbar selbst Erwachsene sind. Er sieht, wie es endet, wenn Völker aufeinandergehetzt werden und sich aufeinanderhetzen lassen. Er muss hilflos mitansehen, wie in der sowjetischen Besatzungszone unter dem Deckmantel von Demokratie und Antifaschismus der nationalsozialistische Herrschaftsanspruch vom kommunistischen abgelöst wird. Umso mehr weiß er später Frieden und Wohlstand zu schätzen, umso größer war seine Freude über die Wiedervereinigung, umso glücklicher blickt er zurück auf das Leben der Deutschen in Freiheit und Wohlstand in der zweiten Hälfte des 20. Jahrhunderts: „Wir haben allen Grund zu Demut und Dankbarkeit.“

Rechte Seite: Der Beirat der DVAG vor einer Sitzung im Jahr 2002. Linke Reihe von unten nach oben: Dr. Rolf Breuer (Deutsche Bank), Gerhard Eberstadt (Deutscher Investment Trust), Prof. Volrad Deneke (Ehrenpräsident des Bundesverbands Freier Berufe), Dr. Horstmar Stauber (Speyer Gruppe New York), Dr. Egon Klepsch (Präsident des Europäischen Parlaments a. D.), Dr. Michael Kalka (AachenMünchener), Friedrich Bohl (Bundesminister a. D.). Rechte Reihe von unten nach oben: Dr. Helmut Kohl (Bundeskanzler a. D.), Prof. Dr. Reinfried Pohl, Andreas Pohl, Dr. Walter Thießen (AMB Generali), Dr. Walter Wallmann (Hessischer Ministerpräsident a. D.), Prof. Dieter Stolte (ZDF-Intendant a. D. und „Welt“-Herausgeber), Dr. Frank Niethammer (Ehrenpräsident IHK Frankfurt), Dr. Sergio Balbinot (Generali), Günter Butter (DVAG-Direktion seit 1980).

Als Oberschüler in der SBZ gerät Reinfried Pohl eher zufällig in die Politik, als Student im Westen bleibt er aus Überzeugung dabei. Er hilft mit, die neue Demokratie und die soziale Marktwirtschaft aufzubauen und zu festigen. Das politische Engagement ist Teil seines Lebens. Aber weil er nicht von der Politik abhängig sein will, nimmt er Chancen auf ein Landtags- oder Bundestagsmandat oder ein anderes herausgehobenes politisches Amt nicht wahr. Politik interessiert ihn sein Leben lang leidenschaftlich, wird aber nie zu seinem Beruf.

Der Wechsel von der FDP zur CDU im Jahr 1969 ist nicht das Ergebnis veränderter politischer Ansichten. Nicht Reinfried Pohl hat sich verändert, sondern seine FDP. Das wird in Marburg deutlich, wo linke Studenten beim „Marsch durch die Institutionen" die örtlichen Liberalen nicht aussparen. Das wiederholt sich bei der Anbahnung der ersten SPD/FDP-Bundesregierung im Wahljahr 1969. Die „sozialliberale" FDP ist nicht mehr die FDP des Reinfried Pohl, auch die neue Ostpolitik findet bei dem Mann, der aus dem Sudetenland vertrieben wurde und aus der Ostzone fliehen musste, keinen Gefallen. Für seinen Wechsel zur CDU muss sich Reinfried Pohl nicht verbiegen; er ist konsequent.

Reinfried Pohls Engagement als kommunaler Mandatsträger der FDP endet 1968. In der CDU übernimmt er keinerlei Funktion, doch bleibt er ein politisch interessierter und engagierter Mensch. Das zeigt sich, als er in den siebziger Jahren dem Berufsbild des Vermögensberaters zum Durchbruch verhelfen will. Er weiß, die Bundesrepublik ist ein Verbändestaat. Wer bei Regierung und Parteien Gehör finden will, braucht eine Interessenvertretung. Zudem werden die Vermögensberater von Sparkassen, Volksbanken und

Friedrich Bohl, bis 1998 Kanzleramtsminister, kennt Reinfried Pohl schon aus der Marburger Politik. Er ist jetzt Aufsichtsratsvorsitzender der DVAG und Präsident des Bundesverbands Deutscher Vermögensberater.

dem Bundesverband der Versicherungskaufleute (BVK) mit Klagen überzogen. Ihr Vorwurf: Die Bezeichnung Vermögensberater täusche die Öffentlichkeit.

Reinfried Pohl nimmt den Kampf auf, gründet am 4. Mai 1973 im Bonner Hotel „Bristol" den Bundesverband Deutscher Vermögensberater (BDV) als Sprachrohr hauptberuflicher Vermögensberater. Ganz selbstverständlich wird er zum 1. Vorsitzenden gewählt, ein Amt, das er bis 2009 innehat. Die 69 Gründungsmitglieder sind Mitarbeiter der Bonnfinanz. Heute zählt der Verband 11 000 Mitglieder; der größte Teil arbeitet für die DVAG.

Der neugegründete, kleine Verband hat zunächst keine Chance, sich im Chor der Bonner Lobbyisten Gehör zu verschaffen. Da kommt dem Verbandsvorsitzenden Pohl der Zufall zu Hilfe in Gestalt der ersten Ölkrise. Um die Bevölkerung zum Energiesparen anzuhalten, verbietet die Bundesregierung 1973 an einem November- und drei Dezember-Sonntagen das Autofahren. Viele befürchten, es werde nicht bei diesen vier autofreien Sonntagen bleiben. Fahren darf an diesen Tagen nur, wer eine Sondererlaubnis hat. Berufsverbände können solche Fahrgenehmigungen ausstellen, Firmen nicht. Reinfried Pohl sieht seine Chance: Sein kleiner Berufsverband kann seinen Mitgliedern bescheinigen, dass sie für Kundenbesuche am Sonntag aufs Auto angewiesen sind. Das spricht sich unter den Vermögensberatern schnell herum. Innerhalb weniger Tage gewinnt der BDV 500 neue Mitglieder. Die Verbände der Versicherungsvertreter und Versicherungsmakler hätten solche Ausnahmegenehmigungen ebenfalls ausstellen können. Doch Reinfried Pohl hat ihnen gezeigt, was eine Harke ist. Für seine Vermögensberater wiederum ist es ein enormer Prestigegewinn gegenüber Kunden wie Konkurrenten, denn die Fahrerlaubnis unterstreicht ihre Bedeutung und die ihres Berufs.

Zu Zeiten der Bonnfinanz hat Reinfried Pohl die Abhängigkeit der Branche von politischen Entscheidungen deutlich zu spüren bekommen: positiv durch das 624-Mark-Gesetz, negativ durch den Wegfall der steuerlichen Begünstigung Fondsgebundener Lebensversicherungen. Diese Erfahrungen bestärken ihn darin, politische Landschaftspflege zu betreiben, das heißt, mit der Politik einen ständigen Informations- und Meinungsaustausch zu pflegen. Das ist für ihn ein Grund, Politiker in die Gremien seines Unternehmens zu berufen. Der ehemalige Kanzleramtsminister Friedrich Bohl (CDU) steht an der Spitze des Aufsichtsrats, der frühere Bundesfinanzminister Theo Waigel war viele Jahre Mitglied dieses Gremiums und ist seit 2014 Vorsitzender des Beirats.

Angela Merkel lädt schon in ihrem ersten Amtsjahr als Kanzlerin Reinfried Pohl und seine Familie nach Berlin ein. Öffentlich lobt sie die DVAG als „bestes Beispiel für ein erfolgreiches Familienunternehmen".

Der frühere Bundesfinanzminister Theo Waigel ist Mitglied im Aufsichtsrat der Deutschen Vermögensberatung AG und ein wichtiger Gesprächspartner „des Doktors".

Auch unter den Mitgliedern des DVAG-Beirats waren und sind Politiker von CDU und FDP seit jeher stark vertreten: Ex-Verteidigungsminister Gerhard Stoltenberg, der frühere Ministerpräsident von Rheinland-Pfalz, Bernhard Vogel, der frühere außenpolitische Berater Helmut Kohls, Horst Teltschik, oder die FDP-Politiker Wolfgang Gerhardt und Guido Westerwelle. Aber auch namhafte SPD-Mitglieder hatten oder haben Sitz und Stimme im DVAG-Beirat: Ex-Justizminister Gerhard Jahn, die frühere Bundestagsvizepräsidentin und langjährige Vorsitzende der Friedrich-Ebert-Stiftung, Anke Fuchs, und aktuell der frühere hessische Finanzminister und spätere Ruhrkohle-Vorstandschef Karl Starzacher.

Die Deutsche Vermögensberatung AG lässt sich nicht nur von Politikern beraten. Sie hat zudem in den letzten zwanzig Jahren mehr Führungspositionen mit Ex-Politikern besetzt als jedes andere deutsche nichtstaatliche Unternehmen. Der schon erwähnte Friedrich Bohl war vor seinem Wechsel in den Aufsichtsrat mehrere Jahre lang Vorstandsmitglied. Der frühere hessische Ministerpräsident Walter Wallmann (CDU) sowie der ehemalige Bundestagsabgeordnete und Regierungssprecher Friedhelm Ost (CDU) agierten als Generalbevollmächtigte der DVAG. Seit 2008 ist der frühere hessische Wissenschaftsminister Udo Corts (CDU) Vorstandsmitglied. Natürlich spielen aus der Sicht Reinfried Pohls die politischen Kontakte dieser Damen und Herren eine Rolle. Auch verspricht die Tätigkeit anerkannter Persönlichkeiten des öffentlichen Lebens einen Imagegewinn für das Unternehmen und stärkt das Selbstbewusstsein der Vermögensberater. Mit einer unterschwelligen, ja heimlichen Beeinflussung der Politik hat das freilich nichts zu tun. Öffentlicher können politische Kontakte nicht sein.

Auch außerhalb seines Unternehmens verfolgt der „homo politicus“ Pohl das politische Geschehen, nimmt Anteil. Hat Reinfried Pohl in der FDP einst die linksliberalen Strömungen bekämpft, so ist er häufig mit der von der Union betriebenen Sozialpolitik nicht einverstanden. Die Rentenreformen der Regierung Kohl hielt er für unzureichend, die Einführung der im Umlageverfahren finanzierten Pflegeversicherung für einen großen Fehler. Das kreidet er in erster Linie dem CDU-Sozialpolitiker Norbert Blüm an. Seinem Freund Helmut Kohl hält er vor, er habe dem „Herz-Jesu-Sozialisten“ Blüm zu viel Spielraum gelassen.

Besonders empört ihn, wie die CDU Ende 1999, Anfang 2000 in der Spendenaffäre mit Helmut Kohl umgeht. Die Forderung des CDU-Bundesvorstandes, der Altkanzler solle sein Ehrenwort brechen und die Namen der anonymen Spender nennen, kann er bis heute nicht nachvollziehen: „Ein Helmut Kohl bricht nicht sein Ehrenwort." Als Kohl tief verletzt im Januar 2000 das von ihm geliebte Amt des Ehrenvorsitzenden ruhen lässt, stellt das CDU-Mitglied Reinfried Pohl seine Beitragszahlungen ebenfalls ein. Da ist er mit seinem Freund solida-

Zum 20. Jahrestag des Mauerfalls lädt die Axel Springer AG 2009 zu einer besonderen Veranstaltung mit dem früheren sowjetischen Präsidenten Michail Gorbatschow (am Rednerpult), dem ehemaligen US-Präsidenten George Bush, dessen Frau Barbara und Einheitskanzler Helmut Kohl (links). Unter den Ehrengästen: Reinfried Pohl (am Kopf des Tisches).

risch. Die Spendenaffäre berührt Reinfried Pohl insofern persönlich, als in einigen Medien spekuliert wird, er selber habe zu den anonymen Spendern gehört. Das hat er entschieden dementiert: „Ich habe natürlich nicht anonym gespendet.“

Parteien finanziell zu unterstützen ist für Reinfried Pohl freilich nichts Verwerfliches, eher eine Selbstverständlich-

keit. Denn aus eigener Erfahrung weiß er, wie wichtig und kostspielig die parteipolitische Arbeit ist. Wie immer, wenn er etwas aus Überzeugung tut, ist Reinfried Pohl sehr großzügig. So zählt er zu den größten privaten Spendern der Parteien, die ihm besonders nahestehen: die CDU und die FDP, die unter den Vorsitzenden Westerwelle und Rösler der alten wirtschaftsliberalen Mende-FDP wieder mehr ähnelt als der sozialliberalen Scheel-FDP. Daneben wird auch die SPD mit Pohl'schen Spenden bedacht, und selbst die Marburger Grünen sind schon in den Genuss der Spendierfreudigkeit des Marburger Ehrenbürgers gekommen. Natürlich fließt viel mehr Geld an das bürgerliche Lager; anderenfalls müsste Reinfried Pohl sich ja selbst verleugnen.

Weil Parteienspenden von mehr als 10 000 Euro pro Jahr und Partei vom Bundestagspräsidenten veröffentlicht werden, ist Reinfried Pohls Großzügigkeit bekannt, Gleiches gilt für seine parteipolitischen Präferenzen. Das führt gelegentlich zu Vorwürfen aus den Kreisen „der üblichen Verdächtigen", hier erkaufe sich jemand politischen Einfluss. „Der Doktor" tut solche Vorwürfe, weil sie eben sehr durchsichtig sind, mit einem Schulterzucken ab. Den größten Nutzen haben er und seine Unternehmen ohnehin von den sozialpolitischen Entscheidungen sozialdemokratisch geführter Bundesregierungen gehabt: Die Regierung Brandt/Scheel forcierte mit dem 624-Mark-Gesetz die staatliche Förderung der privaten Vorsorge und förderte so die Geschäfte der Bonnfinanz. Riester-Rente und Rürup-Rente, zwei wichtige Säulen der aktuellen Erfolge der DVAG, stammen aus der Zeit der Regierung Schröder/Fischer. „Ich müsste eigentlich Mitglied der SPD werden", lachte Reinfried Pohl, wenn von seinem angeblichen Einfluss auf Schwarz-Gelb die Rede war.

Der Freund:
Treue ist ein ganz besonderer Wert

Freundschaften wollen gepflegt werden; dafür braucht man Zeit. Reinfried Pohl hat als erwachsener Mann – neben Beruf und Familie – eigentlich kaum Zeit gehabt für Freunde. Die äußeren Umstände haben das Ihre dazu beigetragen, den Kreis potenzieller lebenslanger Freunde zu begrenzen. Seine Schulkameraden aus Zwickau wurden nach Krieg und Vertreibung in alle Welt zerstreut, die Beziehungen zu Hallenser Freunden brachen nach seiner Flucht in den Westen ab. Als jungem Familienvater blieb Reinfried Pohl als Wochenendpendler zwischen Marburg und Bonn kaum freie Zeit, ebenso

Im 2011 eröffneten „Haus der Gründer" im Marburger „Zentrum für Vermögensberatung" würdigt Reinfried Pohl 19 ehemalige Mitarbeiter der Bonnfinanz, die ihm 1975 die Treue hielten und ihm in sein neues Unternehmen folgten.

nach dem Start der Deutschen Vermögensberatung AG im Jahr 1975. Da hatte er schon Schwierigkeiten, sich ein paar Stunden für seine Frau und seine Söhne freizuhalten.

Wer in seinem Leben viele Höhen und Tiefen erlebt hat, der tut sich mit Freundschaften ohnehin schwer. Reinfried Pohl unterscheidet zwischen Erfolgs-Freunden und echten Freunden. Er hat es erlebt, dass mancher „Freund" nur in guten Zeiten seine Nähe suchte. Das hat ihn vorsichtig werden lassen, zugleich auch dankbar gegenüber solchen Menschen, die ihm die Treue halten. Treue ist für Reinfried Pohl ein besonderer Wert – in der Ehe wie in Freundschaften. Treue vergisst er nicht. Wobei er umgekehrt ein ebenfalls sehr gutes Gedächtnis für Treulosigkeit jeder Art hat.

Bei besonderen Anlässen der Familie Pohl und der DVAG ist Helmut Kohl gerne dabei. Ende 2011 spricht der Altkanzler zur Eröffnung des „Zentrums für Vermögensberatung".

Treue schätzt Reinfried Pohl über Freundschaft im engeren Sinn hinaus. Das gilt beispielsweise gegenüber beruflichen Weggefährten, was im Marburger „Haus der Gründer" eindrucksvoll dokumentiert ist. In der dortigen Ausstellung über die Geschichte der Deutschen Vermögensberatung AG sind 19 Männer mit großformatigen Fotos verewigt – 19 ehemalige Mitarbeiter der Bonnfinanz. Sie schlugen 1975 nach dem Rauswurf ihres Chefs die großzügigen Angebote des Deutschen Herolds aus und folgten Reinfried Pohl zur DVAG. Sie vertrauten ihm, seinen Ideen, seiner Durchsetzungskraft. Dieser Teil der Ausstellung verrät viel über „den Doktor". Er predigte sein Motto „Erfolg hat man gemeinsam oder gar nicht" nicht nur; er lebte es wie wohl nur ganz wenige Eigentümer-Unternehmer vor.

Was er unter Treue versteht, demonstriert Reinfried Pohl am 1. Juli 2000 vor der ganzen deutschen Öffentlichkeit. An diesem Tag beruft er Altkanzler Helmut Kohl zum Vorsitzenden des Beirats der DVAG und verkündet das vor 15 000 Teilnehmern des „Vermögensberatertags 2000" in der KölnArena. Kohls öffentliches Ansehen ist damals auf dem Tiefpunkt. Im Gefolge der Spendenaffäre ist „seine" CDU von Kohl abgerückt, behandelt ihn fast wie eine Unperson. Die Mitteilung, der Ex-Kanzler werde künftig den DVAG-Beirat führen, wird deshalb in der riesigen Halle zunächst mit Schweigen aufgenommen. Doch schnell wird den Tausenden bewusst, was sie hier miterleben: dass ihr „Doktor" sich demonstrativ vor einen Freund stellt, vor einen Freund in Schwierigkeiten. Obwohl viele der Teilnehmer weder Parteigänger der CDU oder gar Kohl-Fans sind, brandet plötzlich Beifall auf, der sich zu Ovationen steigert. Die DVAG-Familie würdigt die Prinzipienfestigkeit ihres Patriarchen.

Kennengelernt haben sich Kohl und Pohl eher zufällig. Nachdem Pohl mit der Bonnfinanz 1971 in das Konrad-Adenauer-Haus eingezogen ist, besucht der damalige stellvertretende CDU-Bundesvorsitzende den aus finanziellen Gründen für die Partei so wichtigen Mieter. Schließlich garantiert der Mietvertrag mit der Bonnfinanz über vier Etagen die Zahlungsfähigkeit der Konrad-Adenauer-Haus GmbH. Die beiden Herren verstehen sich und bleiben in Kontakt, wenn auch zunächst in keinem sehr engen. Das ändert sich in den neunziger Jahren. Da wird aus der guten Bekanntschaft eine echte Freundschaft.

Helmut Kohl, Jahrgang 1930, und Reinfried Pohl, Jahrgang 1928, verbanden das Alter und die gemeinsamen politischen Ansichten. Wobei der Unternehmer durchaus kritisch sah, dass der „Kanzler der Einheit“ seinem Arbeits- und Sozialminister Norbert Blüm zu viel Raum für eine aus Pohls Sicht zu linke Sozialpolitik ließ. Es gab noch weitere Parallelen im Leben der beiden, auf die Reinfried Pohl gern hinwies. Da sind zunächst einmal biografische Zufälligkeiten: Beide wurden im April geboren (Kohl am 3., Pohl am 26.), beider Väter waren Finanzbeamte, beide gehören zu den Jahrgängen, die trotz ihrer Jugend noch nachhaltig vom Krieg geprägt wurden, beide haben zwei Söhne. Hinzu kommen charakterliche Übereinstimmungen: So wie der Kanzler in der CDU nie einen Zweifel aufkommen ließ, wer die Nummer eins ist, so hielt es Reinfried Pohl bei der DVAG bis zuletzt. Beide zeichneten sich durch enormen Fleiß aus. Beiden fehlte jegliches Talent für Fremdsprachen, woraus beide wiederum keinen Hehl machten. Kohl wie Pohl legten größten Wert auf Pünktlichkeit. Da lebten sie nach dem Prinzip „Pünktlichkeit ist die Höflichkeit der Könige“. Umgekehrt hatte, wer sie warten ließ, schlechte Karten.

Helmut Kohl über seinen Freund Reinfried Pohl: „Wer keine Freunde hat, ist ein ganz armer Hund. Und hier hat es der liebe Gott, Gott sei Dank, gut mit mir gemeint." Was für ein Kompliment!

Reinfried Pohl und Helmut Kohl haben sich – anders als manch andere Erfolgreiche – nie in der Öffentlichkeit verbogen, um anders zu erscheinen, als sie sind. So waren beide begeisterte Karl-May-Leser und bekennende Fans des Musikers Franz Lambert und seiner Hammond-Orgel. Auch machten beide nie einen Hehl daraus, dass sie deutsche Hausmannskost allen Gerichten vorziehen, die jeweils „in" sind. Reinfried Pohl hat es immer wieder amüsiert, wenn sie in einem Nobelrestaurant unter ungläubigen Blicken des Service-Personals Spiegelei mit Bratkartoffeln bestellten und nicht das vom Ober wärmstens empfohlene Filetsteak.

Was die beiden Männer ebenfalls verband: Reinfried Pohl ist von seinen Wettbewerbern ebenso lange unterschätzt worden wie Helmut Kohl von vielen Parteifreunden und den meisten politischen Gegnern. Sie hätten dem einen niemals zugetraut, sein Allfinanz-Konzept zum Maßstab zu machen, und dem anderen nicht, dass er erstens Bundeskanzler wird und es zweitens sechzehn insgesamt erfolgreiche Jahre bleibt. Seit Helmut Kohl aufgrund seines schlechten gesundheitlichen Zustandes kaum noch in der Öffentlichkeit auftrat und immer weniger Besucher empfing, war die Beziehung der beiden Männer eher noch intensiver geworden. Reinfried Pohl half dem Freund, wo er konnte, und besuchte ihn oft in Ludwigshafen.

Als Reinfried Pohl im Juni 2014 stirbt, ist Helmut Kohl sehr betroffen. Er tut etwas, was für einen deutschen Altkanzler sehr ungewöhnlich ist: Als Privatleute veröffentlichen er und seine Frau in den drei führenden Tageszeitungen des Landes – „Frankfurter Allgemeine", „Süddeutsche Zeitung" und „Die Welt" – große Traueranzeigen. Ihre Botschaft: „In Dankbarkeit für eine großartige Freundschaft nehmen wir Abschied von unserem Freund Reinfried Pohl."

Eine ganz andere Art von Freundschaft war die zwischen Reinfried Pohl und Michael Schumacher. Am Anfang steht eine rein geschäftliche Beziehung. Die DVAG sieht Mitte der neunziger Jahre in dem jungen Formel-1-Fahrer, der gerade zu Ferrari gewechselt ist, einen idealen Werbeträger. Schumacher steht für Leistung und Teamarbeit, so will sich auch die Deutsche Vermögensberatung positionieren. Aus der geschäftlichen Verbindung wird bald eine freundschaftliche, die auch die Familien miteinbezieht.

Reinfried Pohl schätzt an Schumacher, dass er ein auf Erfolg fixierter, ja geradezu vom Erfolg besessener Mann ist, ein akribischer, disziplinierter Arbeiter, der auch bei Misserfolgen nie aufgibt, zugleich aber auch jemand, der Teamgeist

Michael Schumacher trug auf seiner Mütze stets das DVAG-Logo. Aus dieser Geschäftsbeziehung zwischen dem Formel-1-Weltmeister und „Mister Allfinanz" ist eine Freundschaft geworden. „Die Zeit vergeht, die Freundschaft bleibt", schrieb Schumacher dem väterlichen Freund auf dieses Foto.

verkörpert wie kein Zweiter. Kein Zweifel: In dem viel jüngeren Rennfahrer sieht Reinfried Pohl auch viel von sich selbst. Michael Schumacher wiederum fühlt sich bei Reinfried Pohl und dessen Familie ausgesprochen wohl, ihm imponiert die unternehmerische Lebensleistung des DVAG-Chefs. Reinfried Pohl ist für Schumacher, wie er es formulierte, „ein ganz besonderer Mensch mit einer ganz besonderen Familie". Als „der Doktor" ihm das Du anbietet, ist Schumacher, wie er später erzählt, „ganz stolz drauf". Schumacher ist immer wieder überrascht, wie viel Zeit sich der vielbeschäftigte Unternehmenschef für ihn nimmt. Als Schumacher nach seinem ersten Abschied vom Rennzirkus im Jahr 2006 über ein Comeback nachdenkt, fragt er ganz selbstverständlich seinen Freund Reinfried nach dessen

Meinung. 2010 setzt er sich nochmals für drei Jahre in einen Mercedes-Rennwagen. Dafür waren nach Schumachers Darstellung Reinfried Pohls Ratschläge „mitentscheidend".

Reinfried Pohl war fast vierzig Jahre älter als Michael Schumacher. Dieser Altersunterschied spielte in ihrer Beziehung natürlich eine Rolle. Schumacher schätzte an Pohl „die fast väterliche Art und Weise" der Zuwendung. Der siebenfache Weltmeister kann sich in seiner aktiven Zeit vor Verehrern und Bewunderern in aller Welt kaum retten. Dennoch imponiert ihm, dass ein vielbeschäftigter Unternehmer wie Reinfried Pohl sich die Zeit nimmt, ihm handschriftliche Grüße, Ratschläge oder Tipps zukommen zu lassen. Das empfindet der Sportstar als „so was von rührend und so was von speziell". Hier offenbart sich bei dem Freund Reinfried Pohl derselbe Charakterzug wie bei dem Unternehmer: Was er macht, macht er mit Hingabe.

Als Michael Schumacher kurz vor Silvester 2013 beim Skifahren so schwer stürzt, dass er ein Schädel-Hirn-Trauma erleidet, ins Koma fällt und wochenlang in Lebensgefahr schwebt, ist Reinfried Pohl zutiefst erschüttert. Direkt helfen kann er nicht, aber er hält Kontakt zu Schumachers Frau Corinna, bietet Unterstützung an, versucht zu trösten. Er legt Wert darauf, dass die Partnerschaft zwischen dem einstigen Weltmeister und der DVAG einerseits sowie die persönliche Freundschaft zwischen dem Verunglückten und Familie Pohl im Geschäftsbericht 2013 ausführlich gewürdigt werden. Gemäß dem Pohl'schen Credo, es gehöre sich einfach, auch in schlechten Zeiten zusammenzuhalten, bleibt die DVAG selbstverständlich Sponsor der Formel-1-Legende. Daran halten Andreas und Reinfried Pohl jun. auch nach dem Tod des Firmengründers fest.

Erbe und Auftrag

Nie aufgeben, kämpfen, immer noch besser werden wollen – das waren die Konstanten im Leben Reinfried Pohls, in seinen drei Leben. Doch ein Vergleich mit Sisyphos, dem tragischen Helden der Antike, wäre falsch. Der war von den Göttern dazu verdammt, einen Marmorblock auf einen Berg zu bringen. Er hat es freilich nie geschafft, den Felsbrocken auf die Bergspitze hinaufzuwuchten. Denn die eigentliche Strafe bestand darin, dass der Block, kaum hatte Sisyphos ihn mühsam in die Nähe der Spitze gebracht, von den Göttern wieder talwärts geschickt wurde.

Den großen Stein „Allfinanz" den Berg hinaufzurollen, das ist Reinfried Pohl nicht im ersten Anlauf gelungen. Sein „Block" ist mehrfach wieder heruntergerollt. Aber letztlich war Pohl erfolgreich: Bald stand der „Block" auf der Spitze. Der Leipziger Maler Wolfgang Mattheuer hat einen erfolgreichen Sisyphos so dargestellt: Der kämpft nicht mehr mit dem Stein und dem Berg. Der Stein liegt auf dem Gipfel und wird von ihm mit Hammer und Meißel bearbeitet und geformt. Pohl verkörperte diesen erfolgreichen Sisyphos. Er hatte die Spitze erreicht, aber gab sich bis zu seinem Tod nie mit dem Erreichten zufrieden, wollte es immer sichern und ausbauen.

Reinfried Pohl starb am 12. Juni 2014, wenige Wochen nach seinem 86. Geburtstag. In dieser Lebensphase kommt der Tod nicht völlig unerwartet. Bei diesem vitalem Vollblutunternehmer war es dennoch so. Noch wenige Wochen zuvor hatte Pohl in Wiesbaden als Ehrenvorsitzender vor dem Bundesverband Deutscher Vermögensberater gesprochen. Er tat dies wie immer: mit Leidenschaft und Witz, mit dem Selbstbewusstsein eines Mannes, der so viel erreicht hatte, und mit dem Optimismus dessen, der noch so viel vorhatte. Die 2000 Vermögensberater, die ihm zujubelten, werden diesen letzten öffentlichen Auftritt ihres „Doktors" nicht vergessen.

Als er wenige Wochen später die Augen für immer schloss, hinterließ Reinfried Pohl ein sehr gut geführtes und überaus erfolgreiches Unternehmen. Nicht zuletzt hatte er Vorsorge getroffen, dass seine DVAG ein Familienunternehmen bleibt, das zu gleichen Teilen seinen beiden Söhnen gehört. Er war auch überzeugt, die beiden Brüder würden das Unternehmen in seinem Geist weiterführen. „Die können das. Für den Fortbestand des Unternehmens ist das wichtig und entscheidend", versicherte er dem „Handelsblatt" ein Jahr vor seinem Tod.

In einer ganz wichtigen Frage hatte sich der Patriarch freilich nicht festgelegt: Wer das Unternehmen nach ihm führen solle: beide Söhne gemeinsam, ein Sohn allein oder ein Manager von außerhalb der Familie? Der Vater habe, wie beide Söhne übereinstimmend berichten, sich mit dieser Frage nicht sehr konkret beschäftigt, auch nicht auf eine bestimmte Lösung hingearbeitet. Gut möglich, dass Reinfried Pohl in dieser Frage gar keine endgültige Entscheidung treffen wollte, weil sie unter Umständen das Verhältnis zwischen Vater und Söhnen oder zwischen den Söhnen belastet hätte.

So haben sich nach dem Tod des Firmengründers viele den Kopf darüber zerbrochen, wie es wohl bei der DVAG weitergehen werde – innerhalb des Unternehmens, nicht zuletzt auch außerhalb. Mancher Wettbewerber dürfte insgeheim gehofft haben, das Unternehmen werde im Sommer 2014 erst einmal durch eine sich lang hinziehende Nachfolgediskussion oder gar durch einen Diadochenkampf gelähmt. Auch gab es unter den Vermögensberatern Befürchtungen, die beiden Brüder könnten sich auf die Holding zurückziehen und das operative Geschäft an Nicht-Familienmitglieder delegieren. Dann aber wäre die DVAG ein anderes Unternehmen geworden, keine „familiäre Berufsgemeinschaft" geblieben.

Sorgen und Befürchtungen innerhalb der DVAG-Familie erwiesen sich als ebenso unbegründet wie die Hoffnungen der Konkurrenten. Kurz nach dem Tod ihres Vaters einigten sich die Brüder auf eine klare Arbeitsteilung: Andreas Pohl wurde Vorstandsvorsitzender der Deutschen Vermögensberatung AG und somit zuständig für das operative Geschäft. Sein Bruder Reinfried Pohl verantwortet seitdem als Geschäftsführer der DVAG-Holding die Bereiche Kapitalanlagen, Steuern und Controlling im Konzern. Diese Konstellation an der Spitze gilt seit dem 1. Juli 2014. Ein beziehungsreiches Datum: Auf den Tag genau 30 Jahre zuvor waren die Brüder in das Unternehmen eingetreten.

Der „Doktor" wäre mit der gefundenen Lösung sicher zufrieden gewesen: An der Spitze der Deutschen Vermögensberatung steht weiterhin ein Pohl. Zudem bleibt die Gesellschaft im doppelten Sinn ein Familienunternehmen, in Bezug auf die Eigentumsverhältnisse wie auf die Unternehmenskultur. Die Mehrheit der Anteile an der DVAG-Holding, nämlich 60 Prozent, liegt bei Andreas und Reinfried Pohl. Und beide schließen aus, dass es auf absehbare Zeit neben der Generali mit ihren 40 Prozent einen weiteren familienfremden Aktionär geben wird. Was aus der Sicht des Verstorbenen nicht weniger wichtig ist: Die Söhne sind entschlossen, das sehr kollegiale, ja familiäre Miteinander innerhalb des Unternehmens weiterhin zu pflegen. Das Vermächtnis ihrer Eltern und insbesondere ihres Vaters ist ihnen Verpflichtung und Ansporn.

Literatur- und Quellenverzeichnis

Bücher und Buchbeiträge

Bernsdorff, Walter/Buchner-Fuhs, Jutta/Clement, Gabriele: Marburg in den Nachkriegsjahren, Marburg 1986

Birkholz, Manfred/Saller, Wolf: IOS. Senkrechtstart und Absturz einer Erfolgsidee, Düsseldorf und Wien 1970

Dettmering, Erhart/Genz, Rudolf (Hrsg.): Marburger Geschichte. Rückblick auf die Stadtgeschichte in Einzelbeiträgen, Marburg 1982

Dettmering, Erhart: Kleine Marburger Stadtgeschichte, Regensburg 2007

Dittberner, Jürgen: Die FDP. Geschichte, Personen, Organisation, Perspektiven. Eine Einführung, Wiesbaden 2005

Ehrenberg, Herbert: Vermögenspolitik für die siebziger Jahre, Stuttgart - Frankfurt a. M. 1971

Freitag, Werner/Minner, Katrin/Ranft, Andreas (Hrsg.): Geschichte der Stadt Halle, Mitteldeutscher Verlag, Halle (Saale) 2006

GDV (Gesamtverband der Deutschen Versicherungswirtschaft), Jahrbuch 2012 – Die deutsche Versicherungswirtschaft

Gebel, Ralf: „Heim ins Reich!“ Konrad Henlein und der Reichsgau Sudetenland (1938–1945), München 2000

Graml, Hermann: Konrad Henlein, in: Neue Deutsche Biographie 8 (1969), S. 532–534

Kirchhof, Marco: Die Bedeutung des Liberalismus bei der Wiederbegründung des deutschen Parteiensystems von 1945–1953 (Bundesrepublik Deutschland und Deutsche Demokratische Republik), Diplomarbeit im Studiengang Politikwissenschaften, Universität Potsdam 2007

Koch, Peter: Geschichte der Versicherungswirtschaft in Deutschland, Karlsruhe 2012

Krabbe, Wolfgang R.: Kritische Anhänger – unbequeme Störer, Studien zur Politisierung deutscher Jugendlicher im 20. Jahrhundert, Berlin 2010

Lebert, Rolf: Der Einzelkämpfer, in: Steffen Klusmann (Hrsg.), 101 Haudegen der deutschen Wirtschaft. Köpfe, Karrieren und Konzepte, München 2006

Mende, Erich: Von Wende zu Wende – 1962–1982, München 1986

Müller, Jan Marco (Hrsg.): „Freiheit, Tüchtigkeit, Persönlichkeit". Beiträge zur Geschichte des Marburger Liberalismus, Marburger Stadtschriften zur Geschichte und Kultur Band 67, Marburg 2000

Müller-Vogg, Hugo (Hrsg.): Reinfried Pohl – Der letzte Patriarch. „Mister Allfinanz" im Urteil bedeutender Zeitgenossen, Hamburg 2008

Reinfried Pohl: „Ich habe Finanzgeschichte geschrieben". Ein Gespräch mit Hugo Müller-Vogg, Hamburg 2010 (5. Aufl.)

Schmelzer, Ronald M.: Die Henlein-Partei – Eine Deutung. In: Die erste tschechoslowakische Republik als multinationaler Staat; Kolloquium Bad Wiessee 26./27. November 1977 und 20.–23. April 1978, S. 187–203

Zimmermann, Volker: Die Sudetendeutschen im NS-Staat. Politik und Stimmung in der Bevölkerung im Reichsgau Sudetenland (1938–1945), Essen 1999

Zeitungs- und Zeitschriftenbeiträge

Beyerle, Hubert: Vermögensbildung Geschichte. Von null auf elf Billionen, Capital 5/2009, 22. April 2009

Döhle, Patricia: Ewiger Kämpfer. Reinfried Pohl ist einer der erfolgreichsten deutschen Unternehmer – und ringt doch immer noch um Respekt für sein Lebenswerk, manager magazin spezial, Oktober 2006

Dönch, Uli: Allfinanz – Krieg der Menschenfänger, Focus 3/1995, 16. Januar 1995

Domen, Casper: Ein Ritterschlag für Reinfried Pohl. Der Finanzvertrieb DVAG gibt nun bei der Aachen Münchener Versicherung allein den Takt an, Süddeutsche Zeitung, 28. November 2006

Fehr, Benedikt: Vom Armenpfleger zum Millionär und Playboy, Teil 8 einer Serie zu Finanzskandalen, Frankfurter Allgemeine Zeitung, 14. März 2009

Friedemann, Jens: Todesurteil aus Bonn. Das Ende der Fonds-Policen, Die Zeit, 28. Februar 1975

Fromme, Herbert: Siegesfeier auf Schloss Bensberg. Die DVAG wird alleiniger Verkaufskanal der Versicherung Aachen-Münchener, in: Financial Times Deutschland, 28. November 2006

Köhler, Peter/Landgraf, Robert: Der unermüdliche Verkäufer, Handelsblatt, 22. April 2003

Langenberg, Britta: „Der große Tapetenwechsel", Capital Nr. 2/2011, 27. Januar 2011

Linne, Christoph/Ntemiris, Anna: „Ich bin durch Verzicht groß geworden". DVAG-Vorstandsvorsitzender Dr. Reinfried Pohl ist mit dem Geschäftsjahr 2012 außerordentlich zufrieden, Oberhessische Presse, 8. März 2013

Dies.: „Ich fühle mich heute noch gekränkt". Konzern-Lenker Reinfried Pohl spricht im OP-Interview erstmals öffentlich über Spenden an die Stadt und seine Rolle in Marburg, Oberhessische Presse, 9. März 2013

Dies.: „Ich würde viel mehr machen ..." Patriarch Pohl verärgert über öffentliche Debatten: „Sie müssen Geschenke verkaufen in dieser Stadt", Oberhessische Presse, 11. März 2013

Lückemeier, Peter: „Einmal öfter aufstehen, als man hinfällt", Reinfried Pohl im Gespräch, Frankfurter Allgemeine Zeitung, 25. April 2008

Petersdorff, Winand von: Schmuddelkind steigt auf. Finanzvertreter verbünden sich mit der Deutschen Bank, Frankfurter Allgemeine Sonntagszeitung, 9. Dezember 2001

Poissl, Wolfgang: Machtspiel im Hinterzimmer, Die Zeit, 26. Dezember 1997

Seibel, Karsten: Er will so gerne in den Finanzolymp. Reinfried Pohl wird 80 und ist immer noch Chef von 35 000 Beratern des Finanzvertriebs DVAG, Welt am Sonntag, 20. April 2008

Uttich, Steffen: Die Jagd nach Geld und Anerkennung. Reinfried Pohl und Carsten Maschmeyer bauten die schlagkräftigsten Finanzvertriebe in Deutschland auf. Mehr haben sie nicht gemein, Frankfurter Allgemeine Zeitung, 15. Januar 2005

Ders.: Der Geldmacher. Reinfried Pohl hat die DVAG zum größten Finanzvertrieb Europas gemacht, Frankfurter Allgemeine Sonntagszeitung, 20. April 2003

Artikel ohne Autorenangabe

IOS: Völlig unrealistisch, Der Spiegel, Nr. 21/1970, 18. Mai 1970

Hang zur Gruppe, Der Spiegel, Nr. 31/1975, 28. Juli 1975

Zeit spart Geld, Die Zeit, 10. Oktober 1975

„Graue Eminenz der Allfinanzbranche", Welt am Sonntag, 2. Mai 1993

Pionier der Allfinanz, Der Volks- und Betriebswirt, Juli/August 1993

Steinreicher Scharlatan, Der Spiegel Nr. 23/1995, 5. Juni 1995

Allianz und Generali einig über AGF, Die Welt, 18. Dezember 1997

„Allfinanz hat einen Namen", WirtschaftsKurier, 7. Mai 2001

Der 12. Dezember 1948 – Gründung der FDP – Teil 2. Die Heppenheimer Erklärung; Beitrag im Deutschlandfunk, 12. Dezember 2008

National und antisozialistisch: Als die FDP zweitstärkste Kraft in Hessen war, Frankfurter Allgemeine Zeitung, 19. Januar 2009

Sonstige Quellen

Interviews für die Videoproduktion „Ich habe Finanzgeschichte geschrieben" (Heimann Media Group 2012)

Stadtarchiv Marburg

Archiv des Liberalismus der Friedrich-Naumann-Stiftung für die Freiheit, Gummersbach

Personen- und Sachregister

Bildnachweise

AachenMünchener 184

Archiv des Liberalismus der Friedrich-Naumann-Stiftung für die Freiheit, Gummersbach 52

Daniel Biskup 178, 266/267, 273

Bonnfinanz (Screenshot Homepage) 126

Wolfgang von Brauchitsch 198, 201

Uwe Brock 64

Cash 166

Carsten Herwig 157, 160/161, 163, 171, 175, 176, 179, 186, 188, 190, 191, 192, 196, 197, 218, 219, 221, 228, 231, 241, 250, 254/255, 256, 259, 261, 263, 264, 270, 275

Laurence Chaperon 225

IOS 119, 137

Martin Joppen 147, 226 (links), 237

Manager Magazin 234

Willy Müller-Sieslak 269

Stadtarchiv Marburg 82, 85

Alle übrigen Fotos und Dokumente stammen aus dem Privatarchiv von Familie Pohl bzw. dem Archiv der Deutschen Vermögensberatung AG.